책에서 시작한 불은
책으로 꺼야 한다

책에서 시작한 불은 책으로 꺼야 한다

1판 1쇄 펴냄 2025년 11월 11일

지은이 박지훈
발행인 김병준·고세규
발행처 생각의힘
편집 정혜지 디자인 김경민 마케팅 김유정·신예은·최은규

등록 2011. 10. 27. 제406-2011-000127호
주소 서울시 마포구 독막로6길 11. 2, 3층
전화 편집 02)6925-4183, 영업 02)6925-4188 팩스 02)6925-4182
전자우편 tpbook1@tpbook.co.kr 홈페이지 www.tpbook.co.kr

ⓒ 박지훈, 2025

* 이 책은 저작권법에 의해 보호를 받는 저작물이므로
  저자와 출판사의 허락 없이 내용의 일부를 인용하거나 발췌하는 것을 금합니다.
* 책값은 뒤표지에 있습니다.
* 잘못된 책은 구입하신 서점에서 교환해 드립니다.

ISBN 979-11-94880-28-8 (03810)

책에서 시작한 불은
책으로 꺼야 한다

박지훈
　독서 에세이*

* 생각의힘, 2025

차례

책머리에 _9

1부

독서에도 길이 있다면 _14
이동진의《닥치는 대로 끌리는 대로 오직 재미있게 이동진 독서법》

그때 그 불빛은 어디로 갔을까 _22
트린 주안 투안의《마우나케아의 어떤 밤》

고래가 삼킨 시간 속에서 우리는 _32
수전 올리언의《도서관의 삶, 책들의 운명》

청춘은 들고양이처럼 재빨리 지나가고 _42
김연수의《7번국도 Revisited》

작별 인사를 할 리는 없겠지만 _52
프란스 드 발의《동물의 생각에 관한 생각》

빛을 향하는 책 _62
호프 자런의《랩 걸》

완벽하진 않더라도 마침표를 찍을 수 있다면 _70
은유의《은유의 글쓰기 상담소》

사랑할 순 없지만 사랑해야 하는 _80
이승우의《사랑의 생애》

고양이가 되지 못해 미안해 _90
진고로호의《엄마가 물고기를 낳았어》

굿나잇, 에브리바디 _100
매슈 워커의《우리는 왜 잠을 자야 할까》

그래봤자 일, 그래도 일 _110
김호의《직장인에서 직업인으로》

음악이 흐른 자리는 마르지 않는다 _120
존 파웰의《우리가 음악을 사랑하는 이유》

남의 돈 벌기가 어디 쉬운가 _129
한승태의《퀴닝》

그는 갈매나무가 되었을까 _138
안도현의《백석 평전》

좋은 질문엔 답이 없다 _150
아리사 H. 오의《왜 그 아이들은 한국을 떠나지 않을 수 없었나》

나를 키운 엄마의 밥상, 세상의 음식 _158
윤대녕의《칼과 입술》

이름이라는 사랑의 뿌리 _168
줌파 라히리의《이름 뒤에 숨은 사랑》

2부

동그라미 공동체를 향해서 _180
아누 파르타넨의《우리는 미래에 조금 먼저 도착했습니다》

우리 없이 우리에 관하여 말하지 말라 _190
피터 카타파노·로즈마리 갈런드-톰슨의《우리에 관하여》

2,500만 년이 흘러 다시 만난다면 _200
이낙원의《우리는 영원하지 않아서》

호모 사피엔스의 거울엔 항상 전쟁의 얼굴이 _210
김동춘의《전쟁과 사회》

존엄하게, 합리적 불일치를 향해 _220
아비지트 배너지·에스테르 뒤플로의《힘든 시대를 위한 좋은 경제학》

오은영이 될 수 없는 부모들에게 _230
주디스 리치 해리스의《양육가설》

언어를 불순하게, 개인을 위대하게 _242
고종석의《감염된 언어》

내 안에 새로운 사회가 있는가 _252
김규항의《자본주의 세미나》

대한민국 부동산 판타지의 시작 _260
한종수·강희용의 《강남의 탄생》

민주주의의 꽃을 꺾는 상상 _270
토드 로즈의 《집단 착각》

차가운 온정이 세상을 바꿀 수 있을까 _280
윌리엄 맥어스킬의 《냉정한 이타주의자》

사랑의 완성이 결혼인 것만은 아니겠지만 _290
옥혜숙·이상헌의 《우린 열한 살에 만났다》

밤이 와도 종이 울려도 세월은 가고 나는 남는다 _300
마쓰이에 마사시의 《여름은 오래 그곳에 남아》

보이지 않더라도 들릴 수 있게, 느낄 수 있게 _308
김승섭의 《타인의 고통에 응답하는 공부》

그러니 우린 손을 잡아야 해 바다에 빠지지 않도록 _316
문미순의 《우리가 겨울을 지나온 방식》

영원한 이별이 사라진다면 _326
미치오 카쿠의 《인류의 미래》

누구나 시작은 잿더미에서 _334
이문열의 《젊은 날의 초상》

주 _342

일러두기

1. 본문과 인용 자료의 표기는 다음을 따랐다. 단행본·음반은 겹화살괄호(《 》)로, 단편·노래·신문·잡지 등은 홑화살괄호(〈 〉)로 구분했다.
2. 저자가 독자의 이해를 돕고자 추가한 내용은 대괄호([ ])로 표시했다.
3. 인용 자료는 저자가 읽은 판본을 기준으로 표시했다.

책머리에

이 책에 실린 글은 대부분 회사를 휴직하고 미국에 머물던 시절에 쓴 것들이다. 기간은 2023년 5월부터 이듬해 봄까지. 당시 우리 가족은 뉴저지의 한 아파트에 살았다. 나는 딸이 유치원에 가면 노트북과 전자책 단말기를 챙겨 아파트 꼭대기에 있는 라운지로 향했다. 한낮엔 아무도 찾지 않는 공간. 그곳에 놓인 기다란 테이블 하나를 차지하고 앉아 책을 읽다가 어떤 생각이 떠오를 때면 노트북 화면에 천천히 글자를 새기곤 했다. 읽다가 쓰다가 읽다가 쓰다가……. 그렇게 한참이 지난 뒤 창밖을 보면 스머프처럼 파랬던 하늘이 귤처럼 노랗게 바뀌어 있었다. 그러면 아이를 데리러 유치원이 있는 학교로 향했고, 그다음엔 가족과 저녁을 함께한 뒤 잠자리에 들었다. 오늘은 어제의, 내일은 오늘의 반복이었다. 읽고 쓰고 읽고 쓰고 읽고 쓰고. 원고는 소복소복 쌓였고 1년은 그렇게 흘러갔다. 달콤한 시간이었다.

온갖 SNS나 각종 매체마다 절륜의 서평가가 넘쳐나는 상황에서 '서평집'이라고 이 책을 소개하려니 민망한 기분이 든다. 그저 언젠가부터 서점가의 한 귀퉁이를 차지한 '독서 에세이' 중 한 권일 뿐이라고 말하고 싶다. 이 책엔 어떤 주제를 떠올린 뒤, 그에 걸맞은 책을 찾아 읽고, 내 나름의 감상이나 논평을 곁들인 글들이 담겨 있다. 근년에 쓴 것들인데도 지금 보니 얼마쯤 엇나간 느낌이 드는 글이 없지 않다. 하지만 어쩌겠나. 그마저도 나의 수준인 것을.

아쉬움이 남는 대목은 미국에서 주로 작업을 한 탓에 한국어로 된 종이책을 욕심껏 구해 읽을 수 없었다는 점이다. 전자책에만 의지하려니 최근에 나온 서적만을 '텍스트'로 삼아야 할 때가 많았다. 한국에서 썼다면 내가 하려는 이야기에 더 알맞은 책을 찾아 읽었을 것이다. 하지만 그랬다면 이만큼의 원고를 쓰긴 힘들었을 게 불문가지다. 한국에서라면 언제나 그랬듯 시간은 부족하고 '본업'이 아닌 일에 마음을 쏟아붓기가 어려웠을 테니까.

좋은 출판사에 다니는 좋은 편집자의 격려와 인내 덕분에 책을 완성할 수 있었다. 가장 큰 힘이 됐던 이는 아내와 올해 초등학교에 입학한 딸이다. 나는 아주 먼 훗날 딸이 이 책을 읽는 모습을 상상하면서 글을 썼다. 딸이 책을 많이 사랑하는 사람이 됐으면 좋겠다.

언젠가 그런 글을 읽은 적이 있다. 한 권의 책을 쓰는 일은 슬로 모션으로 레슬링을 하는 것과 비슷하다고. 실제로 이 책을 쓰면서 비슷한 기분을 느꼈다. 온갖 생각을 끌어안고 뒹굴면서, 때론 그것에 깔리거나 그것을 메치면서 달팽이처럼 한없이 느린 속도로, 하지만 매트 위의 레슬링 선수처럼 전력을 다해 분투한 시간. 그것은 홀로 벌인 고요하면서도 어수선한 싸움이었다. 아무리 반들반들한 문장을 덧대도 그 밑에선 체념과 자책의 연기가 끊임없이 피어올랐고 원고를 하나씩 탈고한 뒤엔 아쉬움의 잿더미가 마음의 바닥에 쌓이곤 했다. 누군가 이 책에서 어떤 무늬를 발견한다면 그것은 나의 무언가가 탔거나 그을린 흔적일 것이다.

2025년 11월
박지훈

1부

독서에도 길이 있다면

이동진의 《닥치는 대로 끌리는 대로
오직 재미있게 이동진 독서법》*

* 위즈덤하우스, 2017(개정판은 2022년 출간)

출판 담당 기자로 일한 시기는 2017년 1월부터 2020년 6월까지였다. 출판 기자는 매주 나오는 신간 가운데 '금주의 책'이겠거니 싶은 작품들을 골라 독자에게 소개하는 일을 하는데, 처음 몇 달은 그야말로 좌충우돌이었다. 아무리 꼼꼼히 읽어도 그 내용을 요약하는 일은 버겁기만 했고, 여기에 뾰족한 논평을 보태는 일은 언감생심일 때가 많았다. 그 시절 내가 쓴 서평을 찾아 읽는다면 문장 곳곳에 묻어나는 진한 구상유취의 기운을 느낄 수 있을 것이다.

매일같이 능력치의 바닥이 어디인지 확인하던 시절이었지만 그때의 일은 내게 엄청난 즐거움을 주었다. 누군가의 표현을 빌리자면 직장 생활의 열반, 그 자체를 경험했다고나 할까. 독서가 곧 밥벌이가 된 희귀한 경험을 한다는 것이 주는 만족감도 컸다.

당시 매일 사무실 책상에 쏟아지던 신간은, 성경 속 이스라엘 민족이 가나안으로 가다가 받아먹었다는 하늘에서 떨어진 만나와도 같았다. 오늘은 어떤 책이 도착할까 기대했고, 신간이 가득 담긴 에코백을 들고 집으로 향하던 퇴근길엔 묘한 포만감을 느끼기도 했다.

그렇게 3년 6개월간 이 일을 하다가 부득불 노조 전임자를 맡게 되면서 그만둬야 했는데 그때 느낀 아쉬움은 이루 설명하기 힘들다. 요즘도 종종 그 시절을 떠올려보곤 한다. 책에 포위됐던, 때론 포박당했던 행복했던 때를.

깊이보다는 넓이

그 시절 내 일상을 복기하자면 이렇다. 출판면 마감은 매주 수요일이었고, 전주 수요일부터 차주 화요일까지 들어오는 신간은 200권 안팎이었다. 하지만 지면(총 2개 면)에 비중 있게 소개할 수 있는 책은 많아야 서너 권에 불과했다. 시의성과 깊이, 저자의 이름값과 출판 시장에서 가지는 의미 등을 두루 살펴 '결선'에 오를 책들을 선별했다. 그다음엔 주마간산 수준으로 책들을 훑어본 뒤 '최종작'들을 선정해 읽고 읽고 또 읽었다.

취미이던 독서로 돈(월급)까지 벌게 됐으니 건성으로 볼 순 없었다. 하지만 항상 시간이 부족했다. 2017년부터 2020년까지 나는 결혼 준비→결혼→육아로 이어지는 숙제를 차례로 감당해야 했다. 문학으로 심하게 기울어져 있던 내 독서 취향도 문제였다. 흥미가 없던 분야라고 무시할 순 없었다. 난수표처럼 여겨지는 과학이나 철학, 경제 분야 책들과도 씨름해야 했다. 분야를 가리지 않는 열독만이 내가 지켜야 할 직업윤리였다.

  홍수처럼 쏟아지던 활자 속에서 자맥질하다가 간신히 기사를 마감한 뒤 돌아보면 또다시 책상엔 눈사태가 난 것처럼 한가득 신간이 쌓여 있곤 했다. 매일 안갯속을 거니는 것 같았다. 무슨 영광을 보자고 이렇게 살아야 하나 자문한 적도 많았다. 솔직히 말해 요즘 세상에 일간지 서평 코너를 찾아 읽는 독자가 얼마나 되겠는가.

  그러나 얼마쯤 시간이 흐르자 이 일에 푹 빠져들었다. 누가 인정해주지 않아도, 내 기사를 보는 이가 거의 없더라도 상관없다는 생각이었다. 무엇보다 독서의 새로운 재미를 알아가는 기쁨이 컸다. 영화평론가이자 소문난 애서가인 이동진이 쓴《닥치는 대로 끌리는 대로 오직 재미있게 이동진 독서법》(이하《이동진 독서법》)에 실린 내용을 빌리자면, 그때 내가 느낀 기쁨은 다음과 같은 비유로 설명할 수 있을 것이다.

  학창 시절에 배웠다시피 용액은 용해도에 따라 불포화용액, 포화용액, 과포화용액으로 나뉜다. 만약 물 1리터에 설탕 100그램을 녹인다고 해보자. 처음엔 1그램이든 10그램이든 설탕은 물에 들어가자마자 녹아버린다. 하지만 그 양이 점점 늘면 과포화용액, 그러니까 물 아래에 소복이 설탕 침전물이 생기는 때가 온다. 독서도 그렇다.

    책을 읽을 때의 효과는 말하자면 이런 것입니다.

어느 단계까지는 억지로 계속 책을 읽는 것 같은데 그 단계를 넘어서면, 넣는 족족 가라앉듯이 눈에 보이게 되는 거죠.[1]

과거에 이런 기분을 자주 느끼지 못한 것은 독서의 '넓이'가 작아서였다. 출판 기자로 일하면서, 내 깜냥엔 감당하기 어려운 책을 억지로 읽으면서, 그 넓이는 자연스럽게 커졌다. 이동진은 종종 "깊게 파려면 넓게 파야 한다"는 스피노자의 명언을 언급하는데, 이 말이 곧 독서의 세계에선 금언이나 마찬가지였다. 그는 토마스 아퀴나스와 막스 뮐러가 각각 남긴 말인 "세상에서 가장 위험한 사람은 단 한 권의 책을 읽은 사람", "하나만 아는 자는 아무것도 알지 못하는 자"를 소개하면서 이렇게 말한다.

> 깊이가 전문성이라면 넓이는 교양이라고 할 수 있습니다. (…) 깊이를 갖추기 위한 넓이를 너무 등한시하는 것 같아요. 하지만 국경과 시간적 제약이 점점 무의미해지는 현대에는 넓이에 주목하는 게 더욱 중요해진다고 생각해요. 그리고 넓이를 갖추는 데 굉장히 적합한 활동이 바로 독서입니다.[2]

책을 읽는 방법에도 교수법敎授法이 존재한다면《이동진 독서법》은 좋은 참고서가 될 만한 책이다. 여기에 적힌 많은 조언을 나 역시 체험했다. 책을 반드시 완독할 필요는 없다, 꼭 읽어야 할 책은 존재하지 않는다, 침대나 화장실에도 책을 '뿌려두는 것'이 좋다, 책을 숭배하지 말자, 깨끗이 책을 읽을 필요는 없다…….

《이동진 독서법》은 3부로 나뉜다. 1부는 책에 관한 그의 생각이 담긴 짧은 글 모음이고 2부는 이다혜 작가가 진행한 이동진 인터뷰다. 3부엔 이동진의 추천 도서 리스트가 등장하는데, 여기엔 그가 평생 읽은 책 중에서 "일반 독자들이 큰 어려움 없이 오락과 교양과 사색을 위해 읽을 수 있는"[3] 800권의 제목이 실려 있다. 어쩌면 많은 이가 3부에 주목할 듯싶다. 책을 좋아한다면 남의 책장을 구경하는 것만큼 재밌는 일은 없는 법이니까.

책은 문이다

사실 나는 팟캐스트 '이동진의 빨간책방' 골수팬이었다. 운전을 하거나 설거지를 할 때, 심지어 잠자리에 누워 잠을 청할 때도 이 방송을 자주 들었다. 반복 청취한 회차도 수두룩하다. 줄여서 '빨책'으로 통했던 이 방송은 2012년 5월부터 2019년 6월까지 인터넷에 업로드됐는데, 그를 향한 팬심 때문인지 아니면 책을 대하는 사려 깊은 태도 덕분인지 방송에서 흘러나오는 이동진의 말에 동의하기 힘들었던 적이 거의 없었다.

전자책 플랫폼 밀리의서재에서 이동진의 영화 평론을 모은 책《영화는 두 번 시작된다》를 검색하면, 독자 리뷰 중에 이런 글이 있다. "영화는 세 번 시작된다. 극장 안에서, 극장 밖에서, 이 책을 읽을 때." 내겐 빨책이 그랬다. 빨책 덕분에 같은 책을 세 번 읽는 듯한 느낌을 받을 때가 많았다. 책을 읽으면서, 책을 다 읽고서, 빨책으로 그 내용을 되새기면서 말이다.

사람들은 이동진이 쓰는 신작 영화 20자평을 제외한다면 그의 글보다는 그의 말에 관심을 두지만, 내 경우엔 반대다. 그의 평론은 엄정한 문장으로 읽는 이를 호릴 때가 많다. 몇몇 에세이가 뽐낸 맵시도 보통이 아니었다. 특히 기억에 남는 것은 빨책의 파트너인 김중혁과 함께 쓴 《질문하는 책들》서문에 실린 글이다.

> 책은 문을 닮았다. 직육면체 모양에 언뜻 좌우대칭인 것처럼 보이지만, 한쪽으로만 열린다. 그러고 보니 책의 내부는 방 같기도 하다. 열고 들어가면 사각의 틀 속에 하나의 세계가 오롯이 담겨있다. 그 방의 가장 깊숙한 곳에는 금고가 있다. 운 좋게 비밀번호를 알아내어 그 금고를 열어본다. 안에는 무엇이 있을까. (…) 문門은 문問인 걸까. 그러니까, 좋은 책이 우리에게 주는 것은 대답이 아니라 질문이다.[4]

이동진은 독서와 행복의 연관 관계를 이렇게 설명하곤 한다. 쾌락은 일회적이고 행복은 반복이다, 즉 행복한 사람은 습관이 좋은 사람이다, 습관화된 부분이 행복한 사람이 있다면 그 인생은 행복할 수밖에 없다, 습관 중에서도 독서야말로 너무 좋은 습관이다, 책을 읽는다는 것은 저자가 만들어낸 지적인 세계, 그러니까 한 사람의 세계와 통째로 만나는 것이다…….

출판 기자로 일한 경험이 내게 어떤 유산을 남겼노라고 자신 있게 내세울 만한 것은 없는 것 같다. 내게도 지성이라는 게 있다면 거기에 엷은 무늬를 새겼을 거라고 막연히 짐작할 뿐이다. 하지만 확실한 게 있다면 그 시절을 통과하면서 내가 책을 더 사랑하게 됐다는 점이다. 언제, 어디서든 책을 읽는 일이 습관이 되었다고나 할까.

책을 읽으면 읽을수록 새삼 깨닫는 게 있다. 세상엔 좋은 책이 너무 많다. 그래서인지 언젠가부터 책을 읽을 때마다 야릇한 조바심을 느끼곤 한다. A라는 책을 읽으면서 B라는 책이 보고 싶어 마음이 바빠지고, 어느 순간 온라인 서점에 들어가 C라는 책을 장바구니에 담는 식으로. 아무튼 나는 내 이런 습관이 참 마음에 든다.

꼬리 잇는 책
이동진, 《영화는 두 번 시작된다》, 위즈덤하우스, 2019
이동진·김중혁, 《질문하는 책들》, 위즈덤하우스, 2016

그때 그 불빛은 어디로 갔을까

트린 주안 투안의
　　《마우나케아의 어떤 밤》*

---
* 이재형 옮김, 파우제, 2018

이름도 기억나지 않는 누군가의 인터뷰 기사에서 읽은 이야기다. 인터뷰이는 군대 시절이 마냥 힘들진 않았다며 이런 이야기를 들려주었다. 야간 근무를 설 때면 행복했다고, 밤하늘에 깜빡거리는 별을 보며 라이터를 켰다 끄곤 했다고, 그렇게 수취인 불명의 메시지를 하늘로 쏘아 올리면서 눅눅한 외로움을 달랬고 가슴 뜀을 느끼며 달콤한 고독을 즐겼다고.

　입대를 앞둔 20대 초반의 어느 날, 이 인터뷰를 읽었다. 나는 인터뷰 속 주인공이 밤하늘을 올려다보며 서 있는 모습을 그려보곤 했다. 얼마 뒤 군에 입대했을 땐 비슷한 짓을 해보기도 했다. 특히 행군 도중 몸을 다쳐 강원도 원주의 한 병원에 입원한 시기에는 매일 저녁 세상이 어둑해지면 병원 뒤뜰로 나가 라이터 불빛을 깜박거렸다. 시커멓고 거대한 동물이 웅크리고 있는 듯한 밤하늘을 향해. 돌이켜보면 싱겁고 유치한 짓이었지만 그렇게라도 해서 설명할 길 없는 막막한 심정을 누군가와 나누고 싶었다.

그때로부터 20여 년이 흘렀지만 질퍽한 인간관계에 신물이 날 때면 그 옛날 원주의 병원 뒤뜰에 서 있던 나를 떠올리곤 한다. 내가 쏘아 올린 불빛은 어디로 갔을까. 지금도 천지간에 어떤 이는 나처럼 객쩍은 교신을 시도하고 있진 않을까.

빛, 타임머신의 연료

알려졌다시피 우주는 '타노스가 손가락을 튕겼을 때처럼' 순식간에 탄생했다. 초기 우주는 팽창을 시작하면서 밀도가 낮아졌고, 물질 사이에서 빠져나온 빛은 우주 공간을 내달렸다. 전파, 마이크로파, 적외선, 가시광선, 자외선, 엑스선, 감마선……. 그로부터 엄청난 세월이 흐른 지금, 우리는 이들 빛에 담긴 암호문으로 세상의 시작을 되짚고 미래를 넘겨짚는다. 빛을 통해 우주와 소통할 수 있으니, 우주의 이야기는 결국 빛의 이야기다.

빛을 채집하는 것은 망원경의 일이다. 망원경이 모으는 빛의 크기는 렌즈 크기의 제곱에 비례한다. 망원경 지름이 두 배로 커지면 빛을 네 배 더 모을 수 있다. 미국 하와이에는 아주 거대하고 유명한 천문대가 있다. 지구 북반구에서 첫손에 꼽히는 천문대, 원주민에게 그곳에 간다고 말하면 달갑잖은 시선을 받아야 할 정도로 성스럽게 여겨지는 장소, 바로 해발 4,207미터에 있는 마우나케아 천문대다.《마우나케아의 어떤 밤》에는 천문학자 트린 주안 투안이 이곳에서 보낸 하룻밤의 이야기가 실려 있다.

밤이 이슥해지면 천문대의 문은 일제히 하늘을 향해 열린다. 사람들은 이곳에서 우주를 올려다본다. 망원경은 우주의 빛을 그러모으고, 별빛들은 우주의 옛 소식을 보내온다. 달빛은 1초 전 달의 생김새를, 햇빛은 8분 전 태양의 형태를 보여준다. 태양계에서 가장 가까운 별인 프록시마 켄타우리의 빛엔 이 별의 4.3년 전 모습이 담겨 있다.

천문대의 밤은 도시의 밤과 다르다. 어둡고 고요하다. 이런 곳에서 가장 예민해지는 감각은 청각이다. 트린 주안 투안은 "세계 곳곳의 천문대를 다녀본 덕분에 나는 여러 가지 종류의 밤의 침묵에 귀를 기울여볼 수 있었다"(141쪽)고 말한다.

> 가장 압도적인 것은 사막의 침묵이다. 나는 인디언 보호구역이 있는 애리조나사막 한가운데 2,000미터 높이의 산에 위치한 키트피크 천문대에서 이 사막의 침묵을 경험했다. 사막의 광활함이 무한한 우주 공간의 느낌을 불러일으켰다. 임마누엘 칸트는 "밤은 숭고하고 낮은 아름답다"고 말했다. 밤이 숭고한 것은 그 어둠이 우리의 감각을 자극하

여 우리를 우주와 연결시켜주기 때문이다.¹

《마우나케아의 어떤 밤》에 담긴 이야기들을 읽고 있으면 우주로 가는 엘리베이터를 타는 듯한 느낌을 받을 수 있다. 가령 이런 질문을 보자. 밤은 왜 깜깜할까. 천구에 총총히 박힌 별의 수는 무한하고, 별들은 저마다 반짝반짝 빛을 내는데 밤은 왜 이토록 어둡냔 말이다.

번득이는 직관으로 이 질문에 대한 답을 처음 내놓은 이는 뜻밖에도 미국의 시인 에드거 앨런 포였다고 한다. 그의 산문시 〈유레카〉에는 이렇게 적혀 있다. "[별들이] 너무 멀리 떨어져 있어서 그 어떤 빛도 우리에게 도달할 수 없기에 눈에 보이지 않는다"(172쪽)고.

즉, 많은 별이 우리에게서 너무 멀리 있어 그들의 빛이 여태 지구에 도착하지 못한 탓에 밤하늘은 캄캄할 수밖에 없다는 것이다. 이런 설명은 세상에 널린 그 어떤 말랑말랑한 조언보다 힘든 시절을 통과하는 이에게 뭉근한 위로를 전한다. 지금 삶이 막막하더라도 밤하늘의 별빛이 그렇듯 언젠가 당신에게도 빛이 도달할 것이라는 뜻이 되니까.

밤이 때로 아름답게 느껴지는 것은 이런 이야기에서 보듯, 밤이 선사하는 위로와 낭만이 작지 않아서일 것이다. '밤의 그림'으로 유명한 작품을 하나만 꼽으라면 누구나 빈센트 반 고흐의 그림을 떠올릴 텐데, 그는 동생에게 보낸 편지에 이렇게 적었다.

> 나는 별이 총총한 밤을 꼭 그리고 싶다. 강렬한 보라색과 푸른색 초록색으로 물든 낮의 색깔보다 밤의 색깔이 훨씬 더 풍부하다는 생각이 자주 든다니까. (…) 나는 지금 종교에 대한 강한 요구를 느끼고 있다. 그래서 밖으로 나가 별을 그릴 거야.[2]

하지만 모든 이에게 밤이 축복의 시간일 순 없다. 트린 주안 투안도 그중 하나였다. 그는 베트남 출신 천문학자로, 1948년 하노이에서 태어났다. 그 시절 베트남에서 나고 자란 사람 대다수가 그렇듯 그의 10대 시절은 신산할 수밖에 없었다. 베트남 고위 공무원이던 아버지는 북베트남 공산당 정권이 무서워 가족을 데리고 남베트남으로 이주했다. 전쟁의 공포는 가족들을 옭아맸다. 쏟아지는 포탄, 흔들리는 대지, 불그스레 물드는 어둠의 지평선…….

트린 주안 투안은 그때를 회상하면서 "밤은 죽음과 결합되었다"(127쪽)고 말한다. 하지만 1966년 스위스로 유학을 떠나면서 그에게 밤은 다른 의미를 띠게 되었다. 난생처음 밤의 아름다움을 느끼게 됐다. 시간이 지나고 그는 미국에서 대학 공부를 마친 후 버지니아대 교수가 되었다.

책에서 그는 왜소은하의 세계를 들여다보기 위해 마우나케아 천문대를 찾는다. 왜소은하는 우주에서 가장 어린 별들의 공동체다. 젊고 뜨겁고 육중한 별들이 그곳에 있다.

왜소은하에서 시작된 이야기는 우주의 거대한 모습을 전하는 내용으로 이어진다. 천체들은 은하라는 별들의 집을 만든다. 은하는 많게는 4,000억 개 넘는 천체를 품고 있다. 우주엔 그런 은하가 1,000억 개가 넘는다(물론 이것도 우리가 관측 가능한 수준에서 계산한 것이다). 그리고 이런 은하들이 모이면 은하단이라는 우주의 마을이 만들어진다. 은하단이 결합하면 2억 광년에 걸친 초은하단이 꾸려진다. 트린 주안 투안은 이토록 광대한 스케일의 우주를 한가득 시정이 담긴 문장으로 그려내면서 '우주의 건축'에 담긴 메시지를 이렇게 해석한다.

> 우주라는 거대한 직물을 마주하고 있노라면, 우리 삶에서 때로는 엄청나게 중요한 자질구레한 일상사가 너무 하찮고 보잘것없이 느껴진다. 빛나는 별들로 가득한 이 하늘 건축은 우리에게 더 큰 비전을 가지라고 속삭인다.[3]

천문학이라는 이름의 문학

 천문학은 흔히 쓸모없는 학문처럼 여겨지기 쉽다. 생명공학, 재료공학, 기계공학 같은 학문들이 내놓는 결과물을 떠올려보자. 이들 학문이 일상에 미치는 영향과 견줘볼 때 천문학의 그것은 시원찮을 때가 많다. 때로는 낭만주의자들의 취미 생활처럼 느껴지기도 한다.

 게다가 이 학문에 투입되는 비용은 말 그대로 '천문학'적일 때가 많아서 자주 그 쓸모가 사람들 입길에 오르내린다. 하지만 천문학이 어느 시기에 학문의 세계에서 초신성처럼 사라질 리는 없을 것이다. 우리가 어디에서 왔고 어디로 가는지 설명해주는, 어쩌면 인간의 본능에 가까운 호기심을 다루는 분야가 천문학이니까.

 천문학이라는 단어가 '문학'이라는 말을 품고 있어서일까. 두 분야가 비슷하게 느껴질 때도 있다. 특히 실존에 관한 질문을 던진다는 점에서 천문학과 문학은 지향점이 같은 것처럼 느껴진다. 이들 학문은 세상의 미묘한 내재율을 감지하는 분야이기도 하다. 문학평론가 고故 김현은 '문학의 무용성'을 강조하면서 "문학은 쓸모 있는 것이 아니기 때문에 인간을 억압하지 않으며 억압이 인간에게 얼마나 부정적으로 작용하는지 보여준다"는 유명한 말을 남겼는데, 나는 저 발언 속 '문학'이 들어갈 자리에 천문학을 넣어도 말이 된다고 생각한다.

 천문학을 다루는 책에서 자주 느껴지는 것 중 하나는

불교적 세계관으로, '윤회'라는 영적 테마가 이들 책의 둘레를 이룰 때가 많다. 지구를 구성하는 원자들, 생명을 존재하게 하는 원자들은 모두 오래전 어떤 항성들의 중심에서 만들어졌다. 우리는 죽으면 다시 우주의 재료가 된다. 과학 저술가 크리스토프 갈파르는 《우주, 시간, 그 너머》라는 책에서 이 사실을 언급하면서 "다른 사람의 살갗을 만지는 것은 별의 조각을 만지는 것과 같다"(우, 30쪽)고 말하기도 했다.

《마우나케아의 어떤 밤》의 테두리를 둘러싼 것도 이러한 불교적 분위기다. 우주는 항상 그 자리에 있는 것처럼 여겨지기 쉬우나 사실 크게 출렁이면서 빠르게 움직인다. 지구만 하더라도 자전 속도와 공전 속도가 각각 초당 436미터, 30킬로미터에 달한다. 우주는 지금 이 순간에도 팽창하면서 차가워지고 있다. 천구에 붙박인 듯 보이는 북극성도 언젠가는 그 위치가 달라질 것이다. 한마디로 우주는 비영속적이다. 우리가 이 변화를 체감하지 못하는 것은 너무 작아서이다. 트린 주안 투안은 "부처는 세계가 본질적으로 텅 비어 있기에 비영속적으로 생각했다. '텅 비어 있다'는 것은 무無를 뜻하는 것이 아니라, '고유한 존재의 부재'를 뜻한다"며 "현상은 그 자체로는 아무것도, 아무 의미도 아니다. 현상은 오로지 상호의존의 산물"(157쪽)이라고 말한다.

《마우나케아의 어떤 밤》에 실린 이야기를 좇노라면 해

결이 난망한 것처럼 여겨지는 현실의 모든 문제가 초라하게 바뀌어버린다. 천문학자 닐 디그래스 타이슨이 했던 말처럼 우리는 우주라는 광막한 공간에 찍힌 "점 위의 점 위의 점"[4]일 뿐이다. 그렇다고 쉽게 자괴감을 느끼거나 체념하진 말자. 생각해보면 우주라는 가없이 펼쳐진 저 공간 역시 시작은 "점 위의 점 위의 점"이었을 뿐일 테니까.

꼬리 잇는 책
크리스토프 갈파르, 김승욱 옮김, 《우주, 시간, 그 너머》, 알에이치코리아, 2017

고래가 삼킨 시간 속에서 우리는

수전 올리언의
《도서관의 삶, 책들의 운명》*

---

* 박우정 옮김, 글항아리, 2019

신경숙의 소설《외딴방》에는 1970년대 주경야독하던 구로공단 여공들 이야기가 나온다. 소설 속 주인공이 영등포여고 산업체특별학급에 다니던 시절, 그에겐 허구한 날 헤겔을 읽는 미서라는 친구가 있었다. 주인공은 미서가 교무실에 갔을 때 몰래 헤겔을 펼쳐본다. 군데군데 밑줄이 그어진 책, 하지만 요령부득한 내용. 도대체 미서는 왜 이런 책을 읽는 걸까. 교무실에서 돌아온 미서는 주인공에게서 책을 뺏으며 성을 낸다. 책에 담긴 이야기를 이해하는지 묻자 미서는 "나도 몰라"라고 짧게 답한다.

"무슨 말인지 모른다면서 어떻게 그렇게 읽을 수가 있어?"
"상관 마."

얼마쯤 시간이 흐른 뒤에야 미서는 헤겔을 읽는 이유를 들려준다. "책을 읽고 있을 때만 내가 너희들하고 다른 것 같아. 나는 너희들이 싫어." 그리고 이 에피소드의 끝엔 주인공의 다음과 같은 독백이 끼어든다.

"90년대, 지금 그 교실에서도 누군가 헤겔을 읽고 있을까."(외, 162~163쪽)

1990년대에 고등학생이던 나는 저들처럼 주경야독의 고충을 겪지도, 미서처럼 헤겔을 읽지도 않았다. 하지만 헤겔을 읽던 미서의 심정은 처음 내가 독서에 빠져든 이유와 비슷했던 것 같다. 책을 읽을 때만큼은 입시에만 목매는 또래들과 다른 것처럼 느껴졌으니까.

고교 2학년 때부터 독서열에 빠져 졸업할 때까지 주야장천 책을 끼고 살았다. 읽을거리가 없을 땐 '학급문고'에 폐지처럼 쌓인 책들, 예컨대 세로쓰기로 된 보카치오의 《데카메론》이나 톨스토이의 《부활》 같은 고전 문학, 한참 철 지난 문예지 등을 읽었다. 덕분에 성적은 곤두박질쳤지만 어쩔 도리가 없었다. 뭔가를 읽어야 숨통이 트이던 시절이었으니까.

도서관에서의 삶, 영생의 시간

대학에 진학해 마음 둘 곳이 없던 내가 밤낮으로 머문 곳은 학교의 도서관이었다. 제대로 된 도서관 하나 없던 지방에서 상경한 내게 그곳은 광활한 별천지였다. 제 몸의 상처를 할짝할짝 핥는 짐승처럼 도서관 구석진 자리에서 야금야금 책을 읽었다. 제페토 할아버지를 찾아 고래의 뱃속으로 들어간 피노키오의 심정으로 책의 동굴 속을 헤매면서 내게 간절할 수밖에 없는 무언가를 찾았던 것 같다. 그 시절 도서관은 세상에서 가장 아늑한 나만의 요새였다. 미국 〈뉴요커〉 전속 작가 수전 올리언의 논픽션 《도서관의 삶, 책들의 운명》에 적힌 다음과 같은 대목처럼 말이다.

> 시간이 도서관에 붙잡히고 수집된 것 같았다. 모든 도서관에 내 시간, 내 인생뿐 아니라 모든 인간의 시간까지. 도서관에서는 시간이 둑으로 막혀 있었다. 그냥 정지된 게 아니라 저장되어 있었다. 도서관은 이야기들, 그리고 그 이야기들을 찾으러 오는 사람들이 고여 있는 연못이다. 불멸을 살짝 엿볼 수 있는 곳. 그곳에서 우리는 영원히 살 수 있다.[1]

《도서관의 삶, 책들의 운명》은 도서관에 바치는 한 편의 러브레터다. 이야기의 무대가 되는 곳은 1926년 개관한 미국 로스앤젤레스 중앙도서관. 이곳에선 1986년 4월 29일 큰불이 났다. 일곱 시간 넘게 사그라지지 않던 맹렬한 화마에 책은 좋은 먹잇감이었다.

40만 권이 불길 속에 사라졌고 70만 권은 크게 훼손됐다. 소방관들은 불을 끄려고 도서관에 물을 쏟아부었다. 사서들은 항상 화재보다 홍수를 더 걱정하는데 그 둘이 한꺼번에 들이닥친 셈이었다. 수사 당국이 방화 용의자로 지목한 이는 스물일곱 살 청년이던 해리 피크. 하지만 그가 불을 질렀다는 결정적 증거가 나오지 않으면서 수사는 난항을 겪는다.

수전 올리언은 ①방화 수사와 해리 피크의 일대기, ②도서관의 역사를 함께한 사서들 이야기, ③도서관의 궁극적 가치가 담긴 글, 이들 세 개를 한데 버무려 이야기를 끌고 나간다. 순댓국에 비유하면 ①은 감칠맛을 더하는 다진 양념이나 새우젓, ②는 순대와 내장, ③은 이들이 어우러져 우러난 국물인데 그중 가장 뭉근하게 마음을 적시는 것은 도서관의 의미를 파고든 부분이다.

고대에 도서관은 세계의 지식이 모인 "거대하고 무한한 공동의 뇌"(123쪽)였고 근대가 돼서는 각 지역에서 가장 안전한 장소로 여겨졌다. 전쟁이 벌어져도 도서관을 파괴하는 것은 강력한 테러 행위로 취급됐다. "여기에 불을 지르거나 파괴하는 것은 그 어디도 안전하지 않을 거라는 선언"(130쪽)과도 같으니까 말이다. 현재 미국엔 공공도서관이 맥도날드 매장보다 더 많으며, 전 세계엔 32만 개 공공도서관이 운영 중이다. 이들 공간은 정보의 곳간이면서 동네의 광장, 때론 '시민의 대학'이 되기도 한다.

LA 중앙도서관 역시 마찬가지다. 19세기까지만 하더라도 미국에서 도서관은 비싼 회비 탓에 부자들의 아지트로만 여겨졌다. 여성은 이용할 수도 없었다. 하지만 서서히 문턱이 낮아지면서 누구에게나 열린 공간이 되었다. LA 중앙도서관 사서들의 경우 1970년대, 매일 밤 '야간전화 참고 봉사 서비스'를 제공했다. 지금으로 따지면 당시 도서관은 네이버 지식인이나 챗GPT와 비슷했다. 전화기는 3분마다 울렸고 1년에 약 3만 5,000건에 달하는 문의에 답했다. 도서관 사서를 상대로 누군가는 일곱 난쟁이의 이름을 물었고 혹자는 아버지 묘비명 작성을 도와달라고 했다. 그러니까 이 공간은 LA 시민들에게 오랫동안 도시의 등대와도 같았다. 책에는 이처럼 각별한 의미를 띠는 도서관을 복구하기 위해 합심한 시민들의 이야기도 비중 있게 담겨 있다.

책을 읽으며 생각하게 되는 지점 중 하나는 한국에서 도서관이 갖는 위상이다. 미국에 비할 순 없겠지만 그 의미는 날로 커지고 있다. 언젠가 신문에서 공공도서관을 노인복지의 공간으로 활용하자는 칼럼을 본 적이 있는데, 왠지 모르게 마음을 흔든 것은 다음과 같은 대목이었다.

> 볕이 잘 드는 열람실에 고요히 책 읽는 노인을 보면 어떤 위엄마저 느껴진다. 한 시대를 살아낸 삶의 무게와 경험의 넓이라고나 할까. 노년은 인생의 마감이 아니라 과거와의 여행을 통해 새로운 미래를 준비하는 시간임을 알 수 있다. 그렇게 독서하면서 창문 넘어 도망칠 용기를 쌓고 있는지도 모른다.[2]

나도 황혼이 깃드는 나이가 되면 아마도 거의 매일 도서관을 찾지 않을까 싶다. 낙엽처럼 낡고 늙은 몸으로 물통과 간식거리를 챙겨 집을 나선 뒤 열람실 어딘가에 앉아 따뜻한 햇볕을 받으며 책을 읽는 일상……. 이보다 더 근사한 노년이 있을까. 그때가 되면 《도서관의 삶, 책들의 운명》에 나오는 이런 대목을 되새길 듯하다.

> 도서관은 고독을 누그러뜨리기에 좋은 곳이다. 완전히 혼자일 때도 수만 년 동안 계속되어온 대화의 일원이 된 듯한 느낌을 받을 수 있는 곳. 책장에서 책을 뽑아보지 않아도 그 안에서 당신에게 말을 걸기 위해 기다리는 목소리가 있고, 말을 하면 누군가가 들어줄 거라고 진심으로 믿는 누군가가 있다는 것도 알 수 있다.[3]

책을 읽을 때 우린 혼자가 아니다

2023년 봄부터 1년간 미국에 체류하면서 다섯 살 딸아이와 가장 많이 찾은 곳이 동네에 있는 작은 도서관이었다. 우리는 그곳 열람실에 앉아 그림책을 보거나 컬러링을 하거나 체스를 두곤 했다. 여름철 한참을 그렇게 놀다가 저녁나절이 돼서 밖에 나오면 하늘이 온통 살굿빛일 때가 많았다. 어쩌면 나는 앞으로도 그때 내가 본 하늘을, 내 마음을 가득 채운 행복의 반죽들을 머릿속으로 개고 또 개면서 많은 날을 살아가지 않을까 싶다.

수전 올리언에게도 도서관은 그런 장소였던 것 같다. 미국 클리블랜드 출신인 그는 "나를 키운 것은 도서관이었다"(18쪽)고 말하는 사람이지만, 미국 역사상 가장 큰 도서관 화재 사건을 겪은 LA 중앙도서관의 이야기를 책으로 쓸 생각까지는 없었다고 한다.

이런 그가 마음을 고쳐먹은 것은 아들 때문이었다. 아들을 데리고 동네 도서관에 갔을 때 느낀 친숙함, 그것은 치매로 투병 중인 어머니가 먼 옛날 자신을 데리고 갔을 때 느낀 그 감정이었다. 수전 올리언은 어머니를 추억하고 도서관에서 다시 느낀 아릿함을 되새긴다. 그러면서 "내가 우리 두 사람 모두를 위한 기억을 짊어지고 있다는 사실을 깨달았다"며 이렇게 말한다.

> 어머니는 내게 도서관에 대한 사랑을 불어넣어 주셨다. 내가 이 책을 쓰는 일을 마침내 받아들인 이유는, 내가 어머니를 잃고 있다는 것을 알아차렸기 때문이다. (…) 어머니는 그 아련한 오후들이 어땠는지 나 외에 알고 있는 유일한 사람이었다. 나는 이 책을 쓰는 이유가 그 오후들을 간직하기 위한 힘든 노력임을 알고 있다.[4]

도서관의 의미를 캐는 질문은 결국 '책은 우리에게 무엇인가'라는 물음으로 이어질 수밖에 없다. 《도서관의 삶, 책들의 운명》에서 인상적인 에피소드 중 하나는 이런 내용이다.

수전 올리언은 만약 해리 피크가 불을 질렀다면 무엇을 봤고 어떤 기분이었는지 알고 싶어, 자신도 책을 태워 보기로 결심한다. 하지만 책을 태운다는 것은 너무도 힘든 일이었다. 마치 아끼던 식물을 버려야 할 때처럼 그는 머뭇거리고 주저하고 망설인다. 책이 생명체란 말인가. 이 물음에 대한 수전 올리언의 대답은 '예스'다. 그는 "단어와 생각들이 담기면 책은 더 이상 종이와 잉크와 접착제가 아니다. 책은 인간과 비슷한 활기를 띤다"(75쪽)고 적어놓았다.

그의 주장에 동의하는 이라면 책의 숭고한 의미를 전하는 다른 이야기들에도 공감할 것이다. 예컨대 개브리얼 제빈의 소설 《섬에 있는 서점》에는 미국 앨리스섬에 있는 작은 책방 '아일랜드 서점'에서 벌어진 이야기가 담겼는데, 다음과 같은 말이 등장한다.

> 우리는 혼자가 아니란 걸 알기 위해 책을 읽는다. 우리는 혼자라서 책을 읽는다. 책을 읽으면 우리는 혼자가 아니다.[5]

물론 이와 비슷한 이야기를 했던 사람은 수두룩하다. 가령 움베르토 에코는 문맹인 사람과 마침내 책을 읽게 된 인류를 비교하면서 이런 글을 쓴 적이 있다.

> 문맹인 사람과 비교해볼 때 우리가 더 풍요로운 이유는, 그 사람은 단지 자신의 삶만 살아가고 또 앞으로도 그럴 테지만 우리는 아주 많은 삶들을 살았다는 데 있다.[6]

오랫동안 책과 가까운 삶을 살면서 나 역시 비슷한 기분을 느끼곤 했다. 세상 모든 책엔 경험하지 못했거나 경험할 수 없는 삶이 담겨 있다. 그러니 수전 올리언의 말처럼 책은 저마다 영혼을 품고 있다고 말할 수 있으리라. 세네갈 사람들은 누군가 세상을 떠나면 그의 도서관이 불에 탔다고 말한다는데, 그 이유 역시 이와 비슷하지 않을까 싶다.

꼬리 잇는 책
신경숙, 《외딴방》, 문학동네, 1995
개브리얼 제빈, 엄일녀 옮김, 《섬에 있는 서점》, 문학동네, 2017
움베르토 에코, 김운찬 옮김, 《책으로 천년을 사는 방법》, 열린책들, 2009

청춘은 들고양이처럼 재빨리 지나가고

김연수의
《7번국도 Revisited》*

* 문학동네, 2010

언젠가부터 아득한 기분을 느끼고 싶을 때면 소설가 김연수가 쓴 에세이《지지 않는다는 말》속에 있는 〈막 청춘의 절정이 지나갔다〉를 찾아 읽는다. 김연수는 도입부에서 자신에게 청춘은 7월 중순의 테니스장 같은 이미지라고 적었다. 칼날처럼 내리쬐는 햇볕, 규칙적으로 들리는 테니스공 때리는 소리, 그 소리를 듣다가 느끼는 감정, 지금 내게서 여름이 떠나가기 시작했구나, 내 청춘도 그렇게 지나가겠구나……. 이런 이야기를 들려주면서 그는 스물여섯 살이던 1996년 친구 두 명과 떠난 자전거 여행기를 풀어놓는다.

  당시 그는 대학을 졸업하고 번역으로 생계를 이어갈 요량으로 잭 케루악의 소설《길 위에서》를 우리말로 옮기고 있었다. 진종일 FM 라디오 방송을 들으며 일을 했는데 지명이 많이 등장하는 작품이어서 벽에는 교보문고에서 산 미국 지도를 붙여놓아야 했다. 번역을 마칠 때쯤 계절은 여름이 됐고 지도엔 번역하며 표시한 등장인물들의 궤적이 그려져 있었다. 그는 그 경로를 보다가 이런

생각을 했다고 한다. '저건 또 무슨 의미일까.'

그는 친구들에게 전화를 걸어 제안했다. 동해안에 가느다랗게 그어진 7번국도로 가자고, 자전거를 타고 삼척에서 포항까지 달려보자고. 그렇게 여행은 시작됐고 7번국도의 중간쯤에 다다랐을 무렵 이들은 나무 아래에서 낮잠을 잤는데, 잠에서 깼을 땐 이미 햇볕의 기세가 누그러져 있었다.

> 아마도 그 여름의 절정이 지나갔다면, 그날 낮에, 우리가 낮잠을 잘 때, 우리도 모르게 지나간 게 틀림없었다. 그렇다면, 내 청춘의 절정이 지나갔다면, 그것 역시, 아마도. (…) 7번국도를 다녀온 뒤에도 내 삶은 바뀌지 않았다. 하지만 어쨌든 여름은 지나갔다. 되돌아볼 때 청춘이 아름다운 건 무엇도 바꿔 놓지 않고, 그렇게 우리도 모르게 지나가기 때문인 것 같다.[1]

청춘, 엿가락처럼 늘어지던 시간

내 청춘의 절정은 아마도 2003년쯤이었던 것 같다. 당시 나는 전역을 하고 복학을 했다가 다시 휴학계를 냈다. 뭔가를 할 수 있는 시간은 많지만 뭔가를 할 능력은 없고 뭔가를 이루겠다는 의지도 없던 시절. 한참 동안 망연히 시간만 흘려보내던 나는 그해 6월 도쿄로 떠났다. 일본은 난생처음 경험하는 '해외'였다. 돌이켜보면 도쿄에서 보낸 그해 여름은 내 인생에서 불안과 설렘이 가장 단단히 깍지를 꼈던 시기였던 것 같다.

도쿄로 간 것은 먼 친척이 그곳에서 작은 이삿짐센터를 운영하고 있었기 때문이다. 취업을 위해 그전부터 틈틈이 쌓은 일본어 실력을 현지에서 테스트해보고 싶다는 생각도 있었다. 나는 친척이 하는 회사에서 이삿짐 나르기를 거드는 것으로 숙식에 드는 비용을 대신할 수 있었다.

그해 도쿄의 여름은 너무 더웠다. 공기는 눅진했고 옮겨야 할 이삿짐은 많았으며 계단들은 하나같이 좁았다. 친척이 상대하는 고객은 주로 한국에서 건너온 젊은 여성이었다. 그들 중엔 첫 만남부터 우릴 "오빠"라고 무람없이 부르는 이가 적지 않았다. 나는 그런 여자들이 일본에서 무슨 일을 하는지 함부로 넘겨짚곤 했다. 외모는 화려하지만 세간은 궁색한 사람들. 그런 이들의 짐을 옮기고 있으면 20대 초반에 세상 곳곳에 널린 서늘한 비밀들을 엿보는 듯한 느낌을 받곤 했다. 그렇게 이삿짐을 나르다가 숨을 고르기 위해 이글거리는 길바닥에 퍼질러 앉던 순간들, 얼음 같던 음료수를 들이켜던 시간들, 일을 마치면 향하던 동네 목욕탕과 숙소로 사용한 조악한 조립식 건물······. 내 청춘의 절정인 2003년은 그런 장면들로 기억된다.

　이때를 내 청춘의 절정이라고 말하는 이유는 간단하다. 그다음 이어진 날들이 섬광처럼 빨리 지나가서다. 김연수는 단편 〈스무 살〉에 이렇게 썼다. "열심히 무슨 일을 하든, 아무 일도 하지 않든 스무 살은 곧 지나간다. (…) 남몰래 흘리는 눈물보다도 더 빨리 우리 기억 속에서 마르는 스무 살이 지나가고 나면, 스물한 살이 오는 것이 아니라 스무 살 이후가 온다."(스, 9쪽) 그러니까 내 삶도 2003년을 즈음해 다른 국면으로 접어들었던 것 같다. 더는 시간이 엿가락처럼 늘어지는 때가 없었다. 이때 이후부터는 무슨 일을 하든 어떤 일을 겪든 모든 일은 그저 그전에 경험한 것의 반복이거나 변주일 뿐이었다.

　《7번국도 Revisited》는 김연수가 청춘의 절정이었노라고 고백한 '7번국도 자전거 여행'을 소설로 옮긴 작품이다. 작가는 1997년에 이 장편을 세상에 내놓았다가 마흔 살이던 2010년에 거의 다시 썼으며 'Revisited'라는 꼬리표를 달아 재출간했다. 뒤죽박죽 얽히고설켜 있는 이 소설의 얼개를 시간순으로 납작하게 압축하면 다음과 같이 소개할 수 있다.

　주요 등장인물은 주인공인 '나' 그리고 재현과 세희, 서연이다. 주인공은 방송국 PD로 일하다가 회사를 때려치우고 시나리오를 쓴다. 취미는 중고음반 수집. 어느 날 그는 중고음반 사이트에 비틀스의 음반《ROUTE 7》을 팔겠다고 내놓은 재현에게 연락한다. 재현은 자살할 거여서 그 음반이 더는 필요 없게 됐으니 앨범을 팔게 됐노라고 말한다.

한데 며칠 뒤 재현에게서 다시 전화가 걸려온다. 음반을 자신에게 되팔 수 없겠냐는 것. 그렇게 재현과 재회한 자리에서 주인공은《ROUTE 7》에 담긴 재현과 서연의 흘러간 러브 스토리를 듣는다. 그리고 두 남자는 우연히 카페에서 한 여자를 만나는데, 그녀가 바로 세희다. 동시에 세희를 사랑하게 된 두 남자. 이들은 어느 순간부터 7번국도 자전거 여행을 꿈꾸게 된다.

> 그때 우리는 가고자 해도 갈 길이 없는 진퇴양난의 시절을 보내고 있었다. 돌아가고 싶다고 말을 하기에는 청춘이 너무 아까웠고, 새로운 인생을 원하기에는 용기가 부족했다. 아깝고 부족하고, 아깝고 부족하고, 그렇게 해가 뜨고 해가 졌다. (…) 완전한 망각, 망실, 망명, 그러니까 무의 존재를 향한 매혹적인 여행의 시작이랄까.[2]

여행에서는 이상한 만남이 이어진다. 7번국도에서 세상을 떠난 사람들의 명단을 작성하는 남자, 발신자가 없는 편지를 배달하는 우체부, 요령부득의 말들을 쏟아내는 도로의 유령들……. 이런 존재들을 만나고 비로소 여행을 끝냈을 때 세희는 어딘가로 떠나버린 상태였다. 주인공과 재현은 이후 먼 훗날이 돼서야 세희의 소식을 듣게 된다.

여기까지가 이 소설의 대략적인 줄거리다. 얼마간 따분할 수도 있는, 어떤 스펙터클도 발견하기 힘든 이야기. 하지만 이 책엔 행간 사이를 서성이게 하는 아릿한 문장이 곳곳에 널려 있다. 등장인물들의 삶은 작은 충격에도 크게 흔들리는데, 젊음을 통과한 이라면 누구나 이런 덜컹거림에 공감할 것이다. 미세한 흔들림에도 뿌리가 뽑히는 듯한 느낌을 받는 시절이니까, 바람이 심한 날엔 잔잔하던 강가에도 파도가 치는 것처럼 청춘이란 원래 그런 것이니까.

청춘은 왜 아름다운가

책에 실린 표현을 그대로 옮기자면 "질량 보존의 법칙처럼 시간은 그 형태를 달리할 뿐, 어떤 식으로든 우리 안에 보존"(65쪽)되는 법이다. 하지만 그 시절 겪은 일들이 우리 안에 어떤 형태로 보존됐는지 아는 건 쉬운 일이 아니다.

이 작품의 키워드로는 기억과 망각을 꼽을 수 있는데, 아래 소개하는 문단은 《7번국도 Revisited》의 뼈대가 되는 내용 중 하나이면서 가장 찐득한 쓸쓸함을 자아내는 대목이다.

> 한 사람이 있고, 그 사람을 둘러싼 기억들은 시간이 흐르면서 하나둘 죽어간다. 우리는 그걸 '학살'이라고 불렀다. 우리가 처음 만난 날의 날씨를 잊었고, 싫은 내색을 할 때면 찡그리던 콧등의 주름이 어떤 모양으로 잡혔는지를 잊었다. (…) 그렇게 세월이 흐르고 마침내 그 사람의 얼굴이며 목소리마저도 잊어버리고 나면, 나만의 것이 될 수 없었던 것들로 가득했던 스무 살 그 무렵의 세계로, 우리가 애당초 바라봤던, 우리가 애당초 말을 걸었던, 우리가 애당초 원했던 그 세계 속으로 완전한 망각이 찾아온다.[3]

김연수는 산문집 《청춘의 문장들》 출간 10주년을 기념해 내놨던 《청춘의 문장들+》에 실린 대담에서 청춘을 이렇게 정의했다. "시간이 아주 많은 사람들을 청춘이라고 생각해요. 시간이 하도 많아서 남은 시간 같은 것은 따져보지도 않는 사람들이 진짜 젊은 사람들이죠. (…) 젊었을 때는 천 년을 살 수 있는 사람처럼 살았으면 해요."(문+, 196~197쪽)

실제로 그의 말처럼 청춘은 망망대해와도 같은 시간을

마주하는 일이다. 우리는 청춘이라는 넓고 깊은 바다를 건넌 뒤에야 어른이 된다. 문제는 청춘의 한복판에 있을 때 사람들은 시간이 한없이 느리게 흘러간다고 착각하게 된다는 거다. 우린 그 시절을 통과한 뒤에서 그것이 얼마나 속절없이 황급히 흘러가버렸는지를 알게 된다.《청춘의 문장들》도입부에 등장하는 이런 문장처럼 말이다. "청춘은 들고양이처럼 재빨리 지나가고 그 그림자는 오래도록 영혼에 그늘을 드리운다."(문, 5쪽)

그렇다면 왜 사람들은 청춘이 아름답다고 말하는 걸까. 돌아갈 수 없는 시절에 대한 미련 탓일까, 아니면 어지간한 일이라면 얼마쯤 미화되기 마련인 추억의 특성 때문일까. 혹은 김연수의 말처럼 그것이 "무엇도 바꿔 놓지 않고, 그렇게 우리도 모르게 지나가기 때문"인 걸까. 이런 물음에 대한 답을 나는 문학평론가 고故 황현산이 썼던 트윗에서 발견했다. 황현산은 생전에 많은 팬을 거느린 파워 트위터리안으로, 2015년 2월 13일 트위터에 이런 글을 남겼다.

> 학생들이 나더러 짝사랑을 한 적이 있느냐 물었다. 왜 없겠는가. 젊은 날 내가 짝사랑한 사람도 있었고, 나를 짝사랑한 사람도 있었다. 인간의 일 가운데 짝사랑만큼 훌륭한 일도 드물다. 짝사랑은 아름다운 것이 항상 거기 있게 한다.

모든 이의 젊은 날엔 자신의 삶에서 반짝였던 장면들이 있기 마련이다. 짝사랑이 그렇듯 청춘도 돌아보면 아름다운 것이 항상 거기 있게 한다. 그러니 항상 아름다울 수밖에 없다.

꼬리 잇는 책
김연수, 〈막 청춘의 절정이 지나갔다〉, 《지지 않는다는 말》, 마음의숲, 2018
김연수, 〈스무 살〉, 《스무 살》, 문학동네, 2015
김연수, 《청춘의 문장들+》, 마음산책, 2014
김연수, 《청춘의 문장들》, 마음산책, 2004

작별 인사를 할 리는 없겠지만

프란스 드 발의
《동물의 생각에 관한 생각》*

---
* 이충호 옮김, 세종서적, 2017

앨릭스는 천재 앵무새였다. 야바위꾼처럼 파스타 조각들이 담긴 컵들을 하나씩 들어 보여준 뒤 조각이 총 몇 개냐 물으면 십중팔구 정답을 맞히곤 했다. 초록색 큰 블록과 빨간색 작은 블록을 놓고 어느 색 블록이 크기가 작은지 물으면 "빨간색"이라고 답했고, 헤어질 땐 "잘 지내"라거나 "사랑해"라고 인사를 건넸다. 주인이 뭔가 수틀린 일이 생겨 숨을 씩씩거리면 "진정해"라며 다독일 때도 많았다.

앨릭스의 재능은 우연히 드러났다. 연구자들이 그리핀이라는 이름의 앵무새를 상대로 실험을 진행할 때였다. 째깍거리는 소리를 두 번 들려주고 그리핀이 "2"라고 답하길 기대했으나, 돌아온 것은 묵묵부답. 같은 소리를 두 번 더 들려줬을 때도 결과는 마찬가지였다.

헛물만 켜고 실험이 끝나겠구나 싶던 순간, 건넛방에 있던 앨릭스가 외쳤다. "4." 놀란 연구자들이 째깍거리는 소리를 두 번 더 냈더니 이번엔 "6"이라는 답이 돌아왔다. 그렇게 앨릭스는 천재 앵무새의 길에 첫발을 내디디

게 되었다.

아리스토텔레스는 '자연의 사다리'로 직역할 수 있는 '스칼라 나투라이scala naturae'라는 개념을 통해 생태계의 서열을 매긴 적이 있다. 천지간에 가장 우수한 종으로 꼽은 것은 인간이었고 그 아래엔 포유류가, 그다음엔 조류가, 그 밑엔 어류가 랭크됐다. 아리스토텔레스가 살던 시절부터 인간은 조류의 '수준'을 낮잡아본 셈이다. 지금도 사람들은 이렇게 말하곤 한다. 새는 뇌의 피질이 거의 없어 본능에 따라 움직일 뿐이라고.

그러나 앨릭스를 떠올리면 '새대가리'는 더는 멸칭이 될 수 없다. 세상엔 앨릭스와 달리 사랑과 위로의 인사도 제대로 건네지 못하는 인간이 차고 넘치지 않던가. 2007년 9월 7일 앨릭스가 31세의 나이로 세상을 떠나자 〈뉴욕타임스〉엔 이런 부고가 실렸다.

"앨릭스는 개성 넘치는 농담을 할 줄 아는 세상에서 가장 유명한 앵무새였다."

마법의 우물

2010년의 어느 봄날이었다. 지금은 사라진 고양이 가정 분양 사이트에서 새끼 고양이 사진을 봤다. 나도 고양이를 키워볼까 잠시 고민하다가 사진을 올린 신혼부부에게 전화를 걸었고, 마찬가지로 이제는 사라진 서대문 고가 아래에서 태어난 지 한 달 된 수컷 샴고양이를 건네받았다. 이름을 뭐로 지으면 좋을지 한참을 고민하다가 떠올린 것은 조이스 캐럴 오츠의 소설《멀베이니 가족》이었다.

이 소설은 평범한 집안의 고명딸이던 주인공이 성폭행을 당하면서 집안이 풍비박산 나고, 가족과 떨어져 고립무원의 외로움을 견디다가 집으로 귀환하는 얼개를 띠고 있다. 고통의 심연에서 허덕이던 주인공에게 버팀목이 돼준 존재는 본가에서 데리고 나온 고양이 '머핀'이었다. 머핀은 그에게 위로와 안식, 사랑과 희망의 동의어였다. 이 소설을 인상 깊게 읽었던 나는 나의 고양이에게 '머핀'이라는 이름을 붙여주었다. 머핀과 함께한 지난 십수 년의 시간은 무라카미 하루키가 남긴 이런 글로 갈음할 수 있다.

> 제법 많은 것을 고양이에게 배웠다. 이를테면 행복이란 따스하고 보드라우며 아무리 시간이 흘러도 변하지 않는다는 것이라든가.[1]

머핀을 입양하고 6년 뒤 우여곡절 끝에 닥스훈트 강아지까지 키우게 됐다. 수컷 고양이 머핀에게 갑자기 강아지 여동생이 생긴 셈이다. 남매간에 돌림자를 쓰기도 하니 강아지에겐 큰 고민 없이 '머랭'이라는 이름을 붙여줬다. 이렇게 동물과 살게 되면서 자연스럽게 그들의 삶이나 능력을 다룬 책에 손길이 갔는데, 그렇게 마주한 책 가운데 하나가 네덜란드의 영장류학자 프란스 드 발이 쓴 《동물의 생각에 관한 생각》이었다. 책의 뼈대가 되는 질문과 답은 이렇게 정리할 수 있다.

"우리는 동물이 얼마나 똑똑한지 알 만큼 충분히 똑똑한가."

"그렇다. 하지만 여러분은 동물이 얼마나 똑똑한지 상상도 못 할 것이다."

책에는 동물의 특출한 능력과 영특한 지능을 보여주는 사례가 꼬리에 꼬리를 물고 이어진다. 가령 1년 전 왕좌에서 내려온 한 침팬지는 우두머리가 되려는 젊은 침팬지의 쿠데타를 돕고, 반란이 성공하자 무리의 막후 실세로 거듭난다. 인간 세계에서 벌어지는 정치판의 이전투구와 다를 게 없다. 학자들은 거울 테스트를 통해 동물이 자아自我를 인지하는지 확인하곤 하는데, 테스트를 통과한 동물은 한두 종이 아니다. 침팬지, 돌고래, 코끼리, 까치가 합격증을 거머쥐었다.

프란스 드 발은 인간의 잣대로 동물의 수준을 넘겨짚지 말 것을 당부한다. 가령 다람쥐나 까마귀는 단순한 산수 문제도 풀 수 없지만, 엄청난 면적의 숲속이나 들판 곳곳에 도토리나 잣을 숨겨놨다가 귀신같이 찾아 먹는 비상한 능력을 지니고 있다. 감히 인간은 넘볼 수도 없는 경지다. 프란스 드 발은 인간의 상상력 바깥에 존재하는, 동물이 세상을 복잡하게 인지하는 방식들을 가리켜 '마법의 우물'이라고 명명한다.

인간은 다른 종이 가진 마법의 우물을 하나씩 발견하면서 '인간성'이 이제 더는 만물의 척도가 될 수 없음을 깨달아가고 있다. "증거의 부재가 부재의 증거일 린 없다"는 칼 세이건의 말을 되새기면서 말이다.

생태계에는 넓고 깊은 마법의 우물들이 널려 있다. 미국 생태학자 칼 사피나가 쓴 《소리와 몸짓》이라는 책에는 40년 넘게 코끼리만 연구한 어느 학자가 나오는데 그는 이렇게 말한다.

> 인간을 동물과 비교하는 건 별 도움이 안 된다고 봐요. 까마귀의 판단력을 3세 인간 아이와 비교한다, 그건 별로 재미가 없어요. (…) 그들이 얼마나 복잡한 존재인지 깨닫기까지 20년이 걸렸어요.[2]

고양이, 개와 함께 지내면서 나는 요즘도 이들이 지닌 마법의 우물을 하나씩 발견하고, 이따금 이런 상념에 빠지곤 한다. 고양이처럼 항상 우아하면서 강아지처럼 자주 기뻐할 수 있기를. 특히 고양이가 품은 마법의 우물은 신비롭기만 하다. 어쩌면 앨버트 슈바이처의 말처럼 인생의 고통을 잊게 해주는 것은 고양이와 음악뿐

일지도 모른다.

언어의 저편

인간이 가진 마법의 우물은 '상징적 의사소통'이다. 인간의 언어는 인간의 사고가 더 깊은 곳까지 뿌리내리게 해줬고 생각의 둘레를 넓히게끔 했다.《동물의 생각에 관한 생각》에서도 인간의 예외적인 능력으로 상징적 의사소통을 꼽는다. 하지만 언어가 사고력의 모든 것을 반영하는 유일무이한 푯대는 아닐 것이다. 아래 대목은 이 책을 읽다가 밑줄을 그은 문장이다.

> 우리는 일상적으로 언어를 사용해 생각과 느낌을 표현하기 때문에 언어에 어떤 역할을 부여하는 것을 당연하게 여길 수 있지만, 적절한 단어를 찾느라 자주 애를 먹는다는 사실은 깊이 생각해 볼 거리가 아닌가. (…) 만약 생각과 느낌이 애초에 언어의 산물이라면, 이런 과정은 물론 전혀 불필요할 것이다.[3]

고양이나 강아지가 인간처럼 말하고 쓰고 읽을 줄 모른다고 해서 그들의 수준이 사람에 한참 못 미치리라고 여겨선 안 된다. 동물은 인간과 비교하면 '언어의 저편'에서 살아가는 존재들이라고 판단할 수 있지만, 인간과 같은 언어가 있어야만 '생각'이 생기는 건 아니다. 동물의 생각은 때론 인간의 그것보다 더 높은 수준일 수도 있다. 그러니 난 가끔 궁금해진다. 내 반려견과 반려묘가 어느 정도 깊이와 너비의 생각을 지녔을지.

반려伴侶는 '짝伴이 되는 친구侶'라는 뜻이다. 머핀은 벌써 십수 년을 함께한 단짝이다. 결혼과 출산과 육아로 이어진 30대 시절을 나는 고양이 머핀과 함께 보냈다. 비염 때문에 콧물을 달고 사는 처지인데도 고양이와 함께하는 행복을 포기할 생각이 없다. 요즘도 나는 고양이와 한 이불을 덮고 자고, 집에 오면 고양이부터 찾는다. 소설가 김영하는 에세이 《여행의 이유》에서 자신의 삶에 애틋함의 흔적을 남긴 반려동물 이야기를 늘어놓은 뒤 이렇게 적었다.

> 나에게 녀석들은 반려가 아니라 여행자에 가깝다. (…) 긴 여행을 하다 보면 짧은 구간들을 함께하는 동행이 생긴다. 며칠 동안 함께 움직이다가 어떤 이는 먼저 떠나고, 어떤 이는 방향이 달라 다른 길로 간다. (…) 인간이든 동물이든 그렇게 모두 여행자라고 생각하면 떠나보내는 마음이 덜 괴롭다. 나름대로 최선을 다해 환대했다면 그리고 그들로부터 신뢰를 받았다면 그것으로 충분하다.[4]

김영하의 말처럼 내게 고양이는 인생의 여정에서 잠시 동행한 여행자 중 하나일 것이다. 하지만 내 고양이 머핀에게 나는 어떠할까? 아마도 다른 의미를 띨 게 분명하다.
 소설가 윤이형은 2019년 〈그들의 첫 번째와 두 번째 고양이〉라는 소설로 이상문학상을 받은 뒤 진행된 한 인터뷰에서 자신의 반려묘 이야기를 늘어놓다가 고양이가 세상을 떠난 뒤 느낀 무력감을 토로했다.

> 내 고양이가 죽었다는 걸 나만큼 슬퍼할 사람이 없어. 고양이는 집에서 사니까 태어나서 만나본 생명체가 많지도 않은데.[5]

 지구에 와서 "만나본 생명체가 많지도 않은" 삶을 산 내 고양이에게 나는 진심을 주고받은 거의 유일한 존재일 것이다. 이런 생각을 할 때마다 매번 코끝이 알싸해지곤 한다.
 언젠가 내 고양이 머핀이 세상을 떠나면 나는 어떻게 될까. 그 후로 얼마나 오랫동안 만년설 같은 슬픔을 걸머지고 살아야 할지 생각하면 눈앞이 깜깜해진다. 이별의 마지막 순간엔 내가 그렇듯 내 고양이도 가없는 슬픔을 느낄 거라고 믿는다.
 물론 우리 집 고양이가 천재 앵무새 앨릭스처럼 생의

마지막 순간에 "사랑해"라며 작별 인사를 할 리는 없겠지만 말이다.

꼬리 잇는 책
조이스 캐럴 오츠, 민승남 옮김, 《멀베이니 가족》, 창비, 2008
무라카미 하루키, 권남희 옮김, 《후와후와》, 비채, 2016
칼 사피나, 김병화 옮김, 《소리와 몸짓》, 돌베개, 2017
김영하, 《여행의 이유》, 문학동네, 2019
악스트 편집부, 〈악스트Axt〉 23호, 은행나무, 2019

빛을 향하는 책

호프 자런의
《랩 걸》*

---
* 김희정 옮김, 알마, 2017

미국 식물학자 호프 자런이 쓴 《랩 걸》에서 인상적인 몇몇 대목을 정리하면 아래와 같은 문답을 만들 수 있다.

— 하와이에 사는 것으로 안다. 바다가 아름다운 곳인데 왜 육지를 연구하는 건가.
육지에 더 많은 생명체가 존재하기 때문이다. 바다보다 600배나 많다. 이런 차이는 식물 때문에 생긴다. 육지에 사는 평균적 식물은 100년을 넘게 사는 2톤짜리 나무다. 하지만 바다 식물은 20일 정도 사는 단세포 생물이 대부분이다. 이런 숫자들을 알고 나니 다른 게 보이지 않았다.
— 당신에게 과학은 무엇인가.
과학은 내게 세상 모든 것이 예상한 것보다 복잡하다는 것을 가르쳐줬다. 발견의 행복, 그것이 내 인생을 아름답게 만들었다. 과학은 나의 집이다. 그곳에서 나는 안전함을 느낀다.
— 식물을 공부하면서 깨달은 게 있다면.
그들을 진정으로 이해하는 게 불가능하다는 사실을 알

게 되었다. 앞으로의 내 삶도 마찬가지일 것이다. 이 사실을 더 깊이 알아가는 것, 그것이 앞으로의 내 삶이 될 것이다. 우리의 세계에 식물이 사는 게 아니다. 식물의 세계에 우리가 산다. 사람은 식물과 닮았다. 모든 것의 시작은 기다림을 포기하지 않은 씨앗이었다. 사람도 식물처럼 빛을 향해 자란다.

비밀의 맛

출판 기자로 일하던 시절, 내 마음을 휘감은 책들로 명예의 전당을 만든다면 어떤 작품들을 골라야 할까. 아마도 헌정 도서 리스트에서 빠질 수 없는 책이 실험실lab을 인생의 참호로 삼은 여성 과학자의 이야기가 담긴 《랩 걸》일 것이다. 이 책을 처음 읽은 것은 출판 기자로 일한 지 얼마 되지 않았던 2017년 2월의 어느 날이었다. "엄청나게 많은 이파리를 들여다보는 것이 직업"(10쪽)인 과학자의 삶과 일상은 내가 경험한 적 없고 경험할 수 없는 새로운 세계 그 자체였다.

가령 다음과 같은 대목을 읽을 땐 책장 곳곳에 밑줄을 그을 수밖에 없었다. 때는 1994년 가을, 스물다섯 살 호프 자런은 박사학위 논문을 준비 중이었다. 그가 연구의 타깃으로 삼은 것은 서리가 내려도 가뭄이 들어도 꿋꿋이 생을 이어가는 팽나무였다. 팽나무는 평생 수백만 개의 씨앗을 만들기에 북아메리카에서는 땅을 파면 돌멩이처럼 딱딱한 팽나무 씨앗이 많이 나오는데, 학자들은 이를 통해 빙하기의 기온 같은 지구의 과거를 되짚곤 한다.

한데 팽나무 씨앗을 이토록 야무지고 단단하게 만드는 것은 무엇일까. 호프 자런은 이슥한 시각 홀로 있던 실험실에서 팽나무 씨앗을 차돌처럼 만든 광물이 오팔opal이라는 사실을 알게 된다.

> 그냥 그 자리에 서서 창밖을 바라보며 해가 뜨길 기다렸다. 눈물 몇 방울이 볼을 적셨다. 내가 누군가의 아내나 어머니도 아니어서 우는 것인지, 혹은 누구의 딸도 아닌 느낌이어서인지, 아니면 그래프에 나타난 그 완벽한 선 하나가 너무도 아름답고, 내가 앞으로 영원히 그 선을 가리키며 나의 오팔이라고 말할 수 있어서 우는 것인지 알 수가 없었다. (…) 우주가 나만을 위해 정해놓은 작은 비밀을 잠깐이나마 손에 쥐고 있었다는, 그 온몸을 압도하는 달콤함은 아무도 앗아갈 수 없었다.[1]

상당수 한국인을 문과생 유형과 이과생 유형으로 일도양단할 수 있다면 나는 확실히 전자에 속하는 인간일 것이다. 일찌감치 '수포자'의 길을 택했고 대학에선 국문학을 전공했으며 글쓰기를 업으로 삼는 신문사에 입사해 밥벌이를 하고 있으니까. 그런 만큼 《랩 걸》은 달의 뒷면처럼 느껴지던 이과형 인간의 삶을 막연하게나마 짐작케 해준 작품이었다. 호프 자런이 우주의 비밀을 움켜쥐고 푸른 새벽을 맞았을 때 느낀 감흥, 과학자만 만날 수 있는 그토록 아름다운 '특권적 순간'을 아마도 나는 영영 마주하지 못할 것이다. 그리고 이런 새삼스러운 느낌은 출판 기자 초창기 내게 묘한 감흥을 불러일으킨 포인트였다.

이후 출판 분야를 담당하면서 이 같은 감정을 느끼는 순간은 무시로 찾아왔고 그때마다 일의 기쁨은 배가되곤 했다. 책을 사랑하는 사람은 많지만 매주 쏟아지는 온갖 장르의 신간을 아주 빨리, 출판사들이 동봉한 살뜰한 보도자료와 함께, 심지어 공짜로 받아보는 이는 많지 않다. 사무실에 쌓이는 신간들을 통해 나는 매번 저자들이 벌인 고군분투의 흔적을 발견하곤 했다. 크고 작은 흠집이 있더라도, 그 수준이 기대에 미치지 못하더라도, 모든 책엔 하나같이 저자의 노고와 진심이 총총히 박혀 있었다. 그것들은 어딘가를 향해 끝없이 자맥질하다가 최후에 터지는 해녀들의 숨비소리 같았다. 이런 생각이 들 때면 곰곰이 되씹은 구절은 리베카 솔닛의 저서 《멀고도 가까운》에 실린 다음과 같은 대목이었다.

글쓰기는 전혀 모르는 사람에게 침묵으로 말을 걸고, 그 이야기는 고독한 독서를 통해 목소리를 되찾고 울려 퍼진다. 그건 글쓰기를 통해 공유되는 고독이 아닐까. 우리 모두는 눈앞의 인간관계보다는 깊은 어딘가에서 홀로 지내는 것 아닐까? 그것이 둘만으로 구성된 관계일지라도, 말이 전하기에 실패한 것을 글이, 아주 길고 섬세하게 전할 수 있는 것 아닐까?[2]

고향은 어디에나 있다

다시 《랩 걸》에 대한 이야기로 돌아가 보자. 식물을 움켜쥔 것은 결국 흙이다. 그렇다면 흙은 무엇인가. 호프 자런의 설명에 따르면 그것은 "생물의 영역과 지질학의 영역 사이에 생긴 긴장의 결과로 자연스럽게 나타난 낙서"(153쪽)라고 할 수 있다. 다소간 억지스러울 수 있지만 《랩 걸》이라는 책은 이 문장을 비틀어 이렇게 소개할 수도 있다. 호프 자런이 일군 앎의 영역과 삶의 영역, 그 사이에 생긴 긴장의 낙서가 모여 이 책이 만들어졌다고.

《랩 걸》은 신기한 식물 이야기와 호프 자런의 개인사가 밀푀유나베처럼 서로를 겹겹이 보듬고 둘러싼 구성을 띠고 있다. 땅에 떨어진 씨앗이 기어코 뿌리를 내리고 간신히 줄기를 밀어 올린 뒤 결국엔 이파리를 만들고 종내엔 꽃을 틔우는 일. 이것은 호프 자런의 성장담, 그 자체이기도 하다. '뿌리와 이파리'(1부)→'나무와 옹이'(2부)→'꽃과 열매'(3부) 순으로 이어지는 식물 이야기 사이사이엔 그가 과학의 영토에 뿌리를 내린 뒤 기어코 꽃을 틔우고 열매까지 거머쥐는 내용이 포개져 있다.

호프 자런은 미 북부의 추운 땅 미네소타에서 나고 자랐다. 어린 시절 대학교수였던 아버지의 실험실을 놀이터로 삼았던 소녀는 훗날 대학에 진학해 과학자의 길을 걷기로 결심한다. 미네소타대를 거쳐 서부 캘리포니아로 날아가 박사학위를 받았고, 남부 조지아에서 교수 생활을 하다가 본토와 떨어진 하와이의 한 대학에 둥지를 틀었다. 땅속 씨앗처럼 절치부심하며 미래를 준비했고 한때는 어린나무처럼 일취월장을 거듭했으며 오랫동안 꿈을 이루려고 전전긍긍하는 세월을 통과해야 했다.

온갖 힘든 상황에서도 꿈을 꺾지 않고 달려갈 수 있었던 것은, 그에겐 과학이 하나의 태양과도 같았기 때문이다. 마치 모든 나무에 태양이 그러하듯이 말이다.

> 언제 겨울이 올지 알려주는 태양은 신뢰할 수 있기 때문에 억겁의 세월 동안 나무들은 강화 과정에 의존해 겨울을 날 수 있었다. 식물들은 세상이 급속도로 변화할 때 항상 신뢰할 수 있는 한 가지 요소를 찾아내는 것이 중요하다는 것을 알고 있다.[3]

그에게 과학은 대체 불가능한 가치를 띠지만 그렇다고

자신의 직업만이 세상에서 제일가는 의미를 지닌다고 여기는 것은 아니다. 호프 자런은 말한다. 자신에게 과학은 일, 그 이상도 이하도 아니라고. 그는 "과학자로서 나는 정말 개미에 불과하다. 다른 개미들과 전혀 다르지 않고, 미흡하지만 보기보다 강하고, 나보다 훨씬 큰 무엇인가의 일부라는 점에서 말이다"(397~398쪽)라고 적었다.

모두가 마찬가지일 것이다. 일터나 학교에서 우리는 작은 씨앗이 언젠가 아름드리나무가 되는 꿈을 제 인생의 북극성처럼 여기면서 하루하루 개미처럼 살아간다. 앞서 나는 《랩 걸》을 읽으면서 달의 뒷면을 엿본 것 같았다고 적었지만 사실 책장을 덮은 뒤 느낀 건 결국 그의 이야기가 나의 이야기, 혹은 세상 모든 사람의 이야기와 크게 다르지 않다는 것이었다. 〈뉴욕타임스〉 서평가였던 미치코 가쿠타니의 서평을 모은 책 《서평가의 독서법》엔 영국 소설가 진 리스가 썼다는 다음과 같은 글이 인용돼 있다.

> 책읽기는 우리 모두를 이민자로 만든다. 우리를 고향으로부터 멀리 데려간다. 하지만 더욱 중요하게, 어디서든 우리의 고향을 찾게 해준다.[4]

꼬리 잇는 책
리베카 솔닛, 김현우 옮김, 《멀고도 가까운》, 반비, 2016
미치코 가쿠타니, 김영선 옮김, 《서평가의 독서법》, 돌베개, 2023

완벽하진 않더라도 마침표를 찍을 수 있다면

은유의
　　《은유의 글쓰기 상담소》*

---
* 김영사, 2023

나는 언제부터 글쓰기에 관심을 가졌을까. 돌이켜보면 고등학생 시절 독서에 몰두하면서 자연스럽게 글쓰기에도 흥미를 느낀 것 같다. 이 시절엔 소설가 이문열이 어딘가에 적었던 자신의 문장론, 예를 들면 대과거를 쓰지 말라거나, 긴 문장 뒤엔 짧은 문장을 쓰는 게 좋다는 식의 지침을 복음처럼 받들며 다이어리 앞장에 적어놓기도 했다.

대학에서 국문학을 전공한 것도 읽기와 쓰기를 향한 관심 때문이었다. 하지만 여느 문학청년처럼 등단을 꿈꾸진 않았기에 습작의 토끼굴에서 헤맨 적은 없었다. 그렇게 살기엔 난 너무 게을렀으니까, 관심은 있으나 야심은 없었으니까, '고급 독자'가 되는 것도 벅찬 꿈이라고 여겼으니까.

글쓰기에 대한 고민이 깊어진 것은 신문사에 입사하면서였다. 신문 기사는 정해진 규격을 따르는 공산품 같은 성격을 띠기에 항상 상투적일 수밖에 없었다. 판에 박힌 문장을 써야 하는 틀에 박힌 일상이 반복됐고, 내가 쓴 기사는 카드로 만든 집처럼 새로운 뉴스가 나오면 금세 허물어지곤 했다. 하루만 지나도 휘발돼버리는 글. 이것이 내 숙명인가. 나는 나만의 문장을 쓸 수 없는 건가. 그렇게 회의감에 젖을 때마다 건초더미에서 바늘을 찾듯 어떤 책들을 펼쳐보곤 했는데, 그중 하나가 논픽션 작가 은유의 작품들이었다.

감응의 글쓰기

문학평론가 황현산은 언젠가 트위터에 속수를 두고 이기는 바둑 기사가 없듯, 글을 잘 쓰는 사람은 자기 글에서 단 한 문장도 상투적인 문장을 용납하지 않는다는 글을 남긴 적이 있는데, 내겐 은유의 글이 그렇게 느껴지곤 한다. 그의 글이 뽐내는 맵시와 개성은 그가 공공연히 존경심을 드러내는 박완서나 리베카 솔닛의 그것과 내겐 크게 다르지 않게 느껴진다.

은유의 글에서 두드러지는 포인트 중 하나는 적재적소에 놓이는 인용구다. 언젠가 그를 인터뷰했을 때 인용구를 많이 끼워 넣는 이유를 묻자, 그는 그것들이 자신에겐 "해열제" 같은 역할을 해줬기 때문이라고 답했다. 실제로 은유는 《쓰기의 말들》이라는 책에서 스스로를 다독가라기보다 문장 수집가라고 소개한 뒤 이렇게 적었다. "내가 모은 문장들처럼 '놀랄 만한' 문장이 내 글

에도 한두 개쯤 박혀 있길 욕망했다. 아니, 그래야 글이었다."(쓰, 11~12쪽)

고백하자면 나는 그의 작품에서 "놀랄 만한 문장"을 자주 만난다. 세상엔 수많은 문장론이 있지만 나는 은유가 지고의 가치로 삼는, 정확하되 아름답게 쓰자, 날카롭게 짚더라도 글에 칼날을 넣지 말자는 지침을 넘어서는 문장론은 없을 거라고 믿어 의심치 않는다.

알려졌다시피 은유의 이력은 그 또래 문필가들의 프로필과는 사뭇 다르다. 그는 고등학교를 졸업하고 증권회사에 들어가 입사 이듬해 노동조합 전임자가 되었고, 노조 소식지를 만들면서 글쓰기의 세계에 입문했다. 30대가 돼서는 자유기고가로 일하며 기업이나 공공기관 등이 청탁하는 일을 했다. 답답한 마음에 블로그를 만들어 "면벽 수행하는 스님처럼"(28쪽) 글을 썼는데, 여기에 담긴 글이 모여《올드걸의 시집》이라는 첫 책이 만들어졌다. 그리고 그즈음 시작한 것이 글쓰기 수업이었다. 그의 표현을 빌리자면 그것은 "쓰는 사람을 길러내는 활동"(15쪽)이었다.

은유가 글쓰기의 현장에서 보고 듣고 느낀 것들은 가지런한 문장으로 정리돼 책이 되었다. 2015년엔《글쓰기의 최전선》이, 이듬해엔《쓰기의 말들》이 세상에 나왔고, 2023년에는《은유의 글쓰기 상담소》가 출간됐다. 은유의 작법서 트릴로지가 완성된 셈이다. 이 중 살뜰한 경어체로 쓰인 《은유의 글쓰기 상담소》에는 글쓰기의 세계를 속속들이 탐방하는 데 도움이 될 만한 조언이 시루떡 팥고물처럼 책장 곳곳에 쌓여 있다. 부제는 '계속 쓰려는 사람을 위한 48가지 이야기'. 누구나 아는 글쓰기 3대 비법, '다독, 다작, 다상량'의 구체적 매뉴얼이 담겼다고 할 수 있겠다. 가령 각 챕터의 제목은 다음과 같다.

"글은 엉덩이로 쓰는 거라는데, 맞나요?", "글감은 어떻게 고르나요?", "첫 문장을 어떻게 쓰면 좋을까요?", "글에서 부사와 형용사를 모두 빼야 하나요?", "제목을 잘 지으려면 어떻게 해야 할까요?", "글을 잘 쓰려면 책을 많이 읽어야 하나요?"…….

즉, 이 책은 교양서이면서 동시에 실용서라고 할 수 있다. 금쪽같은 조언 가운데 몇 가지만 골라 소개하자면 이렇다. 첫 문장을 어떻게 쓸지 너무 골몰하지 말자. 등산으로 따지면 첫 문장은 그냥 처음 내디디는 발걸음일 뿐이다. 슬럼프에 빠진다면 '익숙한 글쓰기'를 그만두자. 쉬면서 익숙하지 않은 분야의 글쓰기에 도전하자. 글을 쓰다가 막힌다면 일단 '묵혀두는' 게 좋다. 만약 오랫동안 묵혀두고 생각을 곱씹어도 돌파구가 보이지 않는다면 포기하시길.

저도 컴퓨터 폴더에 미완성 원고 파일이 많아요.

> 쓰다가 막힌다는 것, 글의 결론을 내리지 못하는
> 이유는 아직 생각이 무르지 않았기 때문일 가능
> 성이 높죠. 익지 않은 땡감은 따도 먹지 못해요.
> 떫은 글이 됩니다. 글이란 '내가 무엇을 썼느냐'
> 가 아니라 '무엇을 남기느냐'의 문제라고 생각해
> 요. 버리는 것도 실력입니다.[1]

그렇다면 은유는 왜 쓰는가. 그는 모르는 게 많다는 사실을 글쓰기가 알려주기에 계속 쓰는 거라고 답한다. 모르는 것을 알아가는 보람이 글쓰기의 동력이 됐다는 것이다.

> '나는 모른다는 것'을 아는 것이 글을 쓰는 동력
> 이고 재미입니다. 내 앎이 무화되는 순간에 찾
> 아오는 혼란과 두려움이 있지만, 그럴 때라야
> 다르게 생각해볼 수 있는 여지가 열리고 사고가
> 확장됩니다. 이런 인식의 쾌감, 성장의 효능감
> 이 저를 글쓰기 앞으로 자꾸 데려다 놓는 것 같
> 습니다.[2]

실제로 그의 저서들에서 느낄 수 있는 것은 모르는 것을 기필코 알고 싶다는, 글쓰기를 통해 한 움큼의 진실이라도 움켜쥐겠다는 간절함이다. 그는 르포르타주《알지 못하는 아이의 죽음》을 통해 공교육 시스템의 가장자리에 있는 특성화고 학생들의 삶을 전해주었고,《있지만 없는 아이들》에서는 "한국에서 유령처럼 지내온 거나 마찬가지"(58쪽)인 미등록 이주 아동의 이야기를 들려주었다. 축축한 슬픔이 묻어나는 이런 책들의 키워드는 '감응感應'이었다. 은유는《글쓰기의 최전선》에서 감응을 이렇게 정의했다.

> 감동이 '깊이 느껴 마음이 움직임'이란 뜻으로 움직임, 힘 그 자체를 뜻한다면 감응은 감동에 응함이다. (…) 감동이 가슴 안에서 솟구치는 느낌이라면 감응은 가슴 밖으로 뛰쳐나가 다른 것과 만나서 다시 내 안으로 들어오는 '변신'의 과정을 아우른다. (…) 돌이켜 보면 내가 지금까지 글을 썼고 글을 써서 밥을 먹고 살았던 이유는 순전히 감응력 때문인 것 같다.[3]

어쩌면 은유가 독자에게 궁극적으로 말하고 싶은 것은 감응의 중요성인 것 같다. 글쓰기의 중요성을 강조하는 이유도 그것이 감응의 뒷받침이 돼줄 최선의 도구이기 때문이고.

글쓰기가 우리를 구원할 수 있을까

《은유의 글쓰기 상담소》엔 친족 성폭력 피해 경험을 담은 책 《눈물도 빛을 만나면 반짝인다》를 썼던 김영서(과거 '은수연'이라는 필명을 썼다) 작가가 과거 한 인터뷰에서 했던 말이 소개돼 있다. "저는 제 책이 캐비닛 같다는 생각을 해요. 제 상처가 잘 정리돼서 캐비닛 안에 들어가 있는 느낌."(74쪽)

그리고 은유는 그 뒤에 다음과 같은 말을 적어놓았다. "자기 이야기를 솔직하게 쓴다는 것은 자기 아픔을 마냥 묻어두고 덮어두는 일이 아니라 아픔을 꺼내서 잘 정리해두는 일, 그렇게 함으로써 나와 아픔을 분리하는 일 같아요. 더 이상 그 일이 내 일상을 침해하지 못하도록요."(75쪽)

이 같은 생각을 가졌기에 은유의 작법서에서 글쓰기는 자주 구원과 연결된다. 그는 10년 넘게 글쓰기 수업을 진행하면서 글쓰기로 엉킨 삶을 풀어내던 사람들을 만났고, 수업에선 자주 이런 일이 벌어졌다. 자신의 고통을 글로 쓴다→동료들과 그 글을 공유한다→이를 통해 나의 고통이 당신의 그것과 연결돼 있음을 알게 된다→이것이 곧 치유가 된다…….

은유 자신도 마찬가지다. 그는 "형태는 없고 압력만 있는 슬픔을 나의 언어로 번역하여 실체화하는 작업이 없었다면 크고 작은 생의 파고를 넘지 못했을지도 모르겠다"(8쪽)고 말한다.

아직 나는 비슷한 경험을 해본 적 없기에 '글쓰기 구원론'처럼 여겨지는 이런 주장에 완전히 공감하긴 힘들다. 하지만 글쓰기가 슬픔과 고통, 절망을 날려버리는 요술방망이가 될 순 없더라도 삶을 기름지게 만드는 방법일 순 있다고 믿는 편이다.

어디선가 그런 글을 읽은 적이 있다. 인문학의 이상은 복잡한 생각을 그림이나 사진 없이 말로만 전하는 것이라고.

글쓰기의 궁극적 목표도 그럴 것이다. 오로지 글을 통해서만 고통이 됐든, 사랑이 됐든, 증오가 됐든, 자신이 표현하고자 하는 것을 완벽하게 현현하는 것. 여기에 바로 세상의 모든 글쓰기가 도달하려는 목표점이 있을 것이다. 문제는 이런 도전이 항상 백전백패일 수밖에 없다는 것이다. 보탤 것도 뺄 것도 없는 천의무봉의 경지에 이른 완전한 글이란 존재할 수 없는 법이니까.

이렇듯 '완벽한 글'을 쓰는 일은 불가능에 가깝지만, '좋은 글'은 세상 곳곳에 널려 있다. 은유는 수업 시간이면 종종 다음과 같은 말로 학인들의 글쓰기를 북돋는다고 한다. "다 쓴 글이 잘 쓴 글입니다."(19쪽)

그러니 우리는 누구나 좋은 글을 쓸 능력이 있다고 할 수 있다. 자신의 머릿속과 가슴속에 담긴 말을 백지에 옮길 수만 있다면, 그리고 그 끝에서 최후의 마침표를 찍을 수만 있다면 말이다.

꼬리 잇는 책
은유, 《쓰기의 말들》, 유유, 2016
은유, 《올드걸의 시집》, 서해문집, 2020
은유, 《알지 못하는 아이의 죽음》, 돌베개, 2019
은유, 《있지만 없는 아이들》, 창비, 2021
은유, 《글쓰기의 최전선》, 메멘토, 2022
김영서, 《눈물도 빛을 만나면 반짝인다》, 이매진, 2020

사랑할 순 없지만 사랑해야 하는

이승우의
《사랑의 생애》*

---
* 위즈덤하우스, 2017

언젠가 수습기자 필기시험 출제위원을 맡은 적이 있다. 선후배 네댓 명과 1박 2일간 호텔에 묵으면서 각자 여남은 개 문항을 만드는 게 우리의 임무였다. 내가 맡은 분야는 맞춤법이나 문학 상식을 묻는 파트였는데, 그때 만든 문항 중 하나는 소설의 첫 문장과 작품 제목이 잘못 연결된 조합을 고르라는 것이었다.

"나를 이슈메일이라 불러다오"(《모비딕》), "재산깨나 있는 독신 남자에게 아내가 꼭 필요하다는 것은 누구나 인정하는 진리다"(《오만과 편견》), "행복한 가정은 모두 모습이 비슷하고, 불행한 가정은 모두 제각각의 불행을 안고 있다"(《안나 카레니나》) "국경의 긴 터널을 빠져나오자 눈의 고장이었다"(《설국》)…….

저런 문제를 만든 것은 글쓰기로 밥벌이를 하겠노라 결심한 취준생이라면, 문학을 향한 이 정도의 상식이나 관심은 있어야 한다고 판단했기 때문이다.

작가들이 첫 문장만큼이나 공을 들이는 것은 마지막 문장일 것이다. 삼행시 짓기 게임을 벌일 때도 승부는 최후의 한 방에 담기는 법이니까. 그렇다면 소설 속 최고의 마지막 문장은 무엇일까. 내게 가장 뻐근한 여운을 남긴 마지막 문장은 에밀 아자르의《자기 앞의 생》에 나온다. 주인공인 아랍인 꼬마 모모는 어머니처럼 자신을 키워준 로자 아줌마가 죽자 며칠간 그녀의 시신 옆을 지키는데, 이야기는 이렇게 끝이 난다.

> 하밀 할아버지가 노망이 들기 전에 한 말이 맞는 것 같다. 사람은 사랑할 사람 없이는 살 수 없다. (…) 라몽 아저씨는 내 우산 아르튀르를 찾으러 내가 있던 곳까지 다녀오기도 했다. 감정을 쏟을 가치가 있다는 이유만으로 아르튀르를 좋아할 사람은 아무도 없을 테고, 그래서 내가 몹시 사랑했기 때문이다. 사랑해야 한다.[1]

사랑이라는 이름의 넝쿨

"사랑해야 한다"라는 평범한 문장이 선사하는 어마어마한 울림은 이 작품을 끝까지 읽은 독자만이 누릴 수 있는 감동이다. "사랑해야 한다"라는 문장, 여기에는 목적어가 없다. 조금 뜬금없이 등장한 듯한, 바로 앞 문장과 약간의 거리가 느껴지는, 그러나 이 간극 덕분에 아득한 감흥을 자아내는, 동시에 사랑 그 자체의 중요성을 강조하는 게 이 문장이다. 한데 사랑이란 대체 무엇일까. 사랑의 생로병사는 어떻게 진행되는 것일까.

이승우의 소설《사랑의 생애》가 천착하는 지점이 바로 여기에 있다.《자기 앞의 생》에서 모모가 "사랑해야 한다"고 말한 그 사랑은 아주 둘레가 넓은 광의의 사랑이지만, 이 작품에서 다루는 사랑은 연인 사이에 뜨겁게 불타올랐다가 차갑게 허물어지는 그것을 의미한다. 작가는 첫머리에서 이 작품을 다음과 같이 규정해놓았다. "문학적 현미경으로 들여다본 사랑에 관한 탐사 보고서"(4쪽)라고.

《사랑의 생애》는 서점가에서 인기를 끌 가능성이 크지 않은 작품이다. 베갯머리를 적시게 만드는 애틋한 로맨스도, 카타르시스를 느끼게 만드는 낙차 큰 스토리도 담기지 않았으니까. 하지만 만에 하나라도 이 소설이 훗날 얼마쯤 유명세를 얻는다면 가장 많이 회자될 부분은 작가의 작의가 제일 선명히 드러난 도입부일 듯하다. "사랑하는 사람은 사랑의 숙주이다. 사랑은 누군가에게 홀려서 작정한 사람의 내부에서 생을 시작한다."(9쪽)

이 작품에 실린 주장에 따르면 인간이란 사랑에 휘둘리는 한낱 기생체일 뿐이다. 사랑 앞에서 우린 항상 무력할 수밖에 없다. "사랑한다"는 표현도 엉터리다. 우리는 사랑을 '할 수' 없다. 사랑에 관한 서술은 모조리 수동태로 쓰여야 한다. "사랑은 덮친다. 덮치는 것이 사랑의 속

성이다."(36쪽) "사랑한다는 말은 발화된다. 누구도 사랑한다는 말을 발화할 수는 없다."(98쪽)

그리고 이 같은 전제 위에 사랑의 다양한 형태를 드러내는 여러 인물이 등장한다. "특별한 사람들의 별스러운 사랑 이야기를 지어내는 대신 평범한 사람들의 사랑 경험"(4쪽)을 전하려는 의도가 있었으니 《사랑의 생애》 속 러브 스토리엔 특별할 게 없다. 주변에서 흔히 볼 법한 진부한 사랑 이야기만 간단없이 이어질 뿐이다.

주요 인물은 세 명의 남자다. 사랑에 빠지는 걸 두려워하여 "사랑에 잡히지 않기 위해 달아나는 삶"(65쪽)을 살았던, 하지만 과거 호감을 느낀 선희와 조우하면서 사랑의 숙주가 돼버리는 형배. 사랑에 미숙한 탓에 선희와 연애를 시작하자마자 어린아이가 된 것처럼 그녀에게 집착하고 생떼를 부리는 영석, 평생 한 사람만 사랑하는 것은 불가능하다고 여기는 바람둥이 준호. 이들 세 명의 관계가 얽히고설키면서 이야기는 느린 속도로 굴러가는데, 그중 눈길을 끄는 이는 사랑의 뜨겁고도 서늘한 습성을 그대로 보여주는 영석이라고 할 수 있다.

영석은 늘 자신은 혼자라고 여기며 살아온 남자로 열 살 연하 선희에게 허구한 날 응석을 부린다. 가슴뼈가 부러지도록 선희를 껴안고서 그녀 몸을 만지는 일에만 몰두한다. 끈질긴 스킨십에 선희가 짜증을 내면 이렇게 답한다. "닿으려고 그래. 닿아 있으려고."(199쪽)

이런 영석을 상징하는 것은 그의 사무실에 걸린 넝쿨 식물 사진이다. 스스로 설 힘이 없어 커다란 나무에 의지해 자라는, 그러다 어느 순간이 되면 큰 나무를 꼼짝 못하게 칭칭 감아버리는 식물. 선희는 이 사진에서 영석을 본다.

> 사랑이 아니라 생존이었다. 사랑이라면, 그것은 생존을 위한 사랑일 것이다.[2]

> 넝쿨 식물의 언어는 '너는 내 것이다'가 아니라 '나를 구해주세요'이다.[3]

영석을 별난 사람으로 여길 수 있으나 누구나 생의 한 시점엔 그와 비슷한 경험을 하곤 한다. 사랑에 관한 그 어떤 면역력도 갖추지 못한 채 속수무책 사랑의 숙주가 돼버리는 시절. 그땐 누구나 아이가 돼서 철없는 행동을 일삼고 감성에 젖어 객쩍은 짓을 반복하는 일종의 퇴행을 경험한다.

얄궂은 나의 옛사랑 이야기를 보태자면 나 역시도 청춘의 한 시기엔 그랬던 것 같다. 때는 대학교 2학년이던 2000년, 늦여름에 만났던 어떤 아이와 그해 가을부터 본격적인 연애를 시작했다. "여름성경학교에 갔다가 봄에 돌아왔다"[4]는 황인찬의 시처럼 여름은 끝났는데 봄이 시작된 것 같던 시절이었다. 나를 둘러싼 공기의 밀도와 온도가 바뀐 듯했다. 우린 돈은 없고 시간은 많았으니 함께하는 날이 많았고, 생각은 짧고 감정은 뜨거웠으니 별것 아닌 일에도 토라지곤 했다.

아마도 많은 사람이 그런 시절을 통과했을 것이다. 그 사랑은 영석의 그것처럼 넝쿨 식물과 비슷했으리라. 서로를 끌어안고 상대에게 닿으려고 안간힘을 쓰면서 존재의 불안을 견뎠으리라.

사랑의 정의는 없다

이승우의 전작들이 그렇듯 《사랑의 생애》에도 신학적 분위기를 풍기는 곳이 많다. 곳곳에 기독교의 무늬가 아슴푸레하게 새겨져 있다. 가령 "사랑하는 사람은 사랑의 숙주"라는 명제를 설명하기 위해 작가는 성경 속 사도 바울이 했던 신앙 고백을 예시로 들면서 이렇게 말한다.

> 다른 존재가 우리의 내부에 들어와 살기 시작하면 우리는 그 존재를 따라 살지 않을 수 없다. 내 안에 사는 것은 내가 아니라고 고백하지 않을 수 없다.[5]

사랑에 붙들릴 때 펼쳐지는 새로운 차원의 세계, 그 세계를 마주한 뒤 경험하는 변화는 신을 믿게 된 사람이 겪는 것과 비슷하다는 얘기다. 소설의 주요 인물 중 하나인 형배가 대관절 사랑이란 뭘까 고민하다 우여곡절 끝에 도달한 결론 역시 마찬가지다.

> 사랑하고 있는 사람은 사랑을 알아야 한다고 생각하지 않는다. 신의 활동을 삶 가운데서 체험하는 사람이 신이 존재하는지 존재하지 않는지 묻지 않는 것에 비유할 수도 있다. (…) 참으로 사랑하지 않는 자가 사랑이 무엇인지 알고자 한다. (…) 정의 내리는 것이 아니라 경험하는 것이다. 그 속에 들어가는 것이다. 어떻게 해도 정의되지 않는 것이 신이고 삶이고 사랑이기 때문이다.[6]

사랑이란 결국 정의할 수 없고 인간은 그것에 항상 휘둘릴 수밖에 없다는 명제가 이 소설의 핵심이다. 게다가 사랑이란 질그릇처럼 얼마나 깨지기 쉽던가.《사랑의 생애》속 문장처럼 우린 함부로 정의 내리지 말고 그저 경험할 뿐이라고 여기면서 겸허한 자세로 사랑을 대해야 한다. 그러니 레이먼드 카버의 단편소설 〈사랑을 말할 때 우리가 이야기하는 것〉에 나오는 이런 대사에도 사랑에 관한 진리가 담겼다고 할 수 있겠다. "사랑에 관해 뭔가 아는 것처럼 말할 때 우리가 이야기하는 것들에 대해선

창피해해야 마땅해."(사랑을, 217쪽)

　사실 이제 이런 사랑, 연인 간의 뜨겁고 서툰 사랑을 말하기에 나는 너무 때묻은 사람이 돼버렸다. 결혼이라는 허들을 넘어 백년해로를 약속한 여자가 내 곁에 있으니 《사랑의 생애》에서 다뤄지는 사랑과는 다른 차원의 사랑을 시작했노라고 말할 수도 있다. 함께 산다는 것, 부부가 돼 아이를 낳아 같이 기른다는 것, 그렇게 세월을 보낸다는 것은 유리창 이편과 저편에 서서 서로의 얼굴을 바라보는 일과 비슷하다. 벽이 없는 것처럼 보이지만 실제로는 그렇지 않고, 언제든 소통할 수 있을 듯하지만 주의를 기울여야 상대의 뜻을 알아차리게 된다. 관심을 거두면 그사이엔 금세 두껍게 먼지가 쌓이고 더러운 얼룩이 생긴다.

　프리드리히 니체는 "결혼이 불행해지는 이유는 사랑이 부족해서가 아니라 우정이 부족해서"라고 했는데 결혼한 이라면 누구나 공감할 것이다. 결혼 이후의 사랑엔 진한 우정이 가미돼야 한다. 연애할 때 그랬듯 사랑을 내구성 강한 일상의 버팀목으로 삼으려면, 그것이 하나의 신앙이 되려면 결국엔 이 방법밖에는 없다.

　《자기 앞의 생》에 나온 문장처럼 우리는 모두 사랑할 사람 없이는 못 사는 존재다. 누군가를 아끼고 그리워하지 않는다면 삶은 윤기를 잃는 법이니까, 누군가를 사랑하는 순간이야말로 유일하게 마음의 밑바닥이 뭉근해지는 때이니까 말이다. 사랑해야 한다, 사랑해야 한다, 사랑해야 한다······. 주문처럼 이 말을 되뇌어본다. 우린 모두 사랑의 숙주일 뿐이니, 마음을 먹는다고 누구든 언제나 사랑할 수 있는 건 아니겠지만 말이다.

꼬리 잇는 책
에밀 아자르, 용경식 옮김, 《자기 앞의 생》, 문학동네, 2003
레이먼드 카버, 정영문 옮김, 《사랑을 말할 때 우리가 이야기하는 것》, 문학동네, 2005

고양이가 되지 못해 미안해

진고로호의
  《엄마가 물고기를 낳았어》*

---
* 이후진프레스, 2022

오 남매를 낳아 기르며 별의별 사고를 다 겪은 주인공에 겐 징크스가 하나 있었다. 집안의 크고 작은 불상사는 그가 집을 비웠을 때 일어났다는 것이었다. '사건'이 일어난 그날 역시 마찬가지였다. 폭설이 쏟아지던 날, 주인공은 친구네 농장에서 앵두주를 홀짝홀짝 들이키면서 모처럼 자유를 만끽한다. 친구 부부의 차에 실려 집으로 향하던 길, 까무룩 잠이 들었다가 깨니 어느덧 현관문 앞이다. 그제야 "집으로부터의 완전한 방심"을 자각한 그는 "여지껏 경험한 섬뜩함 중에서도 최악의" 불안감을 느낀다. 그런데 문을 여니 가족들은 모두 안전한 상태로 주인공을 쳐다본다. 불길했던 예감이 틀렸음을 알고 안도한 순간, 기다렸다는 듯 식구들이 저마다 한마디씩 한다. "엄마, 놀라지 마세요", "여보, 놀라지 말아요", "그동안 일이 좀 생겼어요"…….

 주인공의 엄마가 눈길에 넘어져 정신을 잃었다는 것이었다. 쇼크를 받았을 주인공을 돌보기 위해 아이 한 명만 남고 나머지 식구들은 병원으로 향한다. 주인공은 방에 들어와 그대로 쓰러지고 만다. 엄마가 사고를 당했다는 충격 때문이 아니었다. "부끄러움과 졸음" 때문이었다.

> 재난의 당사자가 내 식구가 아니라 친정어머니라는 걸 알아들으면서 속으로 나는 얼마나 안도하고 기뻐했던가. 그 사실이 나를 심히 민망하고 부끄럽게 했지만 그런 죄책감조차 별로 절실하지도 못해 들입다 잠이 쏟아져서 견딜 수가 없었다. 나는 나에게 힘이 되어주려고 집에 남아서 어쩔 줄을 모르고 있는 아이에겐 끝내 슬픔을 가장한 채 허겁지겁 잠 속으로 빠져들었다. 마치 불륜의 쾌락처럼 단잠이었다.[1]

고양이가 될 순 없으니까

박완서의 소설 〈엄마의 말뚝 2〉에 나오는 이야기다. 처음 이 소설을 읽었을 때 주인공의 솔직한 속내가 드러난 대목에서 세상사의 섭득한 섭리를 마주한 기분이었다. 자식을 낳아 기르는 처지가 되면 절대적 존재이던 엄마도 애정의 우선순위에서 밀려난다는 것, 제 부모를 사랑하지 않는 자식이야 없겠지만 부모의 뜨거운 내리사랑에 견준다면 자식의 효심이란 미지근할 수밖에 없다는 것. 박완서는 이렇듯 불편한 진실을 그려낸 것이었다.

비슷한 이야기는 유품 정리사 김새별과 전애원이 쓴 《떠난 후에 남겨진 것들》에도 나오는데, 두 저자는 이렇게 말한다. 수많은 죽음을 보았지만 돌아가신 부모를 안고 우는 자식은 거의 보지 못했다고, 하지만 부모는 다르다고, 그들은 반드시 자식을 품에 안고 눈물을 쏟는다고.

> 언제인가 변사체가 발견됐다는 연락을 받고 수습하러 간 날, 머리카락이 긴 것으로 보아 여자로 짐작할 뿐 형체를 알아볼 수 없는 시신 앞에서 모두가 코를 막은 채 멀리 떨어져 있었다. 그런데 그때 누군가 뛰어 들어오더니 사체를 끌어안고 울기 시작했다. 고인의 아버지였다. 아버지는 딸의 얼굴에 자신의 얼굴을 비비며 한참을 그 자리에 머물러 있었다. 살아 있든, 죽었든, 부패했든 아버지에겐 그저 소중한 딸이었던 것이다.[2]

부모의 사랑을 깨닫는 건 누군가의 부모가 될 때다. 2018년 세상에 나온 나의 딸은 '나의 모든 것'이라는 진부한 표현 외엔 그 어떤 비유도 갖다 붙일 수 없는 대체 불가능한 존재 그 자체가 되었고, 비로소 나는 내 부모가 내게 쏟은 마음은 측량할 수 없음을 깨달을 수 있었다.
부모가 돼보지 않고선 그 사랑의 무게나 깊이를 어떤

이야기들을 통해 짐작할 수밖에 없다. 예를 들자면 진로 고호의 그림책《엄마가 물고기를 낳았어》같은 작품들을 통해서 말이다.

첫 페이지에 등장하는 것은 고양이 부부다. 엄마 고양이는 병상에 누워 있고, 그 옆엔 아빠 고양이가 서 있는데, 엄마 고양이는 포대기에 싸인 어항을 안고 있다.

> 엄마가 물고기를 낳았습니다. (…) 아기 물고기는 무척 사랑스러웠습니다. (…) 육아는 처음이라 겁이 났지만, 엄마는 최선을 다해 아기 물고기를 돌보겠다고 결심했어요.[3]

엄마 고양이는 정성껏 이유식을 만든다. 어항을 어루만지면서 자장가도 불러준다. 물고기가 아플 때면 병원으로 달려간다. 틈틈이 책도 읽어주고 날씨가 좋으면 어항을 들고 숲으로 소풍을 가기도 한다. 세상이 얼마나 아름다운지 보여주고 싶어서다. 야옹 하고 우는 방법을 알려주려고 해도 아기는 입만 뻥긋거릴 뿐이지만 개의치 않는다. 이토록 평범한 날들이 엄마에겐, 그리고 아기에겐 순도 100퍼센트의 행복이었으니까.

> 엄마의 보살핌은 영원히 깨지지 않는 단단한 구슬 같았습니다. 아기 물고기는 그 안에서 안전하

고 평화로웠습니다.⁴

그렇게 물고기는 무럭무럭 자란다. 그리고 어느 순간 어항을 좁게 느끼기 시작한다. 엄마의 기대와 달리 야옹하고 울 수 없다는 것도 깨닫는다. 어항은 감옥처럼 변해버리고 엄마 고양이도 이 사실을 알게 된다. 그러던 어느 날, 물고기는 TV에서 바다가 나오는 장면을 본 뒤 엄마에게 말한다. 바다에 가고 싶다고. 엄마는 어항을 들고 바다로 향하고, 해변에 도착하자 물고기는 바다로 뛰어든다. 바다로 향하는 물고기, 그런 자식을 지켜보는 엄마, 그리고 물고기가 전하는 말. "엄마, 고양이가 되지 못해 미안해. 사랑해."(52쪽)

《엄마가 물고기를 낳았어》를 처음 읽을 때, 내 눈에선 젖은 솜을 쥐어짠 것처럼 왈칵 눈물이 쏟아졌다. 거기엔 오래전 내 모습이, 그리고 지금보다 많이 젊었던 내 엄마의 모습이 담겨 있었다. 오래전 엄마가 만든 세계는 내게 "단단한 구슬" 같았으나 머리가 굵어지면서 그곳은 옹색한 공간이 되었고 결국 모든 자식이 그렇듯 나 역시 그곳을 떠나야 했다.

하지만 당신이 밤낮없이 개고 또 갰던 되직한 사랑의 반죽이 지금의 나를 만들었음을 나는 잘 알고 있다. 이 글을 읽는 세상 대다수 사람이 그러하듯이 말이다.

나와 함께, 언제, 어디서든

내가 초등학교에 들어갔을 때 엄마의 나이는 서른 살이었다. 공무원인 아빠의 박봉으로는 생계를 감당하기 힘들었던 것인지 엄마는 그즈음 가게가 딸린 집을 샀고 그때부터 20년 넘게 온갖 장사를 했다. 가게는 처음엔 빵집이었고, 그다음엔 식당이 됐다가, 어느 순간 꽃집으로 바뀌었다. 내가 고등학교에 진학하면서 이웃 도시로 유학을 가게 되자 그 집은 다시 식당이자 하숙집이 됐고, 엄마는 자식의 밥값을 벌기 위해 남의 자식들에게 밥을 팔았다.

본가에 가면 가끔 엄마는 이런저런 당부를 전하며 내 손을 잡곤 했다. 하지만 그때마다 나는 골판지처럼 변한 당신 손이 싫어서, 불편해서, 눈물이 나서 슬며시 손을 빼곤 했었다.

최은영의 소설《밝은 밤》을 읽다가 세 번쯤 눈물을 훔쳤는데 그중 한 장면은 이런 내용이었다. 새비 아주머니라는 작중 인물은 금이야 옥이야 홀로 키운 딸 희자를 서울로 유학 보내고 혼자 지내다가 병으로 숨을 거둔다. 희자는 새비 아주머니랑 한때 가족처럼 지냈던 주인공을 만나게 되고, 주인공은 이런저런 대화 끝에 그녀와 다음과 같은 대화를 주고받는다.

"가끔은 희자 너레 새가 되어 꿈에 나온다고 하

셨더랬어. 아주 잘생긴 새가 높은 가지 위에 앉아 있는 걸 본다구. 마음이 벅차서 '새야, 잠시 내려 오갔어?' 말을 붙이면 그 새가 가지를 딛고서 아주 높고도 먼 곳으로 날아간다는 기야. 그러면 잠시 슬픈 마음이 들다가두, 그게 그렇게 기쁠 수가 없더래. 눈물이 날 만큼 기쁘더래."
"그 새가 나인 줄 어떻게 알아…."
"너레 새가 되든 두더지가 되든 감나무가 되든 새비 아즈마이는 한눈에 희자로구나, 잘생긴 우리 희자로구나, 알아보시지 않았갔어."
"그래. 그랬을 거야."[5]

  우리 엄마 역시 마찬가지였을 것이다. 내가 없는 고향에서 높은 가지에 앉은 새를 보면서, 길섶에 핀 꽃을 보면서, 바람에 흔들리는 나뭇가지를 보면서 물고기가 돼 바다로 떠나버린 아들을 생각했을 것이다.

  일흔을 바라보는 나이가 된 엄마는 지금도 에너제틱하다. 동네 노인들을 살피는 복지사 활동을 하고, 뒤늦게 농사일에 뛰어들었고, 가끔씩 바다에 나가 조개를 캐고, 무슨 내용인진 모르겠으나 시골에서 열리는 각종 강연에 강사로도 자주 선다. 인생의 전성기는 예순부터라고 하던데 나의 60대도 저럴 수 있을까 싶다.

  세월이 흘러 엄마의 삶이 '우리 엄마'답지 못한 상황이 오면, 그러다가 엄마가 세상을 떠나버리면 나는 어떻게 될까 상상해보곤 한다. 그렇게 풍수지탄의 뜻을 곱씹는 때가 오면, 생명은 특정한 시공간에 갇혀 있는 게 아니라는, 생명은 모든 순간과 공간에 존재한다는 들뢰즈의 말을 자주 떠올릴 것 같다. 가령 《들뢰즈가 만든 철학사》라는 책을 보면 "생명은 도처에 존재한다"면서 이런 설명이 따라붙어 있다.

> 우리는 개별적인 생명이 보편적인 죽음과 대치하게 되는 그런 단순한 순간 속에 생명을 가두어서는 안 된다. 실제로 하나의 어떤 생명은 도처에 존재한다. 즉, 하나의 어떤 생명은 살아 활동하는 이런저런 주체가 가로지르는 모든 순간 속에, 체험되는 이런저런 대상들이 헤아리는 모든 순간 속에 존재한다. 말하자면 주체들과 대상들 속에서 스스로를 현실화하는 일만을 하는 사건들 또는 특이성들을 내재적인 생명이 실어 나르고 있는 것이다.[6]

엄마가 하늘나라로 간 뒤에도 엄마는 흘러간 시간 속에만 살진 않을 것이다. 엄마는 엄마 안에만 사는 존재가 아니니까, 내 안에서 반복 재생되는, 내 삶에서 불거지는 온갖 "사건들 또는 특이성"들을 실어 나르는 존재가 될 테니까. 그러니 나는 엄마가 떠나더라도 내가 죽는 날까지 엄마와 함께할 것이라고 믿는다. 언제, 어디서든, 영원히.

꼬리 잇는 책
박완서, 〈엄마의 말뚝 2〉, 《엄마의 말뚝》, 세계사, 2012
김새별·전애원, 《떠난 후에 남겨진 것들》, 청림출판, 2020
최은영, 《밝은 밤》, 문학동네, 2021
질 들뢰즈, 박정태 옮김, 《들뢰즈가 만든 철학사》, 이학사, 2007

굿나잇, 에브리바디

매슈 워커의
《우리는 왜 잠을 자야 할까》*

* 이한음 옮김, 열린책들, 2019

별것 아닌 문장인데 무릎을 칠 때가 있다. 에세이 '아무튼 시리즈'의 53번째 책인 《아무튼, 잠》의 부제를 봤을 때가 그랬다. 표지엔 소파에 누워 곤히 잠든 한 여성의 사진과 함께 '잠'이라는 글자 아래 이런 문구가 쓰여 있다. "이보다 더 확실한 행복은 없다."

이 책에 실린 표현처럼 인생을 '눕고 싶어 하는 시간'과 '누워 있는 시간'으로 양분하는 사람이라면, 그래서 바깥 출입을 할 때면 오매불망 침대를 그리워하는 이라면 누구나 공감할 것이다. 잠보다 확실한 행복은 없다는 것에.

언젠가 소설가 정영문을 인터뷰한 기사에서 그가 하루에 많을 땐 열여덟 시간이나 잔다고 말한 것을 읽으며 묘한 부러움을 느낀 적이 있다. 심지어 그의 소설 《핏기 없는 독백》엔 다음과 같은 대목까지 나온다. "누워 있는 자세가 주는 갖가지 느낌에 나만큼 통달한 사람은 없을 것이다. (…) 나의 몸이 수평의 자세를 취하고 있을 때 내 몸의 구석구석에 가해지는 미세한 압박감의 지도를, 등압선의 형태를 그리고자 한 적도 있었다."(핏, 6~7쪽)

나 역시 마찬가지다. 가끔 인간이 취한 수직의 자세가 어색하게 느껴지곤 한다. 작은 두 발로 꼿꼿이 서서 걸어다니는 것 자체가 중력이라는 자연의 섭리를 거스르는 느낌이라고나 할까. 내게 휴식, 이완의 동의어는 언제나 수면이었다. 《아무튼, 잠》의 저자 정희재는 "인간의 복지는 거창하고 복잡한 것에 있지 않다"면서 이렇게 말한다.

> 몸에 익은 공간에서 마음 편하게 잘 수 있는 루틴이야말로 일상의 진국, 찐 행복이다. 사실 우리는 그걸 유지하기 위해, 혹은 좀 더 나은 조건의 루틴으로 업그레이드하려고, 피 땀 눈물을 바치며 일생을 보내는 것인지도 모른다.[1]

꿀잠을 위하여

인간은 왜 이토록 잠을 갈망하는 것일까. 왜 매일 자야 하며, 잠이 부족할 때 삶이 황폐해지는 이유는 무엇인가. 수면의 질을 끌어올리는 방법이 있다면 뭘까.

이들 질문에 확실한 해답을 제시한 책이 바로 세계적인 신경 과학자이자 자타공인 '수면 외교관'으로 불리는 매슈 워커의 첫 저서인 《우리는 왜 잠을 자야 할까》이다. 책이 누군가의 인생을 바꿀 수 있다고 할 때, 그것이 비단 근사한 문학 작품이나 묵직한 철학서만을 가리키는 건 아닐 것이다. 《우리는 왜 잠을 자야 할까》에는 누군가의 삶을 크게 바꿔놓으면서, 한 사회의 각종 시스템이 갖춘 방향타마저도 틀어버릴 내용이 빽빽하게 담겨 있다(전자책 단말기로 읽은 덕분에 내가 이 책에 얼마나 많은 밑줄을 그었는지 확인할 수 있었는데, 그 수가 무려 320곳에 달했다).

대다수는 건강을 유지하는 삼각대의 다리로 이 세 가지를 떠올린다. 건강한 식단, 꾸준한 운동, 충분한 수면. 그런데 매슈 워커는 이런 생각이 틀렸다고 말한다. 그의 주장에 따르면 수면은 삼각대의 다리가 아니라 건강의 유일무이한 밑돌이다. 잠을 충분히 자지 못하면 그 어떤 식단 조절이나 운동도 별무소용이다. 그는 "하룻밤 잠을 설쳤을 때 몸과 마음에 생기는 이상들에 비하면, 음식이나 운동을 하루 걸렀을 때 생기는 문제들은 아무것도 아니다"(18쪽)고 말한다.

수면 부족이 일으키는 문제는 한둘이 아니다. 면역계에 치명타를 가하고, 심혈관 질환을 유발하고, 정신 질환 증상을 풀무질하고, 체중을 증가시키고……. 요약하면 '수면 부족=수명 감소'라 할 수 있다. 죽으면 영원히 잘 텐데 지금 자서 뭐하냐는 사람에겐 이렇게 쏘아붙이길. "그런 생각으로 살면 일찍 세상을 뜰 뿐이에요." 부족한 수면을 주말에 몰아 자는 이가 있다면 이같이 말해주길. "세상에 '수면 부채'를 갚을 방법이란 존재하지 않아요."

수면의 세계를 탐방하려면 다소 따분하더라도 잠의 세계가 갖춘 얼개 정도는 알아야 한다. 아래는 《우리는 왜 잠을 자야 할까》에서 포인트 몇 개만 정리한 것이다.

우선 잠의 세계는 크게 두 개의 영토로 나뉜다. 하나는 눈꺼풀 아래에서 눈동자가 빠르게 움직이면서 꿈을 꾸는 렘Rapid Eye Movement, REM수면이고 다른 하나는 비렘수면이다. 둘은 밤새 주도권을 쥐려고 '밀당'을 반복한다. 대략 90분 주기로 승패가 뒤집히는데 전반적인 판세를 보면 잠의 전반전엔 비렘수면이, 후반전엔 렘수면이 각각 우세한 양상을 띤다.

해마는 기억이 쌓이는 뇌의 창고다. 문제는 저장 용량이 적다는 것. 영구 보관할 기억을 기억의 곳간인 신피질(뇌의 맨 바깥에 있는 층)로 옮기는 시스템이 필요한데, 잠의 주요 기능 중 하나가 바로 이것이다. "수면은 새로 생성된 파일에 '저장' 단추를 누르는 것"(166쪽)과 비슷하다. 비렘수면이 불필요한 신경 연결을 솎아내면 렘수면이 나머지 연결을 단단하게 만든다. (책에 실린 표현을 빌리면) 점토로 기억의 조각상을 만든다고 할 때 비렘수면은 점토 덩어리에서 필요 없는 흙을 떼내는 일을, 렘수면은 세부 부위를 다듬는 일을 한다. 비렘수면이 잠의 마름질을 끝내면 렘수면이 나머지 바느질과 다림질을 담당한다고나 할까.

잠에 홀리는 이유는 두 가지다. 첫째는 거의 24시간을 주기로 수면과 각성을 반복하게 하는 체내 시계이며, 둘째는 진종일 천천히 쌓이면서 수면 압력을 만드는 아데노신이다. 수면은 "뇌를 편안하게 해주는 신경화학 물질에 푹 담갔다가 꺼내는 일"(18쪽)이라고 할 수 있다.

자, 여기까지가 수면 요점 노트다. 책에 담긴, 이다음부터 이어질 방대한 내용을 여기에서도 하나씩 늘어놓는 건 불가능에 가깝다. 하지만 가장 인상적인 대목은 소개하고 넘어가야 할 것 같다. 렘수면, 즉 꿈이 호모 사피엔스를 생태계 피라미드의 꼭짓점에 올려놨다는 주장이다.

모든 동물이 잠을 자지만 '온전한 렘수면'을 만끽하는 것은 조류와 포유류다. 영장류만 떼어 놓고 보면 인간의 잠은 짧으면서도 렘수면 비중이 높다는 특징을 띤다(렘수면 비율은 인간이 20~25퍼센트인 데 반해 나머지 영장류는 9퍼센트 수준에 불과하다). 인간의 수면 형태는 왜 이렇게 다른가. 매슈 워커는 다른 영장류는 나무 위에서 자지만 인간은 땅에서 잠을 잔다는 점에 주목하면서 이색적인 분석을 늘어놓는데, 개괄하면 이런 내용이다.

땅에서 자면 온갖 위험에 노출될 수밖에 없다. 불의 발견이 도움이 됐지만 완벽한 해결책은 아니었다. 인간은 수면의 양은 줄이되 깊이를 더하는 형태로, 상술하자면 감정을 풍성하게 만들면서 이성의 통제력을 길러주는 렘수면의 비중을 높이는 쪽으로 진화의 방향을 잡았다. 그리고 이것은 호모 사피엔스에게 활주로처럼 창창한 미래를 선물해주었다.

〔이런 방식으로〕 우리의 잠은 농축되었다. (…) 렘수면 꿈꾸기는 우리를 경이로울 만치 빠르게 진화적으로 부상시키는 데 기여한 새로운 요인이다. 그 덕분에 우리는 세계를 지배하는 새로운 사회적 상위 계급이 되었다. 잠을 연료로 쓴 덕분이다.[2]

꿈의 힘

렘수면 이야기를 조금 더 이어가보자. 렘수면에 들어갔을 때 뇌의 상태를 MRI로 보면 많은 영역이 활발하게 활동한다는 사실을 알 수 있다. 운동 피질과 해마와 감정 중추 등이 약 30퍼센트 더 활성화된다(논리적 의사 결정을 담당해 '뇌의 CEO'라 불리는 전전두엽 피질은 '오프라인 상태'가 되는데, 이는 우리가 황당한 꿈을 꾸는 이유가 된다).

렘수면 꿈꾸기의 효과를 드러내는 대표적 인물이 발명왕 토머스 에디슨이다. 한때 TV에 자주 나오던 침대 광고가 있었다. 에디슨의 연설이 담긴 흑백 영상으로, 지금도 유튜브에서 확인할 수 있는데 영상 속 에디슨은 이렇게 말한다. "잠은 인생의 사치입니다. 저는 하루 네 시간만 자면 충분하다고 생각해요. 물론, 숙면을 취할 때 말이죠." 광고만 보면 에디슨이 잠을 줄인 덕분에 그토록 빛나는 성과를 일궜노라고 예단하게 된다.

하지만 여기엔 에디슨이 독특한 낮잠 루틴의 소유자

였다는 사실이 숨겨져 있다. 그는 희한한 모습으로 낮잠을 즐겼다고 한다. 팔걸이 아래엔 금속 냄비를, 손엔 쇠로 된 볼 베어링을 쥐고서 꿈나라로 떠나곤 했다. 그러다 꿈을 꾸기 시작하면 긴장이 풀리면서 볼 베어링이 냄비로 떨어졌고, 그 소리에 놀라 잠에서 깬 에디슨은 꿈에서 스쳐 지나간 창의적 발상들을 재빨리 옮겨 적었다. 에디슨은 렘수면 꿈꾸기의 위력을 간파한 수면 분야의 선각자였던 셈이다.

꿈의 창의성을 일깨워주는 가장 유명한 일화는 폴 매카트니와 관련된 이야기일 것이다. 어느 날 잠에서 깬 그는 머릿속에 맴도는 멜로디가 너무 아름다워 얼른 피아노 앞에 앉아 코드를 짚어나갔다. G-F#m7-B-Em······. 그렇게 비틀스의 명곡 〈Yesterday〉가 만들어졌다.

꿈의 효능은 여기서 끝나지 않는다. 사랑하는 이를 떠나보냈을 때, 오랫동안 좇은 무언가가 신기루처럼 변해버렸을 때, 남사스러운 짓을 저질러 '이불킥'을 하는 일이 생겼을 때, 사람들은 이렇게 위로한다. 시간이 치유해줄 거라고, (진부한 표현이지만) 이 또한 지나갈 것이라고.

하지만 이 말도 따지고 보면 틀린 말이다. 우리를 치유하는 것은 시간이 아니라 꿈이다. 꿈을 꿀 때 스트레스와 관련된 화학물질(노르아드레날린)의 농도는 바닥까지 떨어지고, 이런 상태에서 "감정의 재활성화"(298쪽)가 진행된다. 일상생활에서 날카로워진 감정의 칼날은 꿈을 꾸면서 뭉툭해진다. 꿈은 "쓰디쓴 감정 껍질을 벗겨내는 우아한 솜씨"(299쪽)를 갖추고 있다. 실제로 누구나 잠에서 깨고 난 뒤 전날 마음에 쌓였던 스트레스의 무게가 얼마쯤 가벼워진 느낌을 받은 적이 있을 것이다. 책에는 이렇게 적혀 있다. "잠을 자라, 그러면 아마 치유될 것이다."(301쪽)

누구나 바라는 세상

한때 기자 집단엔 오랜 기간 면면히 이어진 이상한 전통이 있었다. 수습기자가 되면 경찰서 기자실에서 숙식을 해결해야 했다. 기자들은 이것을 일본어로 '잠복'을 뜻하는 '하리꼬미'라고 불렀다. 내겐 2007년 상반기가 하리꼬미의 시간이었다. 매일 서너 시간만 눈을 붙이면서 6개월 남짓 밤낮으로 경찰서를 돌아다녔는데 당연히 수면 시간이 턱없이 부족했다. 어깨는 천근만근 무거웠고 눈은 어시장 좌판에 놓인 물고기처럼 퀭할 때가 많았다. 택시를 타면 바닷속에 빠진 것처럼 몽롱해지곤 했다. 그때마다 속절없이 잠에 빠져들었고 그때마다 같은 생각을 했다. 택시가 멈추지 않고 계속 달렸으면, 저 멀리 수평선 너머까지……

그 시절 내가 그랬듯 지금도 많은 이가 수면 부족에 시달리고 있을 것이다. 일에 치여 야근을 반복하거나 일찍 퇴근해도 쌓인 업무 생각에 그야말로 전전반측, 밤새 몸을 뒤척이며 잠을 이루지 못하는 이가 한둘이 아닐 것이다. 그리고 수면 부족은 밀린 대출금 이자처럼 차곡차곡 그들 몸에 쌓여 상처를 남기고 흉터를 만들 것이다. 실제로 한국인의 수면 시간이 선진국의 평균치를 크게 밑돈다는 통계도 여럿 있다. 수면 부족을 근면의 증거쯤으로 여기는 한국 사회의 분위기도 생각해봄 직한 문제다.

이쯤에서 책에 등장하는 각종 조언과 당부들을 다시 떠올려본다. 인구의 30퍼센트에 달하는, 늦게 자고 늦게 일어나는 체질을 가진 '저녁형 인간'에 맞는 "사회의 업무 일정표"(36쪽)를 만들자, 이른 아침 등교하게 해 아이들의 '꿈잠'을 박탈하는 것은 미친 짓이다, 매일 같은 시간에 자는 습관을 들이기 위해 '수면 알람'을 설정하자…….

책에 실린 이야기들이 다소간 호들갑스럽게 여겨질 수 있다. 하지만 말미에 등장하는 이런 대목엔 아마 누구나 고개를 끄덕일 것이다. "나는 우리가 게으름이라는 불리한 낙인이 찍히거나 난처한 표정을 짓는 일 없이, 밤잠을 푹 잘 권리를 되찾을 때가 되었다고 믿는다."(487쪽)

수면이야말로 인간에게 주어진 '기본권 리스트'의 첫 번째 항목이지 않을까 생각해본다. 우리가 지향할 궁극의 유토피아가 있다면 실컷 자고 마음껏 꿈꿀 수 있는 세상 아닐까.

> **꼬리 잇는 책**
> 정희재, 《아무튼, 잠》, 제철소, 2022
> 정영문, 《핏기 없는 독백》, 문학과지성사, 2000

그래봤자 일, 그래도 일

김호의
《직장인에서 직업인으로》*

---
* 김영사, 2020

'웃긴 소설' 리스트를 만들 때 첫손에 꼽고 싶은 작품이 이기호의 단편소설 〈원주통신〉이다. 주인공은 어린 시절 소설가 박경리 선생과 한동네에 살았는데, 특별한 인연이 없음에도 TV에서 드라마 〈토지〉가 히트하자 친구들에게 선생과 가까운 사이라고 거짓말을 한다.

세월이 흘러 대학을 졸업하고 백수로 지내던 어느 날, 주인공은 중학교 동창인 용구의 전화를 받고 그가 운영하는 룸살롱을 찾는데 여기서부터 개그콘서트 같은 일들이 펼쳐진다. 우선 룸살롱의 간판엔 '토지'라는 상호가 박혀 있다. 선생의 그 《토지》를 연상시키는 궁서체의 土地. 종업원은 소설 속 등장인물인 '길상이'로 불리고, 접대부 이름은 소설의 주인공인 '서희'다. 이런 곳에서 대접을 받고 술에서 깨니 용구는 그제야 학창 시절 선생과 친하다고 뻐기던 주인공에게 말한다. '토지'라는 상호를 쓸 수 있게 선생의 허락을 받아달라고.

이다음에도 점입가경의 스토리가 이어지는데, 사실 내가 숨넘어갈 정도로 웃었던 지점은 별것 아닌 대목이었다. 주인공이 처음 용구의 전화를 받은 것은 대학을 졸업하고 "일 년 넘게 방바닥과 혼연일체, 이심전심의 심정으로 살아가고 있던"(원, 104쪽) 찌질하기 한량없던 시절이었다. "술 한 잔 찐하게 살게"라는 용구의 연락에 주인공은 망설인다. 술을 마시고 싶지 않은 것도, 용구를 만나기 싫은 것도 아니었다. 머뭇거림의 이유는 돈이었다.

> 내겐 차비가 없었다. 아버지가 출근을 하자마자 어머니도 외출을 한 상태였다. 그때 내가 가진 전 재산이라곤 엊그제 어머니 콩나물 심부름하고 남은 이백 원이 전부였다. 그러니 그것이 못내 마음에 걸렸던 것이었다. 아무리 친한 친구가 술을 산다지만, 그래도 내 나이 스물일곱인데, 일곱 살짜리들도 친구들 만날 땐 이백 원을 들고 나가지 않을 텐데, 하는…….[1]

직장 사용 설명서를 찾는다면

지금 생각하면 이게 그렇게 웃긴 장면인가 싶은데 처음 읽었을 땐 스물일곱 살이나 먹어놓고 달랑 200원이 전 재산인 주인공의 가련한 처지에 포복절도 수준의 웃음을 터뜨렸다. 구질구질한 주인공의 일상에 젊은 시절 한때 백수로 지낸 내가 그대로 포개졌기 때문이다. 소설

속 주인공에게 혼연일체, 이심전심의 심정을 느꼈다고나 할까.

대학을 졸업하고 1년 넘게 언론사 입사를 노리는 취준생으로 보냈던 시절은 삶이 한없이 난망하게만 여겨지던 내 인생의 빙하기였다. 시간은 메트로놈 바늘처럼 정확하게 흘러가는데 미래는 필라멘트가 끊어진 전구처럼 깜깜하던 시절. 당시 나는 동네 독서실을 다녔는데, 추석을 앞둔 어느 날 독서실 앞에서 담배를 피우다 귀성을 준비하는 사람들을 보며 한숨을 내쉰 기억이 난다. 저들은 고향에 가는데 나는 도저히 부모님을 뵐 면목이 없구나…….

다행히 그해 연말 신문사에 입사하면서 소태처럼 쓰디쓴 청춘의 한 시절은 막을 내렸다. 하지만 그땐 몰랐다. 내가 그 회사를 40대가 된 지금까지 다니고 있을 줄은.

서른 살쯤 됐을 때는 저널리스트로서의 결기나 적성이 부족함을 깨닫고 퇴사를 진지하게 고민하기도 했다. 하지만 "이렇게 살 수도 없고, 죽을 수도 없을 때 서른은 온다"[2]고 했던 최승자의 그 유명한 시구에 공감하면서 그 시절을 망연히 흘려보내고 말았다.

그렇다면 만약 10여 년 전으로 시간을 되돌려 그때의 나와 대면할 수 있다면, 나는 내게 무슨 조언을 할 수 있을까. 백 마디 말보단 그저 이 책을 선물할 듯싶다. 바로 김호의《직장인에서 직업인으로》. 저자 소개부터 하자면 김호는 서른여섯 살 나이에 세계적 커뮤니케이션 컨설팅 회사인 에델만의 한국 대표가 됐고, 에델만 네트워크에서 가장 작은 오피스였던 에델만코리아를 아태 지역 최대 규모로 성장시켰다. 그러고는 직장에 자신의 거의 모든 것을 갈아 넣던 시절엔 느끼지 못한 행복을 찾기 위해 사장 취임 4년 만에 사표를 냈다. 현재 그는 일급의 커뮤니케이션 전문가로 활동하면서 목공소를 운영 중이다.

그러니 세상 물정 모르고 물색없이 독자를 가르치려 드는 이들과는 차원이 다른, 삶을 통해 체득한 교훈이 그의 책엔 담겨 있다. 틀에 박힌 자기계발서로 여기기 쉽고, 실제로 판에 박힌 조언도 제법 있지만, 사금을 뿌려놓은 것 같은 반짝이는 가르침이 이 책엔 녹아 있다.

김호의 말을 빌리자면 '직장인'은 그저 남이 만들어놓은 조직에서 직책을 가지고 일하는 사람, '직업인'은 직장을 통해 돈과 교환할 수 있는 개인기를 갖추게 된 이로 각각 정의할 수 있다. 그는 "직장 다닌다고 직업 생기지 않는다"고, 그러니 직장을 활용해 전문성을 키워 직업인으로 거듭나라고 당부한다. 《직장인에서 직업인으로》는 "내 욕망을 찾기 위한 가이드"이자 "직장 사용 설명서"(30쪽)라고 소개할 수 있다.

김호는 이렇게 말한다. 50대가 되면 직장에서 물러나야 한다, 은퇴하면 그걸로 삶이 끝나는가, 직책과 자신의 가치를 혼동하지 마라, 직업인이 되어야 행복을 찾을 수 있다, 중요한 것은 전문성 즉 개인기다, 업業에 집중하면 직職은 따라온다, 돈도 마찬가지다…….

이런 주장이 꼬리를 무는데, 꼰대의 가르침으로 들릴 수도 있겠다. 한데 김호는 여기에 구체적인 액션 플랜을 덧붙인다. 책을 다 읽어도 쓸모 있는 내용은 초가삼간 수준에 불과한 그만그만한 자기계발서들과는 확실히 다름을 느낄 수 있는데, 이색적인 당부나 주장을 전부 옮겨적을 순 없으니 몇몇 인상적인 부분만 요약해 소개하자면 다음과 같다.

- 엑셀 등을 활용해 자기 삶의 연표를 만들자. 과거의 삶을 깊숙하게 들여다보면 자연스럽게 '미래의 역사'가 보인다. 5년 단위로 미래에 내가 하고 싶은 일이 무엇인지 적어보자.
- 자비로 출장을 가보자. 때론 휴가를 희생하는 일도 생기겠지만 괘념치 말자. 자비 출장을 통해 직업적으로 성장한 부분은 언젠가 직장을 떠나도 내 안에 남게 된다.
- 때론 상담 전문가와 대화하면서 자신의 취약성 vulnerability을 확인하자.
- 대학원엔 꼭 가지 않아도 된다. 하지만 공부는 꼭 해야 한다.
- 유료 인터넷 강의(인강)를 활용하자. 공짜 강의와

유료 강의 사이엔 차이가 있다. 대가들의 강연을 모아 나만의 '인강 캠퍼스'를 만들어보는 것은 어떨까.
― 쉬는 것을 두려워하지 말자. 쉬운 선택이 아니라 필수다.
― 주변에서 나보다 나이 어린 스승을 찾을 수 있어야 한다.
― 실수했을 땐 '죄송합니다'라고 하지 말고 '제가 잘못했습니다'라고 말하자.

일이란 무엇인가

어느덧 자의 반 타의 반으로 조직에서 뭔가를 이끌어야 하는 나이가 된 탓일까. 《직장인에서 직업인으로》에서 눈길이 갔던 부분은 좋은 리더의 자질이 담긴 여덟 번째 장이었다. 김호는 꼰대가 되지 않으려면 지갑은 열고 입은 닫으라는 만고불변의 진리에 몇 가지 조언을 더 보탠다. 예컨대 소통의 방법은 뭔가. 소통은 읽기, 쓰기, 듣기, 말하기로 나눌 수 있는데, 그중 나이가 들수록 중히 여겨야 할 것은 '듣기'다. 핵심은 듣기에도 기술이 필요하다는 것. 잠자코 듣는 게 전부가 아니다. '듣기의 기술=질문의 기술'이다.

가장 널리 쓰이는 질문의 로드맵으로는 그로GROW

모델을 꼽을 수 있다. 목표Goal→현실Reality→선택Options →의지Will 순으로 질문을 던지며 상대의 말을 경청하는 것이다. 가령 어떤 프로젝트에 관한 이야기를 나눈다면 목표가 뭔지, 현 상황은 어떤지, 우리가 할 수 있는 시도는 무엇인지, 우선 추진할 것은 뭔지 물으면서 대화를 설계해야 한다.

회의는 어때야 할까. 우선 명심할 것은 이거다. 우리는 회의하려고 일하는 게 아니라 일하려고 회의하는 것이다. 되도록 회의를 최소화하자. 꼭 해야 한다면 직원들이 상대적으로 맑은 정신으로 일에 집중하는 오전 시간은 피하자. 퇴근을 앞두고 회의를 소집하는 것은 미친 짓이다. 꼭 참석해야 할 사람만 모이고, 끝날 땐 구체적인 결론을 내자.

직장생활 일타강사의 강의록처럼 느껴지는 이 책을 읽은 뒤 자연스럽게 드는 생각은 두 가지다. 첫째는 직업인으로 거듭나기 위해 스스로 마음을 다잡으면서 좀 더 슬기로운 직장인이 되자는 다짐이며, 둘째는 내 삶에서 '일이란 무엇인가' 하는 질문.

월급쟁이의 삶은 머슴의 일이 그렇듯, 언제나 고달플 수밖에 없다. 20대엔 취업, 30대엔 퇴사를 꿈꾸는 게 이 시대의 평균율이기도 하다. 나 역시 앞서 말했듯 한때는 회사에 멋지게 사표를 던지고 안분지족의 삶을 살 수 있기를 꿈꿨다. "아침에는 사냥하고 오후에는 낚시하고 저녁에는 소를 치며 저녁 식사 후에는 비평을 하면서도, 사냥꾼으로도 어부로도 목동으로도 비평가로도 되지 않는 일이 가능하게 된다"[3]고 했던, 마르크스가 꿈꾼 유토피아를 상상하면서.

하지만 언젠가부터 단순한 생계 수단을 넘어서는, 일이 갖는 궁극적 의미에 대해 생각해보게 됐다. 드라마 〈미생〉에서 가장 인상적인 에피소드는 주인공 장그래의 입을 통해 일의 가치를 전한 회차였는데, 이 에피소드엔 한때 대형 계약을 성사시켜 회사의 영웅이 됐던 이가 등장한다. 그는 어느 순간 자신이 그저 월급쟁이에 불과하다는 사실을 깨닫고 협력업체와 짬짜미해 거액을 횡령하는데, 장그래의 활약으로 그 사실이 들통난다. 사건이 일단락된 뒤, 장그래는 친한 상사와 이런 대화를 나눈다.

"남들이 우리더러 넥타이 부대니 일개미니 하고, 나 하나쯤 어떻게 살아도 사회든 회사든 아무렇지 않겠지만, 그래도 이 일이 지금의 나야."

"그래봤자 바둑, 그래도 바둑."

"응?"

"조치훈 9단이 하신 말씀이에요. 바둑 한판 이기고 지는 거 그래도 세상에 아무런 영향 없는 바둑. 그래도 바둑, 세상과 상관없이, 그래도 내겐 전부인 바둑."

장그래의 말에 공감하지 않는 이가 있을까 싶다. 바둑 기사에게는 가로세로 각각 열아홉 줄이 직교해 만든

361점을 놓고 벌이는 반상 위의 전쟁이 삶 그 자체이듯, 우리에겐 일이 곧 우리 자신이다. 조치훈 9단의 말을 흉내 내면 그래봤자 일, 그래도 일인 것이다.

꼬리 잇는 책
이기호, 〈원주통신〉, 《갈팡질팡하다가 내 이럴 줄 알았지》, 문학동네, 2006
카를 마르크스·프리드리히 엥겔스, 김대웅 옮김, 《독일 이데올로기》, 두레, 2015

음악이 흐른 자리는 마르지 않는다

존 파웰의
《우리가 음악을 사랑하는 이유》*

---

* 장호연 옮김, 뮤진트리, 2018

살다 보면 그럴 때가 있지 않나. 지금 이 순간은 평생 잊을 수 없겠구나, 세월이 많이 흘러서도 도깨비바늘처럼 마음속 이곳저곳에 붙어 오랫동안 떨어지지 않겠구나, 어쩌면 영원히 곱씹고 되씹는 기억으로 남겠구나 싶은 때가.

 내겐 2000년 4월의 어느 밤이 그랬다. 그 시절 1년 남짓 활동한 통기타 동아리에선 매년 봄이면 '신입생 연주회'라는 타이틀을 내걸고 공연을 열었는데, 공연을 1~2주 앞둔 어느 날 연출을 맡은 선배의 강요 탓에 빈 강의실에 집합해 밤새 기타를 쳐야 했다. 우리가 맡은 곡은 건즈 앤 로지스 버전의 〈Knockin' on heaven's door〉. 나를 비롯한 친구 세 명은 피크를 잡고 G-D-C로 이어지는 코드를 계속 훑어내렸고 보컬을 맡은 친구는 노래를 반복했다. "knock, knock, knocking on heaven's door, knock, knock, knocking on heaven's door……."

 한없이 푸르던 그 밤의 많은 것이 기억난다. 기타 바디에 귀를 대면 더 또렷이 들리던 소리, 온몸에 전해지던 소리의 진동, 연습 도중에 잠시 밖으로 나와 마시던 자판기 커피, 친구들 사이에 오가던 실없는 농담들. 그날 함께한 친구들과는 연락이 끊긴 지 오래고, 그들 대다수는 아마 그날 밤을 기억하지도 못하겠지만, 나는 지금도 〈Knockin' on heaven's door〉를 들을 때면 뭉근한 추억에 젖곤 한다. 그 시절 우린 천국의 문을 두드리기엔 너무 어렸지만, 그랬기에 연주에 진심일 수 있었던 것 같다. 작은 일도 진지하게 대하게 되는, 우리가 속한 좁디좁은 공동체가 세계의 전부였던 시절이었으니까.

음악이라는 타임머신

인간은 오래전부터 음악을 사랑했다. 무려 4만 년 전 만들어진 피리가 있을 정도다. 스티븐 존슨의 《원더랜드》라는 책을 보면, 당시 만들어진 피리 중엔 구멍 간격이 다장조 기준으로, 정확하게 파와 솔을 낼 수 있게끔 만들어진 것도 있다고 한다.

농경 생활을 시작하고 문자를 발명하기 이전부터 음악은 인류의 문화였던 셈이다. 그러니 구석기 인류가 동굴에서 모닥불을 피워놓고 둘러앉아 도란도란 이야기를 나누다가 누군가 피리를 꺼내 연주를 시작하고 나머지 사람들이 이를 감상하는 장면을 상상하는 일은 망상이 될 수 없다.

대관절 음악에 무슨 힘이 있기에, 인류는 예부터 음악을 만들고 노래를 부르고 악기를 연주한 것일까. 예컨대 피리로는 멧돼지를 잡을 수도 없고 추위를 막을 수도 없다. 의식주에 하등 보탬이 안 되는 쓸모없는 것이 음악이지 않나. 누구나 할 수 있는 이런 반문에 대해 영국의 음악가이자 물리학자인 존 파웰은《우리가 음악을 사랑하는 이유》를 통해 그 답을 제시한다. 음악이 인류 생존에 별무소용의 뭔가가 아니었음을 설명하면서 이야기를 시작하는데, 몇몇 이유만 정리하자면 이렇다.

우선 음악은 유대감을 배가시킨다. 콘서트장에서 팬들이 한목소리로 쏟아내는 '떼창'이나 경기장에 울려 퍼지는 응원가, 혹은 군인들이 행군할 때 부르는 군가가 갖는 힘을 떠올려보자. 공동체는 노래를 통해 격려와 위로, 애도와 축하를 주고받으면서 한층 끈끈해지고 단단해진다.

성 선택의 관점에서 봐도 음악은 누군가를 꼬드길 때 유혹의 도구가 된다. 프랑스에서 진행한 실험에선 어떤 남자가 기타 케이스를 들고 있다는 이유만으로도 이성의 전화번호를 두 배 더 받아냈다고 한다. 존 파웰은 이처럼 음악이 갖는 원초적 파워를 전하면서 제목 그대로 '우리가 음악을 사랑하는 이유'를 자세히 들려준다.

책에 따르면 현대인의 일상에서 음악이 어떤 형태로든 귓가에 머무는 시간은 하루의 3분의 1에 달한다. 카페에 가든, TV를 보든, 택시를 타든 세상 곳곳에선 음악이 흘러나온다. 주야장천 이어폰을 꽂고 사는 사람도 수두룩하다.

특히 청소년기에 음악은 둘도 없는 친구가 돼주곤 한다. 이 시기 10대들은 '쿨한' 음악을 찾아 들으며 자신의 음악적 취향을 확인하고 또래 집단과 공감대를 쌓는다. 고리타분한 음악은 배격의 대상이 된다.《우리가 음악을 사랑하는 이유》에 담긴 사례 중에선 미국 팝스타 배리 매닐로우의 음악이 그런 경우다.

나는 2017년 아내와 결혼식을 올리면서 예식 도중 흘러나올 노래 다섯 곡 중 두 곡을 배리 매닐로우의 음악으로 골랐을 정도로 그의 몇몇 노래를 사랑하지만, 호주 젊은이들에게는 그저 '꼰대의 노래'일 뿐이다. 2006년, 10대들이 쇼핑센터 등지에 어슬렁대는 모습이 보기 싫었던 시드니 정치인들은 '10대 퇴치 작전'을 벌이면서 공공장소에 배리 매닐로우의 음악을 틀어 큰 성공을 거두었다. 이후 학계에서는 '매닐로우 방법Manilow method'이라는 조어까지 만들어졌다. 우리나라로 따지면 서울 홍대나 이태원 거리에 나훈아나 남진의 노래를 틀어놓은 것과 비슷하리라.

내게도 음악은 관포지교나 수어지교 같은 사자성어에 빗댈 만한 가장 막역한 친구였다. 학창 시절에 용돈이 쌓이면 언제나 카세트테이프나 CD를 샀다. 호주의 10대들이 그러하였듯 질색한 음악이 있었고, 반대로 내 삶을 뒤흔든 곡도 많았다.

고등학생이던 1997년, 나는 반년 넘게 밤낮으로 유재하의 음악만 들었다. 그렇게 그의 노래는 내 10대 시절의 BGM이 되었다. 건즈 앤 로지스의 음악이 나를 대학 시절로 데려가는 노래라면, 윤종신의 〈9월〉은 입대를 앞두고 전전긍긍하던 2001년의 여름을 떠올리게 한다. 기자 초년병 시절 기사를 쓸 때면 항상 듣던 팻 메시니의 라이브 음반 《Road To You》엔 초짜 기자였던 내 모습이 담겨 있다. 연애 시절 많이 듣던 벤 폴즈의 〈Still〉이 흐르면 아내와 연애할 때 생각이 절로 난다. 그렇게 삶은 음악이 되고, 음악은 삶이 되었다.

언젠가 상대성이론을 설명한 글에서 타임머신이 만들어지더라도 미래로 갈 순 있지만, 옛날로 돌아가는 건 불가능하다는 이야기를 읽은 적이 있다. 엔트로피니, 열역학 제2법칙이니 하는, 머릿속을 뻑적지근하게 만드는 과학 이론에 따르자면 시간의 속도를 끌어올릴 순 있지만 방향은 바꿀 수 없기 때문이다. 한데 물리학적으로 불가능한 이 일을 음악은 할 수 있다. 과거로 가는 타임머신은 이미 존재하는 셈이다.

왜 음악을 좋아하나요?

> 인간이라는 종 전체, 즉 수십억이나 되는 사람들이 '음악'이라는 것에 푹 빠져서 아무 의미도 없는 가락을 주물럭거리고 귀를 기울이는 광경은 정말이지 얼마나 이상한지 모르겠다.[1]

음악과 관련된 희한하고 놀라운 이야기가 한가득 담긴 올리버 색스의 책 《뮤지코필리아》는 이렇게 시작한다. 그러면서 올리버 색스는 아서 클라크의 어떤 소설에 등장하는 에피소드를 들려주는데, 이 소설에 나오는 외계인들은 '음악'이란 것을 만들고 아끼는 인간들을 이상하게 여긴다.

> [외계인들은] 호기심에 이끌려 지구로 내려와 연주회에서 예의 바르게 음악을 듣고는 연주가 끝나자 작곡가의 '위대한 독창성'에 찬사를 바친다. 속으로는 이게 다 무슨 일인지 여전히 이해하지 못하면서 말이다.[2]

비슷한 이야기는 영화 〈가디언즈 오브 갤럭시〉에도 나온다. 주인공인 스타로드는 어린 시절 외계인에게 납치돼 삐딱한 히어로로 거듭나는 캐릭터인데, 휴대용 카세트 플레이어를 금쪽같이 아끼면서 틈틈이 이 안에 담긴 노래들을 듣는다. 하지만 어느 날 이것을 잃어버리게 되고, 또 다른 주인공 네뷸라는 카세트 플레이어를 되찾기 위해 위험천만한 모험도 불사하는 스타로드와 이런 대화를 주고받는다.

"왜 이거에 목숨을 걸지? 그걸로 뭘 해?"

"뭘 하는 게 아니야. 그냥 듣는 거지. 춤을 춰도 되고."

스타로드는 음악을 "그냥 듣는"것이라고, 즐기는 목적이 따로 있는 건 아니라고 했지만, 우리가 음악에 홀리는 데엔 그만한 이유가 있기 마련이다.

존 파웰에 따르면, '아름다운 음악'의 세 가지 요소는 반복, 놀람, 소름이다. 반복의 선율은 편안함을 선사하고, 놀람과 소름이라는 음악의 양념은 감동과 즐거움을 제공해 짜릿한 '음악적 순간'을 만든다. 이들 요소가 잘 버무려지면 아드레날린이나 도파민 같은 화학물질이 나온다. 인간의 뇌는 흥미진진한 것을 좇도록 만들어졌으니 우린 음악을 좋아할 수밖에 없다. 인간은 음악적 동물이다.

고백하자면 언젠가부터 나는 과거처럼 음악을 즐겨듣진 않는다. 어떤 노래에 꽂혀서 몇 날 며칠을 그 음악만 챙겨 듣는 일도 드물다. 운전하거나 일을 할 때 음악이 필요한 순간이 오면 누군가 음원 사이트에 올려둔 플레이리스트를 적당히 골라 틀어놓는 경우가 많다. 새로운 음악을 찾아 헤매는 일이 주는 즐거움마저도 잊고 사는 셈이다.

어느덧 쨍한 아름다움이 담긴 곡에도 큰 감흥을 못 느끼는 아저씨가 돼버린 것일까. 이렇게 시시하게 나이가 들어가도 괜찮은 걸까.

나는 다시 옛날처럼 많은 음악에 반하고 싶다. 그 음악들을 사랑하면서 살아가고 싶다. 내 인생의 곡이라 부를 만한 음악들도 계속 만나고 싶다. 우리는 모두 알고 있다. 음악이 흐른 자리는 마르지 않는다는 것을. 생각해보면 음악이라는 단어에 곧잘 '흐르다'라는 동사가 따라붙는 이유도 여기에 있을 것이다.

꼬리 잇는 책
스티븐 존슨, 홍지수 옮김, 《원더랜드》, 프런티어, 2017
올리버 색스, 장호연 옮김, 《뮤지코필리아》, 알마, 2012

남의 돈 벌기가 어디 쉬운가

한승태의
《퀴닝》*

---
* 시대의창, 2024(2013년 출간된 초판 제목은《인간의 조건》이다)

대학생 시절 서울 화양동의 한 닭갈빗집에서 아르바이트를 한 적이 있다. 저녁 6시쯤 출근해 자정까지 음식을 나르고 밥을 볶고 청소를 하는 일이었다. 근방에서 제법 유명한 식당이었기에 늘 손님으로 북적였는데 당시 나를 힘들게 한 것은 매니저의 쌍욕과 폭언이었다. 걸레라도 문 것처럼 입이 걸었던 40대 아저씨였던 그는 일주일쯤 일하고 그만둔다고 했더니 고깝게 쏘아보면서 알겠노라고 했다.

문제는 일주일간 일한 돈을 달라고 했을 때였다. 잠시 망설이던 그는 4만 원을 던지듯이 내어주면서 이렇게 쏘아붙였다. "겨우 그거 일하고 돈을 받겠다는 거야? 남의 돈 벌기가 어디 쉬운 줄 알아?"

한시라도 빨리 그곳을 벗어나고 싶었기에 얼른 돈을 챙겨 가게를 빠져나온 기억이 난다. 왜 나는 그때 대들지 못했을까. 다시 시간을 되돌린다면 그 아저씨한테 어떻게 응수해야 할까.

돈의 주인은 누구인가

그 답을 나는 한승태의 르포르타주 《퀴닝》에서 찾았다. 이 책의 끝엔 저자의 경험에 상상력을 버무린 픽션이 등장한다. 주인공은 뱃일을 하다가 스무 살 청년 민규를 만나고 둘은 선주의 감시망을 피해 야반도주를 감행하는데 도망을 치던 민규가 갑자기 울음을 터뜨린다.

어른들 말이 맞는 것 같다고, 남의 돈 버는 건 쉬운 일이 아닌 것 같다고 하는 민규의 말에 주인공은 가슴이 턱 막히는 것 같은 기분을 느낀다. 걸음을 멈춘 그는 분노를 쏟아낸다.

> "이 병신아! 그게 왜 남의 돈이야? 그게 어떻게 남의 돈이냐고! 한 달 일해 겨우 100만 원 버는데도 그게 남의 돈이란 말이야? (…) 씨발, 사람답게 살 권리는 전부 타고나는 거야. 그러면 사람답게 먹고사는 데 필요한 돈도 타고나야 맞는 거 아냐? 그런데도 내가 남의 돈을 번 거야? 그게 어떻게 남의 돈이란 말이야? 빌어먹을, 그건 내 꺼라고! 그건 처음부터 내 돈이었단 말이야!"[1]

이 대목을 읽고서야 오래전 미안해할 이유도 없는데 움츠러들어서, 기죽을 필요도 없는데 주눅이 들어서 냉큼 받아 챙긴 4만 원의 주인이 누구인지 비로소 알게 됐다. 그 돈은 처음부터 내 돈이었다. 온갖 욕을 처먹으면서, 밤이 이슥해질 때까지 일하며 벌었던 나의 돈.

노동자가 정당한 권리를 요구할 때면 많은 사용자는 비딱한 태도로 저렇게 말하곤 한다. "남의 돈을 버는 게 어디 쉬운 줄 알아?" 이 말이 얼마나 잘못된 말인지 모두가 실감할 때, 누구도 이 말을 함부로 내뱉지 못할 때 어쩌면 세상은 좀 더 좋아질 것이다. 《퀴닝》에서 가장 빛나는 부분도 여기에 있다. 자본이 어떻게 노동을 길들이는지 보여준다고나 할까.

《퀴닝》은 21세기 대한민국 워킹푸어의 삶을 고샅고샅 살피게 해주는 일급의 르포르타주다. 창원에서 태어나 서울에서 자랐고 춘천에서 대학을 나온 한승태는 뒤늦게 자신이 하고 싶은 일이 글쓰기임을 자각한 뒤 결심했다. 1, 2, 3차 산업을 두루 경험한 뒤 책을 써보겠다고.

노동의 여정은 꽃게잡이 배→편의점→주유소→돼지농장→비닐하우스→자동차 부품 공장 순서로 이어진다. 한승태가 2007~2011년 직접 경험한 노동 현장의 살풍경이 이 책의 무대가 되었는데, 그중 하이라이트는 첫 번째 챕터에 등장하는 꽃게잡이 배 이야기다. 여기엔 그가 초짜 선원으로 바다에서 겪은 산전수전의 시간이 담겨 있다.

사람들에게 바다는 낭만의 공간이지만 선원들에겐 "쉴 새 없이 바닥이 흔들리는 작업장"(34쪽)일 뿐이다. TV에서 흑산도의 장관을 보여주면서 '그림 같은 바다'라는 자막이 뜨자 선원들은 싱거운 웃음을 터뜨린다.

"그림 같은 바다? 좆까고 있네."(34쪽)

꽃게잡이 배에서의 일상을 보여주는 장면 하나만 소개하도록 하자. 선원들은 배에서 용변을 어떻게 해결할까. 소변은 갑판 아무 데서나 보면 그만이지만 문제는 대변이다. 위험천만하게도 폭이 30센티미터인 난간에 쪼그리고 앉아 엉덩이를 바다에 내놓은 채 한 손으로 기둥을 잡고 볼일을 봐야 한다. 책엔 이렇게 적혀 있다. "배에서 장을 비우고 나면 21세기를 사는 문명인의 자존심은 부도수표 같은 것이 되어버린다."(38쪽)

꽃게잡이 배에서의 일상은 고난의 연속이다. 부실한 식단, 야박한 선주, 허름한 숙소, 고된 작업……. 그런데 선원들은 왜 이런 현장에서 벗어나지 않는 걸까. 한승태는 선원들과 동고동락하면서 뒤늦게 그 이유를 짐작하게 된다. 그들은 항구 밖 세계에선 느낄 수 없던 '소속감'을 느끼고 있는 것 같았다. '오늘'을 버티는 데 급급하느라 '내일'을 걱정할 여유가 없는 사람들, 그런 이가 모여 있는 공동체, 그곳이 바로 항구……. 한승태는 이곳에서의 삶을 이렇게 전한다. "내가 신경 쓸 일은 그저 하루하루를 살아가는 것뿐이었다. 놀랍게도 항구에선 그것만으로도 위안이 됐다."(90쪽)

《퀴닝》에는 무릎을 치게 만드는 문장이 곳곳에 널려

있다. 엉터리 가르침으로 독자를 호리는 자기계발서, 얼치기 강연으로 사람들을 홀리는 약장수 전문가의 조언과는 차원이 다르다. 나 같은 책상물림 직장인이 감히 평가할 순 없는 부분이겠으나, 이 책엔 경험을 통해 거머쥔 차돌처럼 단단한 인생의 지혜가 빼곡하게 실려 있다.

다음과 같은 에피소드가 대표적이다. 파도가 거센 어느 날이었다. 성난 바다가 출렁일 때면 선원들은 물보라를 뒤집어썼다. 한승태는 속이 울렁거리고 현기증이 났다. 그는 연신 헛구역질을 하다가 '윤철 형님'이라 부르던 선배 선원과 이런 대화를 나누게 된다.

"니 배가 어떨 때 뒤집히는 줄 아나?"
"……지금 같을 때요?"
"파도 높다고 다 배가 뒤집히는 거 아이다."
"그럼요?"
"배가 뒤집히는 건 있다 아이가, 파도를 피할 때 뒤집히는 기라. 파도가 아무리 높아도 배도 무게가 있고 길이가 있어서 쉽게 안 뒤집힌다. 근데 초짜 선장들이 겁먹고 도망갈라꼬 배 돌리다 배 옆구리에 파도 맞으면 고대로 넘어가는 기라. 니 뭔말인지 알긋제? 아무리 파도가 세도 뱃머리로 부딪치면 배 안 뒤집힌다."[2]

퀴닝은 가능한가

한승태는 주유소나 편의점에서 일하면서, 서비스업 종사자의 위치가 "먹이사슬 식으로 따져보면 플랑크톤 정도일 것"(168쪽)이라는 사실을 실감하게 된다. 충남 당진의 자동차 부품공장에서 파견직으로 근무한 다음엔 이런 간증을 전한다. "머지않은 미래에 누군가 피를 흘리고 비명을 지르는 건전지를 발명한다면 사람들은 그걸 두고 파견직이라고 부르게 될 것이다."(401쪽) 이 같은 분석들을 바탕으로 그가 종내에 내놓는 진단은 다음과 같다.

> 이 괴상망측한 사회가 비틀거리면서도 여전히 굴러갈 수 있는 이유는 수많은 사람이 정당한 보상을 받지 못하고 있음에도 자신이 하는 일에 최선을 다하고 있기 때문이다.[3]

책의 제목인 '퀴닝Queening'은 계급 역전의 은유라고 할 수 있다. 한승태는 서울 신림동 고시원에 살던 시절 핸드폰에 내장된 체스 게임을 즐겨 했는데, 그때마다 화면 속의 졸♟이 부러웠다고 한다. 체스판에서 폰Pawn으로 불리는 졸은 한 번에 한 칸씩, 오로지 전진만 가능한 가장 허접스러운 말이다. 하지만 졸은 상대 진영의 끝에 도달하면 체스 게임의 꽃이라고 할 수 있는 여왕으로 거듭난다. 이것을 체스의 세계에서는 '퀴닝'이라고 부른다. 그러니까 한승태는 이 제목을 통해 지금의 한국 사회가 '퀴닝이 가능한 곳인지' 묻고 싶었던 것이다.

이쯤에서 한국 사회 계급의 격차를 선명하게 드러낸 영화 〈기생충〉의 결말을 떠올려보자. 창졸간에 살인범으로 전락한 가난한 집안의 가장 기택(송강호). 그는 오도 가도 못하는 신세가 돼 살인을 저지른 장소인 부잣집으로 돌아가 그 지하실에 숨어든다. 아들 기우(최우식)는 어느 순간 아버지의 소재를 알게 되지만 그를 구할 방법은 없다.

영화엔 기우가 고래 등 같은 이 부잣집을 매입하려고 둘러보는 상상의 시퀀스가 등장한다. 만약 영화가 끝도 없이 이어졌다면 기우는 인생 역전을 통해 아버지가 숨은 그 집을 살 수 있었을까. 감독도 그럴 가능성은 없다고 생각한 듯하다. 봉준호 감독은 한 영화잡지와 가진 인터뷰에서 이렇게 말했다. "자문을 구해봤더니 [기우가] 최저임금을 한 푼도 안 쓰고 모아서 박 사장 저택 같은 집을 사려면 547년이 걸린다는 계산이 나왔다."[4]

〈기생충〉의 기우가 상류층으로 거듭날 가능성이 희미하듯《퀴닝》에 등장하는 노동자들 역시 미래가 난망하긴 매한가지다. 그들이 품은 계급 역전의 꿈은 일장춘몽일 가능성이 크다.

물론 이것은 우리뿐 아니라 세계적 현상이기도 하다.

미국의 경제학자 리처드 리브스는 《20 vs 80의 사회》에서 상위 20퍼센트가 설계해놓은 기득권의 세계가 어떤 곳인지 그려낸다. 중상류층 부모는 온갖 기회를 사재기하며 자녀를 위한 유리 바닥을 만들고 아래 계급의 자녀들이 디딜 사다리는 걷어차고 있다. 그는 "미국에서 중상류층의 지위는 이전 어느 때보다도 효과적으로 세습되고 있다"(20, 88쪽)면서 보수주의 학자 유발 르빈이 언젠가 했던 말을 소개한다. "우리의 목적은 불평등 자체와 싸우는 것이 아니라 계층의 경직성과 싸우는 것이 돼야 한다."(20, 113쪽)

어쩌면 '계층의 경직성' 문제가 해결되지 않는다면 워킹푸어의 삶이 개선되는 일은 부지하세월일 수밖에 없을 것이다. 《퀴닝》을 읽은 뒤 뇌리에 남은 단 하나의 문장을 옮겨 적자면 이것이었다. "한국은 자본주의 국가가 아니야. 반反사회주의 국가지."(436쪽)

꼬리 잇는 책
리처드 리브스, 김승진 옮김, 《20 vs 80의 사회》, 민음사, 2019

그는 갈매나무가 되었을까

안도현의
《백석 평전》*

* 다산책방, 2014

《백석 평전》은 이렇게 시작한다. "1945년 8월 25일, 소련군 사령부는 경성에서 신의주를 운행하는 경의선 철도를 차단하였다."(11쪽) 저자인 시인 안도현이 이 시기를 평전의 출발선으로 삼은 이유는 어렵잖게 짐작할 수 있다. 당시 백석은 세는나이로 서른네 살이었다. 여든다섯 살을 일기로 세상을 떠났으니 90분 축구 경기에 빗댄다면 그는 인생의 전반전 34분쯤에 도착해 있었다. 하지만 한창 경기력이 물이 올랐을 즈음부터 그의 인생은 크레바스처럼 쩍쩍 갈라졌다. 조국의 해방 이후 벌어진 일련의 상황, 특히 북한의 서슬 퍼런 전체주의는 재북 작가 백석의 문학 생명을 결딴내버렸다.

이 책을 읽으면 누구나 백석이라는 한 청년이 겪은 전락轉落의 시간을 되새기면서 야만의 한국 현대사를 돌아보게 될 것이다. 문학평론가 김윤식의 말마따나 '한국 문학의 북극성'으로 불리는 그의 시들이 어떻게 탄생했는지 확인할 수도 있다. 동시에 이런 물음에도 사로잡히게 될 것이다. 오리무중 상태인 그의 말년의 삶은 어땠을까.

꿈이 사라진 폐허에서 인간은 어떻게 살아갈 수 있을까.

외롭고 높고 쓸쓸했던 청년

처음 백석의 작품을 읽은 것은 대학교 1학년 때였다. 밤낮없이 기타만 치던 어떤 선배의 소개 덕분에 그가 남긴 절창 중 하나인 〈흰 바람벽이 있어〉를 만날 수 있었다. "오늘 저녁 이 좁다란 방의 흰 바람벽에/ 어쩐지 쓸쓸한 것만이 오고 간다"라는 시구로 시작하는 이 시는 '흰 바람벽'을 스크린처럼 사용해 스산했던 유년기의 기억과 청춘의 시간을 담담하게 그려낸 작품이다. 이 시에서 누구나 밑줄을 긋게 되는 시구는 이 부분일 것이다.

"나는 이 세상에서 가난하고 외롭고 높고 쓸쓸하니 살어가도록 태어났다"

안도현은 "여기에서 '높고'라는 형용사를 빼고 시를 읽으면 이 문장은 아무것도 남지 않는 처참하고 저급한 벌거숭이가 된다"면서 다음과 같은 평가를 곁들인다.

> '외롭고'와 '쓸쓸하니'라는 상투적인 시어 사이에 '높고'를 끼워 넣음으로써 시는 갑자기 쓸쓸함과 슬픔으로 가득 차 있는 시인의 위치를 드높은 정신의 차원으로 고양시킨다.[1]

한데 백석은 왜 자신을 외롭고 높고 쓸쓸한 운명의 사람이라고 자조한 것일까. 그 답을 구하려면 백석의 삶부터 복기해봐야 한다.

백석은 1912년 7월 1일 평안북도 정주군 갈산면 익성동 1013번지에서 3남 1녀 중 장남으로 태어났다. 이후 오산학교에 진학했는데 훗날 그의 유일한 시집 《사슴》에 실린 많은 작품이 이 시기, 즉 유년기와 청소년기의 추억에 젖줄을 대고 있다. 학교를 졸업한 뒤엔 후원을 받아 4년간 일본 유학을 다녀왔다. 귀국해서는 〈조선일보〉에서 기자 생활을 하다가 함경남도 함흥으로 떠났다. 이 지역에서 그는 교사로 일하게 되는데 방랑의 운명을 타고난 탓인지 이후 경성에 다시 돌아갔다가 결국 만주로 향하게 된다. 《백석 평전》 도입부는 해방 이후 그가 신의주에서 정주로 귀향하던 장면을 상상한 것이다.

자, 여기에서 정확히 10년 전으로 시간을 되돌리면 '시인 백석'의 출발지가 나온다. 그는 1935년 8월 〈조선일보〉에 〈정주성〉을 발표하면서 작품 활동을 시작했고 《사슴》이 출간된 것은 고작 5개월 뒤인 이듬해 1월이었다. 백석은 그야말로 준비된 시인이었던 셈이다. 그는 이 시집으로 단숨에 '문단의 아이돌'이 됐다. 시인 김기림은 당시 서평에서 "한 개의 포탄을 던지는 것처럼 새해 첫머리에 시단에 내던졌다"고 평했다.

그러나 지금의 대한민국 독자가 《사슴》을 이해하기란

쉽지 않다. 시집 곳곳에 촘촘하게 박힌 난수표 같은 서북 방언은 넘기 힘든 허들로 여겨질 수 있다. 여기에 향토색 짙은 소재들까지 포개진다. 그럼에도 백석의 작품이 한국 시의 영토에서 하나의 봉우리가 될 수 있었던 건 향토적 색채에 세련된 기품과 모던한 작법을 버무린 솜씨가 대단해서일 것이다.

안도현은 백석이 유학 시절부터 "가장 모던한 것과 가장 조선적인 것의 결합을 고민했다"(52쪽)고 적었는데, 이 말은 백석 시를 아는 이라면 누구나 공감할 수 있다. 안도현은 백석이 향토주의에 몰두한 이유를 이렇게 넘겨짚는다. "고향의 말인 방언이야말로 몰락의 길로 치닫고 있는 조선의 현실을 지켜낼 수 있는 하나의 시적인 역설"(99쪽)이라 판단했을 거라고.

이숭원 서울여대 명예교수는 《갈매나무의 시인 백석》이라는 책에서 백석 작품의 특징을 '눌변의 미학'으로 규정하면서 "백석의 눌변의 미학은 식민지 체제의 근대지향성과 역방향에 서는 것으로 한국시사의 독자적인 자리를 차지한다"(갈, 41쪽)고 평가하기도 했다.

백석의 작품만큼이나 유명한 것은 그가 통영 출신 여성 박경련을 향해 품은 연정과 함흥에서 만난 기생 자야와 만들어간 러브 스토리일 것이다. 특히 만주로 향하기 전 누런 미농지 봉투에 담아 자야에게 바친 〈나와 나타샤와 흰 당나귀〉는 족탈불급의 연시가 되었다.

가난한 내가
아름다운 나타샤를 사랑해서
오늘밤은 푹푹 눈이 나린다

나타샤를 사랑은 하고
눈은 푹푹 날리고
나는 혼자 쓸쓸히 앉어 소주를 마신다
소주를 마시며 생각한다
나타샤와 나는
눈이 푹푹 쌓이는 밤 흰 당나귀 타고
산골로 가자 출출이 우는 깊은 산골로 가 마가리에
　　살자

눈은 푹푹 나리고
나는 나타샤를 생각하고
나타샤가 아니 올 리 없다
언제 벌써 내 속에 고조곤히 와 이야기한다
산골로 가는 것은 세상한테 지는 것이 아니다
세상 같은 건 더러워 버리는 것이다

눈은 푹푹 나리고
아름다운 나타샤는 나를 사랑하고
어데서 흰 당나귀도 오늘밤이 좋아서 응앙응앙

울을 것이다

　백석이 자야를 처음 만났을 때 두 사람의 나이는 각각 스물여섯, 스물두 살이었다. 청춘 남녀의 아슬아슬한 일탈이 지금까지도 회자되는 건 그 사랑의 끝에 저렇듯 아름다운 시가 남았기 때문일 것이다. 그리고 백석의 이 같은 시들은 외롭고 쓸쓸했던 한 청년을 한없이 높은 곳에 올려놓는 역할을 했다. 안도현은 〈나와 나타샤와 흰 당나귀〉를 해설하면서 "내가 너를 사랑해서 이 우주에 눈이 내린다니"라고 감탄한 뒤 이런 말을 적어놓았다.

> 그리하여 나는 가난하고, 너는 아름답다는 단순한 형용조차 찬란해진다. 첫눈이 내리는 날 사랑하는 사람을 만나고 싶다는 말은 백석 이후에 이미 죽은 문장이 되고 말았다.[2]

폐허를 상상하는 일

　언젠가 중국 옌볜에 출장을 갔다가 시인 윤동주가 어린 시절을 보낸 지역들을 둘러본 적이 있다. 때마침 출장길에 틈틈이 보려고 인터넷에서 내려받아 챙겨간 작품이 그의 생애를 다룬 영화 〈동주〉였다. 생체 실험에 동원됐다가 옥사한 것으로 추정되는 윤동주의 삶은 그야말로 비극 그 자체였는데 슬픔의 무게가 너무 느꺼워 영화를 끝까지 볼 수가 없었다.

《백석 평전》을 읽을 때도 비슷한 기분이었다(실제로 스물일곱 살 나이에 세상을 등진 윤동주는 생전에 《사슴》을 필사할 정도로 백석을 흠모했고 그가 남긴 〈별 헤는 밤〉 같은 작품은 백석의 시를 향한 오마주처럼 느껴지기도 한다). 백석의 인생 후반전은 누구나 그의 삶을 처연하게 여기게 될 정도로 안타까움을 자아낸다. 사실 우리네 근현대사엔 백석이나 윤동주 같은 인물이 수두룩하다. 낮달처럼 나타났다가 혜성처럼 사라져버린 사람들……. 역사에서 가정은 무의미하다지만 그들이 마음껏 재능을 발휘할 수 있었다면, 혹은 지금 이 시대를 살아가는 작가였다면 어떤 작품을 내놓았을까.

백석의 생애에 안타까움을 배가시키는 것은 《사슴》 이후 그가 내놓은 작품들의 수준이 대단했다는 점이다. 이른바 '북방 시편'으로 불리는 일련의 시들은 《사슴》이 거둔 성취를 가뿐히 뛰어넘는다.

아무튼 이제부터는 백석의 삶이 해방 이후 어떻게 흘러갔는지 살펴보자. 일제강점기 그는 투사의 삶을 살진 않았지만 일본어 시는 내놓지 않았고 부역 행위에도 가담하지 않았다. 항상 꼿꼿했던 일급의 작가였다. 하지만 분단 이후 백석과 동갑내기인 김일성을 향한 숭배가 지고의 가치처럼 여겨지던 북한에서 그는 우선 생존을 걱정해야 했다. 차마 그의 작품이라 여길 수 없는 기기괴괴한 동시를 쏟아내야 했다. 동료들 앞에서 온갖 굴욕을 당하고 짓지 않은 죄를 회개하면서 김일성을 찬양하는 시를 발표하곤 했다.

소설가 김연수의 장편《일곱 해의 마지막》은 그즈음 백석의 삶이 어땠을지 그려낸 작품인데, 상상의 내용이지만 다음과 같은 대목은 당시 백석이 맞닥뜨린 무참한 상황을 떠올려보게 만든다. 소설 속 백석은 러시아 시인 '벨라'와 아래와 같은 메시지를 주고받는다.

> "저 역시 시를 썼던 사람입니다. 그러나 그 말들은 제 안에서 점점 지워지고 있습니다. (…) 폐허에 굴러다니는 벽돌 조각들처럼 단어들은 점점 부서지고 있습니다."
>
> "폐허를 응시하는 일이 시인의 일이잖아요? 그렇지 않나요? (…) 당신 안에서 조선어 단어들이 죽어가고 있다면, 그 죽음에 대해 당신도 책임감을 느껴야만 해요. 날마다 죽음을 생각해야만 해요. (…) 그러지 않으면 제대로 사는 게 아니에요. 매일매일 죽어가는 단어들을 생각해야만 해요. 그게 시인의 일이에요. 매일매일 세수를 하듯이, 꼬박꼬박."[3]

문단의 주류 세력에 밉보인 백석은 결국 숙청당한다. 북한에서도 최고의 오지로 꼽히는 삼수군으로 쫓겨난 시기는 마흔여덟 살이던 1959년 1월. 삼수는 북한에서 제일 추운 지역으로 연평균 기온이 2.1도밖에 안 된다. 백석은 이곳에서 양치기로 살면서 여생을 보냈다. 20대 시절 "녹두빛 더블브레스트를 젖히고 검은 머리의 웨이브를 휘날리면서" 광화문 네거리를 활보하던 시인, 전화를 받을 땐 수화기를 손수건으로 싸서 들 만큼 결벽증이 심했던 사람, 당대의 사람들에게 '모던 보이'라 불리던 멋쟁이. 그랬던 이가 양을 치면서 37년 여생을 보낸 셈이다. 저널리스트이자 소설가인 고종석은 《모국어의 속살》에서 오랫동안 백석이 '북의 시인'이라는 이유로 남한에서 읽히지 못했다는 사실 등을 안타까워하면서 "그가 북쪽에 남음으로써, 한국문학사는 '정치적으로 올발랐던 미당'을 가질 기회를 잃었다"(모, 122쪽)고 적었다.

물론 백석이 중년 이후 보낸 양치기의 삶을 완벽한 패배로 규정한다면, 그의 인생을 모독하는 일이 될 수도 있다. 안도현도 비슷한 견해를 내비친다. 그는 "시를 쓰는 자유를 내려놓음으로써 백석은 오히려 더 많은 자유를 누렸던 것은 아닐까"(420쪽)라고 말한다.

하지만 이런 생각에 동의할 수 없는 이도 적지 않을 듯하다. 《백석 평전》에는 말년의 백석 모습이 담긴 사진이 실려 있다. 녹두빛 더블브레스트가 아니라 북한 인민복을 입은 한 노인이 가족과 찍은 사진이다. 사진을 보고 있으면 그의 신산했을 삶을 상상해보게 된다.

백석이 은둔의 삶을 살면서 시를 썼을지는 의문이다. 시인의 운명을 타고난 이에게 절망과 회한은 집필의 끌차가 되기도 하니까. 실제로 백석은 고독의 구렁텅이에 있던 1938년 1년간 무려 22편의 시를 발표했다. 만약 그가 남긴 작품이 존재한다면 그 시들은 지금 어디에 있을까. 아내에게 했다는 유언처럼 모두 불에 타 사라져버렸을까.

북한에서 살아남기 위해 발표한 듯한 이상한 작품들을 뺀다면 백석이 남긴 마지막 시는 문학평론가 김현이 "한국 시가 낳은 가장 아름다운 시의 하나"라고 격찬한 〈남신의주 유동 박시봉방〉이다. 1948년 발표된 이 시는 "어느 사이에 나는 아내도 없고, 또,/ 아내와 같이 살던 집도 없어지고,/ 그리고 살뜰한 부모며 동생들과도 멀리 떨어져서,/ 그 어느 바람 세인 쓸쓸한 거리 끝에 헤매이었다"로 시작해 이렇게 끝이 난다.

> 나는 이런 저녁에는 화로를 더욱 다가 끼며, 무릎을 꿇어보며,
> 어느 먼 산 뒷옆에 바우 섶에 따로 외로이 서서,
> 어두워 오는데 하이야니 눈을 맞을, 그 마른 잎새에는,

쌀랑쌀랑 소리도 나며 눈을 맞을,
그 드물다는 굳고 정한 갈매나무라는 나무를 생각
하는 것이었다.

사람들은 말한다. 여기에 등장하는 "굳고 정한 갈매나무"야말로 현실의 절망을 극복하려던 백석 문학 세계의 핵심 이미지라고. 어둠 속에서도, 눈을 맞으면서도, 갈매나무를 떠올리며 생의 무게를 버텼을 시인을 떠올려보자. 역사의 질곡을 통과하면서 그가 어떻게 마음을 다잡았을지는 1938년 10월 발표한 작품 〈가무라기의 낙〉에 실린 이런 시구에도 녹아 있다.

내가 이렇게 추운 거리를 지나온 걸
얼마나 기뻐하며 락단하고
가지런히 손깍지베개하고 누워서
이 못된 놈의 세상을 크게 크게 욕할 것이다

꼬리 잇는 책
이숭원, 《갈매나무의 시인 백석》, 살림, 2012
김연수, 《일곱 해의 마지막》, 문학동네, 2020
고종석, 《모국어의 속살》, 마음산책, 2006

좋은 질문엔 답이 없다

아리사 H. 오의
　《왜 그 아이들은 한국을
　　　　떠나지 않을 수 없었나》*

---
* 이은진 옮김, 뿌리의집, 2019

햇살사회복지회(이하 햇살회)는 사고무친의 외로운 노년을 보내고 있는 기지촌 할머니들을 위해 2002년 만들어진 단체다. 알려졌다시피 기지촌 할머니들은 오랫동안 냉대와 멸시의 대상이었다. 사람들은 그들의 삶을 함부로 넘겨짚곤 했다. 그들이 과거 미군에게 한 일은 자발적 성매매일 뿐이었다고. 하지만 언젠가부터 쏟아진 증언과 자료는 사람들 입길에 오르내리던 온갖 소문이 엉터리였음을 보여줬다. 그들의 포주는 대한민국 정부였다.

취재를 위해 햇살회를 찾은 것은 약 10년 전이었는데, 당시 우순덕 햇살회 대표는 이렇게 말했다. 한국 정부는 기지촌 여성을 상대로 미군에게 '서비스'를 잘할 것을 강요했고 기지촌정화위원회를 만들어 여성의 성병을 검진했으며 그런 방식으로 오랫동안 그들을 관리했다고.

할머니들은 2014년 10월 국가를 상대로 손해배상 소송을 제기했고 대법원은 2022년 정부가 원고들에게 300만~700만 원씩 지급하라는 원심을 확정했다. 이 판결은 세상의 음지에서 한평생 웅크리고 살았던 할머니들에게 처음으로 내리쬔 한 줄기 햇살이었다.

고아의 땅에서 띄운 아기 비행기

　한국계 미국 역사학자인 아리사 H. 오의 《왜 그 아이들은 한국을 떠나지 않을 수 없었나》를 읽는 틈틈이 나는 햇살회를 떠올려보곤 했다. 사무실로 쓰이던 오래된 단층 가옥, 그곳의 마당을 한가득 채우며 수런거리던 햇볕, 거실 곳곳에 놓인 성경책과 찬송가……. 신학대를 나온 우 대표는 기지촌 사역을 소명으로 여기며 살아온 활동가로, 대법원 판결이 나온 뒤 전화를 걸었을 때 햇살회가 자신에게 어떤 의미인지 말해주었다.
　"햇살회는 내게 애인이나 마찬가지였어요. 눈 뜨면 생각나고 자기 전에도 생각하는……."
　이 책을 읽으며 햇살회를 생각한 것은 한국인 해외 입양 역사의 첫 페이지를 장식한 아이들 때문이었다. 때는 한국전쟁이 끝난 1950년대 초중반. 이 아이들의 어머니 중엔 고단한 운명 탓에 결국엔 성性까지 팔아야 했던, 그러니까 기지촌 할머니들과 비슷한 삶을 살았던 사람이 많았다. 그들의 아이는 미군 용품에 프린트된 'Government Issued(정부 지급품)'의 약자를 가져와 'GI 베이비'라고 불렸다. GI 베이비는 출생과 함께 서러운 운명을 짊어져야 했다. 혼혈이었으니까, 사실상 아버지가 없었으니까, 사람들이 매춘부의 아이라고 쑥덕거렸으니까. 결국 많은 GI 베이비가 방치되거나 버려졌다. 금발 머리 영아의 시신이 해안가에서 발견된 적도 있다고 한다. 입양은 이런 아이들의 신산한 삶을 바꿀 유일한 선택지였을 것이다.

이쯤에서 GI 베이비와 관련된 가장 인상적인 내용을 소개하자면 이렇다. 이야기가 펼쳐지는 무대는 한반도에 휴전선이 그어진 뒤 한동안 대한민국 창공을 날아다닌 전세기로, 사람들은 그것을 '아기 비행기'라고 불렀다. 여기엔 주로 GI 베이비가 타고 있었는데 1956년부터 5년간 아기 비행기 26편에 실려 이역만리 미국으로 떠난 아이는 약 2,000명에 달한다.

비행기는 특수 제작된 전세기였다. 아기들은 두꺼운 흰색 마분지로 만든 상자에 누워 미국으로 향했다. 비행기는 2,700미터 이상은 날 수 없는 기종이었다. 자주 낮은 고도로 비행해야 했고 난기류를 만날 때가 많았다. 아기들은 멀미를 했다. 비행 도중 숨을 거둔 경우도 있었다. 1957년 3월 전세기에 동승한 이는 이런 증언을 남겼다고 한다. "[당시의 비행은] 귀청이 터질 것 같은 울음소리, 귀통증, 메스꺼움, 구토, 설사, 더러워진 옷으로 가득 찬 시간이었다."(162쪽)

아기 비행기 프로젝트를 이끈 이는 홀트양자회(현 홀트아동복지회)를 세운 해리 홀트였다. 신앙심이 대단했던

그에게 이 일은 소명이었다. 홀트가 가족에게 보낸 편지
엔 자신의 사역에 대한 설명을 성경 문구를 소개한 것으
로 갈음한 대목이 나온다. "두려워하지 말라 내가 너와
함께 하여 네 자손을 동쪽에서부터 오게 하며 서쪽에서
부터 너를 모을 것이며."(〈이사야〉 43장 5절)

  미국의 양부모는 홀트가 있으니 구태여 한국에 '물건'
을 보러올 필요가 없었다. 홀트는 그들을 대신해 속전속
결로 입양 절차를 처리했다. '공동 구매'와 '구매 대행'이
라는 인터넷 시대의 상거래 문법을 20세기 중반 국외 입
양 시장에서 선보인 셈이다. 물론 누군가는 이런 표현을
섬뜩하고 부적절하게 여기겠지만 '입양 산업'이라는 말
이 공공연하게 쓰였고 국외 입양이 한때 한국의 암묵적
인 국책 사업이었음을 생각한다면 심각하게 잘못된 표현
은 아닐 것이다.

  아무튼 아기 비행기를 둘러싼 이야기는 한국 현대사
의 으슥한 뒤꼍에 내팽개쳐진 일들 가운데 가장 슬픈 스
토리 중 하나일 것이다. 문제는 이 비행기가 사라진 뒤에
도 비극이 이어졌다는 점이다. 한국은 오랫동안 '고아의
땅'으로 유명했다. 6·25 이후 우후죽순 늘어난 보육원은
1970년대까지도 500곳이 넘었다. 누군가 찰스 디킨스의
소설이 떠오른다고 말했을 정도로 보육원 아이들의 삶은
비참했다. 음식도, 관리자도, 침대도, 의자도 부족했다.
이 같은 상황에서 해외 입양은 가난한 대한민국이 손쉽

게 택한 국경 밖 사회 안전망이었다.

하지만 빈곤 때문에 어쩔 수 없이 아이들을 외국으로 보냈다고 하기엔 석연치 않은 지점도 많다. 얼마쯤 산업화에 성공한 뒤에도 많은 아이가 바다를 건넜기 때문이다. 1985년엔 국외 입양 규모가 그해 출생아의 1.3퍼센트 수준인 8,557명에 달했는데, 이렇게 많은 아이를 외국에 보낸 나라는 오랫동안 내전에 시달리면서 입양을 돈벌이 수단으로 여긴 과테말라밖에 없다고 한다.

1995년까지 한국은 미국에 가장 많은 아이를 입양 보낸 나라였다. 지난 세기 국외 입양된 한국 아동 15만 명 가운데 3분의 2가 미국으로 갔다. 한국 음악이나 드라마에 'K'라는 접두어를 붙이는 문화가 과거에도 존재했다면, 그 시절에도 한국 아동의 국외 입양엔 'K-입양'이라는 수식어가 따라다녔을 것이다. 미국 〈워싱턴포스트〉에는 1988년 12월 14일 이런 기사가 실리기도 했다. 값싼 자동차와 텔레비전으로 유명해지기 전까지 한국은 고아들로 유명한 나라였다고.

답을 찾진 못하더라도

2차 세계대전 당시 독일의 공습으로 런던은 쑥대밭이 됐다. 사망자가 속출했고 부상자는 더 많았으며 이재민은 100만 명이 넘었다. 하지만 영국 언론은 국민의 분노를 풀무질하지 않았다. 단결과 연대, 절제와 인내를 주문했을 뿐이다. 그런데 어느 날 시민들이 대피소로 몰리는 과정에서 어린이 한 명이 인파에 깔려 사망하자 언론의 태도는 돌변했다. 영국인의 타락을 한탄하면서 비난을 쏟아냈다. 어떤 상황에서도 공동체가 넘어서는 안 될 선이 있다는 것이었다.

그렇다면 우리나라는 어떤가. 한국의 국제 입양 실태가 담긴 또 다른 책인《아이들 파는 나라》에는 과거 수십 년간 기아棄兒(버려진 아이) 발견 건수와 국외 입양 아동의 규모를 연도별로 비교한 대목이 나오는데, 그 수는 거의 일치한다. 국외 입양을 갈 데 없는 아이를 치워버리는 수단으로 사용한 셈이다. 해외 입양 문제는 대한민국 현대사의 가장 추한 허물일 수 있다.

그런데 이렇게 간단하게 규정하고 넘어가도 괜찮은 걸까. 해외 입양을 나쁘게만 바라볼 수 있느냐는 말이다. 가령 가난한 한국의 궁핍한 집안에서 태어나 어렵게 살아가는 것보단 선진국의 어떤 가정에서 자라는 게 낫지 않을까. 양부모도 친부모처럼 무상無償의 사랑을 실천할 수 있지 않나. 국외 입양 제도가 아니었다면 난망한 미래를 한탄하며 살아갔을 아이들을 구제할 방법이 없지 않았을까.

《왜 그 아이들은 한국을 떠나지 않을 수 없었나》를 읽으면서 품게 되는 의문은 여기에서 끝나지 않는다. 머릿속엔 온갖 질문이 굴비처럼 달린다. 국가란 무엇이며 민족은 무엇인지, 공동체의 책임은 어디까지인지, 한국인의 '범위'를 규정할 수 있는지, 아이의 부모 선택권은 없는지…….

"좋은 책은 무엇인가" 묻는다면, 많은 답변을 늘어놓을 수 있을 것이다. 감정을 흔들거나, 생각을 자극하거나, 통찰을 제공하는 작품이 좋은 책이라고. 좋은 질문이 담기거나 좋은 답이 실린 책, 혹은 그 둘을 모두 가진 것이 훌륭한 작품이라고 규정할 수도 있겠다.

그렇다면 좋은 질문은 무엇이고 좋은 답은 어떤 것일까. 항상 그런 것은 아니지만 질문이 훌륭할수록 답을 찾기 어려울 때가 많다. 답이 없더라도 생각할 무언가를 무더기로 던져주는 것도 때론 좋은 책의 조건이 되는 셈이다. 독자는 이런 책을 보면 독서 이후 찾아오는 온갖 질문들을 사유의 광맥으로 삼게 된다. 《왜 그 아이들은 한국을 떠나지 않을 수 없었나》가 국내에 소개된 게 2019년이었고 당시 나는 이 작품이 그해를 대표할 '올해의 책' 중 하나라고 생각했는데, 그 이유도 바로 여기에 있었다.

꼬리 잇는 책
전홍기혜·이경은·제인 정 트렌카, 《아이들 파는 나라》, 오월의봄, 2019

나를 키운 엄마의 밥상, 세상의 음식

윤대녕의
《칼과 입술》*

---
* 마음산책, 2016

방문 연구원 자격으로 미국 한 대학에서 1년간 연수를 하게 되면서 처음 겪은 것은 급격한 체중 감소였다. 배달 음식과 온갖 주전부리를 먹으며 지내던 삶, 흥성거리는 술자리를 즐기던 일상이 갑자기 중단되자 저절로 살이 빠졌다. 무시로 속이 허전해지면서 고국의 밥상을 그리워하곤 했다.

   그러던 어느 날, 한국인이 운영하는 뉴저지의 한 중국집에서 그 탕수육을 먹게 되었다. 바삭하면서도 쫀득하고 새콤하면서도 달콤한 맛. 고등학생 시절 나는 진주에서 3년간 유학하면서 주말에만 본가에 가곤 했는데, 그 시절 집에 가면 엄마가 해주던 탕수육 맛이 딱 그랬다. 한국에서 이역만리 떨어진 식당에 앉아 감탄사를 내뱉으며 탕수육을 집어먹다가 어느 순간 아릿한 그리움에 코끝이 시큰해졌다. 먼 훗날 이 중국집을 다시 찾아 탕수육을 먹게 된다면 엄마 생각에 펑펑 눈물을 쏟겠구나, 이런 음식들이 결국 지금의 나를 만들었구나…….

맛의 기억이 모이면 인생이 된다

산문집《칼과 입술》을 보면 소설가 윤대녕에겐 된장이 그런 감흥을 자아낸 음식이었던 것 같다. 젊은 시절 온갖 나라 음식을 닥치는 대로 먹으며 식탐을 냈다는 그는 30대 중반에 그만 입맛을 잃어버리고 말았다. 먹을 수 있는 건 국수와 회 정도였다.

결국 그는 전국을 돌아다니며 집에서 담갔다는 된장을 얻어먹기 시작했는데, 그가 바라던 맛은 찾기 힘들었다. 그러던 중, 제주도 애월의 한 허름한 식당에서 원하던 된장을 만날 수 있었다. 그토록 찾았던 그윽하고도 깊은 맛의 된장찌개가 그곳에 있었다.

> 나도 모르게 그만 코끝이 찡해지고 말았다. 오랫동안 속에 응어리졌던 것이 순식간에 풀어지는 느낌을 받았던 것이다. 마치 실컷 울고 난 뒤처럼 속이 후련했다. (…) 된장찌개 맛은 바로 내 어머니가 끓여주던 된장찌개 맛이었던 것이다.[1]

김치도 그에게 그런 역할을 한 음식이었다. 윤대녕은 경포대해수욕장 인근 한 식당에서 주인 할머니가 내준 김치를 먹고 나서야 입맛을 되찾을 수 있었다. 손으로 김치를 쭉쭉 찢어 단숨에 밥 한 그릇을 먹어 치우고 나서야 그는 깨닫게 된다. "입맛이라는 것도 젊어서는 밖으로 나가 떠돌다 결국 태어난 곳으로 돌아오게 마련인 모양"이라고, "너무 외식과 잡식을 한 까닭에 어느 날 그만 입맛을 잃어버리고 말았던 것"(96~97쪽)이라고.

《칼과 입술》은 2006년 《어머니의 수저》라는 제목으로 나왔다가 2016년 제목을 바꿔 달고 재출간된 산문집이다. 10년 전엔 없던 글이 추가됐고 구성도 달라졌다. 책엔 윤대녕의 삶과 그의 작품에 의미 있는 무늬를 새긴 음식들에 관한 이야기가 실려 있다.

이 책이 다시 출간될 당시, 윤대녕은 한국에 없었다. 훗날 진행된 언론 인터뷰에 따르면, 세월호 참사 이후 산사태처럼 그를 덮친 무력감과 자책감 탓에 '작가로서의 발화'가 힘들어졌고, 결국 그는 참사 이듬해 태평양을 건넜다고 한다.[2] 윤대녕은 캐나다 등지에 살면서 직접 음식을 해 먹었으나 "마음이 늘 모국 어딘가를 헤매고 있었으므로 번번이 얼기설기한 음식"(7쪽)이 될 때가 많았다. 이즈음 그에게 요리는 고국을 향한 그리움을 눅이는 일이었던 것이다.

아무튼 책에 실린 산문 28편엔 다양한 음식 이야기가 나오는데, 그중 내가 가장 좋아하는 챕터는 장아찌 예찬론이 담긴 글이다. 소설가 김영하는 언젠가 자신이 진행하는 팟캐스트에서 이 책을 소개하며 "음식 이야기를 윤대녕 작가만큼 쓸 수 있는 이는 없을 것"이라고 소개한 뒤 이 산문을 낭독한 적이 있다. 그때 나는 한창 자전거에 빠져 살던 시절이었는데 자전거를 탈 때마다 이 녹음분을 반복해 듣곤 했다. 페달을 밟을 때마다 내 몸을 휘감고 지나가던 바람이 그렇듯 머릿속을 말갛게 만들어주는 글이었다.

"마땅히 머문 바 없이 그 마음을 내어라"라는 《금강경》 속 유명한 문구를 소개하면서 시작하는 이 산문엔 이런 내용이 담겨 있다. 윤대녕은 군에서 제대한 20대 중반, 뭔가를 깨닫고 싶어 절로 들어가 요사채 옆에서 곁방살이를 했다. 그러던 어느 날 여동생이 치킨을 싸 들고 오빠를 찾아왔고, 그는 게걸스럽게 통닭을 먹어 치웠다. 남은 닭 뼈는 대웅전 뒤편 밤나무 아래에 버렸다. 그리고 다음 날 아침, 이 같은 만행을 알게 된 주지 스님이 그의 귀를 잡고 밤나무 아래로 끌고 갔다. 수백 마리 지네가 닭 뼈를 갉아먹고 있었다. 그를 절에서 내쫓진 않았지만 이때부터 공양주가 챙겨주는 밥상의 메뉴가 달라졌다고 한다. 반찬이라곤 독 속에서 꺼낸 장아찌가 전부였다. 참외장아찌, 깻잎장아찌, 오이장아찌, 간장아찌……. 그렇게 한 달간 장아찌로만 밥을 먹으며 윤대녕은 "몸과 마음이 지극히 맑아지는 경험"(100쪽)을 하게 된다.

> 나는 몸과 마음이 혼탁할 때면 여전히 장아찌만으로 밥을 먹는다. 그리고 식사를 끝낸 뒤에는 반

드시 냉수를 마신다. 장아찌는 '마땅히 머문 바 없이 그 마음을 내어라'의 그 말씀에 값하는 음식이다. 그 자체가 하나의 선禪이고 법法이다.[3]

고백하자면 윤대녕의 소설만큼 20대 초반의 나를 흔든 작품은 없었다. 특히 소설집 《많은 별들이 한곳으로 흘러갔다》에 실린 단편들은 지금도 가끔 찾아 읽는 내 인생의 작품들이다. 이 책 덕분에 내 청춘이 얼마쯤 윤기를 띨 수 있었다 해도 과언이 아니다.

소설집에서 상대적으로 더 좋아하는 작품은 〈상춘곡〉, 〈3월의 전설〉, 〈빛의 걸음걸이〉, 〈은항아리 안에서〉 순으로 이어지는 전반부의 소설들인데, 나처럼 이 책을 좋아하는 이가 있다면 《칼과 입술》도 특별하게 여겨질 수 있다. 책을 통해 작품의 배경이 됐던 곳들과 그곳의 음식들을 상상하게 되니까. 특히 몇몇 소설의 배경이 됐던 섬진강 일대의 음식을 소개한 대목을 읽노라면 자연스럽게 《많은 별들이 한곳으로 흘러갔다》에 실린 작품들을 다시 찾아 읽게 된다.

윤대녕은 30대 중반에서 40대 초반까지 해마다 매화가 필 무렵이면 섬진강 일대로 내려가 벚꽃이 지면 상경하길 반복했다고 한다. 이곳에서 그는 재첩국을 먹으면서 "눈앞에 어른거리던 꽃무늬가 신혼방의 이불보처럼" (202쪽) 변하는 느낌을 받았고, 녹차를 마시면서 "된장이

부처님이라면 녹차는 선객이 아닐까"(207쪽)라는 감상에 젖곤 했다.

내게도 이렇듯 특별한 느낌을 선사한 음식들이 있던가. 어쩌면 각별한 의미를 띤 음식, 그 안에 담긴 사연들을 모아놓는 것만으로도 우리는 각자의 삶을 정리해볼 수 있으리라.

호모 사피엔스, 맛보는 인간

일본의 저널리스트 헨미 요는 2년 남짓 지구촌 곳곳을 돌아다닌 뒤 《먹는 인간》이라는 책을 발표했다. "내 혀와 위, 이 녀석들을 다른 곳으로 데려가 극한의 상황에서 괴롭히고 싶다는 생각"(먹, 22쪽)에 시작한 여행이었으니, 그의 기행문은 기행紀行이면서 동시에 기행奇行이었다. 여행은 텅 빈 상태로 내버려둔 잇몸에 임플란트 네 개를 박아넣고 방글라데시 다카로 날아가 '식사'로 둔갑한 음식 찌꺼기를 사 먹으면서 시작된다.

이후 그는 화산 폭발로 야생의 터전을 떠나 문명의 세계에 편입해 세상의 음식을 먹기 시작한 필리핀 화전농들을 인터뷰하고, 2차 세계대전 직후 인육을 먹은 사람까지 만난다. 그러다가 찾아간 곳이 당시 세계에서 가장 큰 식당으로 기네스북에 등재된 태국의 한 레스토랑이다. 5,000석 규모에 직원만 1,200명에 달하는 식당, 세계 거의 모든 장르의 요리를 맛볼 수 있는 장소. 이곳에서 펼쳐진 '장관'을 목격했을 때의 소감을 그는 다음과 같이 적고 있다.

> 수천 개의 입과 위장 속에 채워지는 것은 사상도, 주의도, 주장도 아닌 음식뿐이다. '아아, 사람이란 너도나도 음식을 먹는 기관이구나.' 감동이 밀려온다. (…) 모두 저마다 식습관과 미각에 따라 원하는 음식을 찾을 수 있다. (…) 이렇게 민족, 종교, 계급이 평화롭게 혼연일체가 되어 거대한 공간에서 비할 데 없이 장엄한 '공존'의 풍경이 전개되는 것이다.[4]

그러고 보면 인간은 그의 말마따나 그저 '먹는 기관'에 불과할지도 모른다. 미국의 생물학자인 롭 던, 그의 아내이자 인류학자인 모니카 산체스가 함께 쓴 《딜리셔스》라는 책에는 호모 사피엔스에 대한 이색적인 풀이가 등장한다. '호모 사피엔스'는 '지혜로운 사람' 정도로 해석되는 게 일반적인데, 이 부부는 사피엔스Sapiens라는 단어가 '맛보다'라는 뜻의 동사에서 유래했다는 점에 주목한다. 두 학자는 "우리 종의 명칭을 맛이나 향미를 통해서 식별하는 사람이라고 해석할 수도 있을 것"(딜, 276쪽)이라고 적어놓았다.

즉, 호모 사피엔스는 '맛보는 인간'으로 풀어쓸 수 있고 씹고 먹고 마시는 것, 그토록 형이하학적 모습에 인간의 본질이 담겼다고도 볼 수 있을 것이다. 인간은 옛날엔 모닥불 앞에서, 지금은 식탁을 사이에 두고 무언가를 함께 맛보면서 서로를 알아가고 세상을 배운다. 그리고 이 같은 겸상의 '시작'엔 엄마가 있게 마련이다.

윤대녕은 10년 전 내놨던 산문집을 다시 출간하자는 출판사의 제안에 얼마간 망설였다고 한다. 하지만 출판사의 요청을 받아들인 건 어머니 때문이었다. 그즈음 팔순을 넘긴 작가의 어머니는 종종 "입맛이 없다"고, "육신의 옷을 벗어놓고 그만 하늘의 별들 사이로 돌아가고 싶다"고 말하곤 했다. 그는 그런 어머니를 생각하며 이 책을 다시 다듬었고 마지막엔 〈어머니와 함께 먹고 싶은 음식〉이라는 글까지 덧붙여 놓았다.

> 우리가 하루 세 끼씩 먹는 음식은 모두 어머니의 젖을 대신하는 것에 불과한지도 모른다. 알다시피 모유처럼 아기에게 완전한 음식은 없다. 우리가 매일 먹는 음식도 그렇게 완전한 걸까? 그렇지 않다. 수저질을 배운 순간부터 우리는 늘 불완전한 음식을 먹고 살 수밖에 없는 운명에 처한다. 그 불완전함이 곧 삶을 뜻하는 것이다. (…) 더 늦기 전에, 더 많은 이 땅의 아름다운 풍경과

더 많은 궁휼한 음식들이 어머니의 여생과 편안
히 함께했으면 좋겠다.[5]

《칼과 입술》에 담긴 내용처럼 우리네 어머니들에게 익숙한 음식은 "자신이 만든 음식"이 거의 전부일 때가 많다. 어쩌다 외식을 해도 당신들이 가는 곳이란 기껏해야 고깃집이나 중국집, 횟집 정도다. 어쩌면 그들에게 더 다양한 음식을 맛보게 해드리는 게 자식 된 도리일 수도 있겠다. 뉴스를 검색하니 윤대녕의 어머니는 2018년 세상을 떠난 것으로 나온다.

꼬리 잇는 책
윤대녕, 《많은 별들이 한곳으로 흘러갔다》, 생각의나무, 1999
헨미 요, 박성민 옮김, 《먹는 인간》, 메멘토, 2017
롭 던·모니카 산체스, 김수진 옮김, 《딜리셔스》, 까치, 2022

이름이라는 사랑의 뿌리

줌파 라히리의
《이름 뒤에 숨은 사랑》*

---
* 박상미 옮김, 마음산책, 2004

줌파 라히리에게 홀린 시기는 출판 기자로 일하던 2017년 가을이었다. 매주 쏟아지는 신간을 주마간산 수준으로 읽고 소개하는 것만으로도 버겁던, 매일같이 내 근성과 실력의 바닥을 확인하던 시절. 그땐 감히 신간이 아닌 책을 읽기란 엄두를 낼 수 없는 일이었는데도 나는 그가 과거 발표한 소설들에 완전히 사로잡히고 말았다. 마음의 실핏줄까지 세세하게 그려내는 솜씨, 아치 있는 문장으로 조밀하게 쌓아 올린 플롯, 쓸데없이 징징대지도 지나치게 쿨하지도 않은, 왠지 모르게 아득한 기분을 자아내는 분위기가 마음에 들었다고나 할까. 그즈음 나는 국내에 출간된 그의 작품을 모두 읽은 뒤 페이스북에 이렇게 적기도 했다. "그의 소설 중 하나가 올해 읽은 최고의 책이 될 것 같다"고.

줌파 라히리의 팬이라면 그의 이름을 세계만방에 나부끼게 만든 소설집 《축복받은 집》이나 《그저 좋은 사람》, 혹은 작가의 야심이 묻어나는 장편 《저지대》를 최고작으로 꼽을 테지만 내 경우엔 달랐다. 내 마음을 가장 강하게 움켜쥔 작품은 그의 첫 장편소설인《이름 뒤에 숨은 사랑》이었다. 그 이유를 설명하려면 소설에 나오는 이 장면부터 소개해야 할 것 같다.

이름은 어디에서 오는가

주인공은 고골리라는 이름을 지닌 인도계 미국 남성이다. 어린 시절 고골리는 가족과 함께 미국 매사추세츠 남동쪽에 있는 해변 케이프코드로 향했다. 차는 곡선으로 휘어진 길을 따라 도로가 끝나는 곳까지 달렸다. 목적지에 도착한 아버지는 고골리를 데리고 바다를 향해 걷기 시작했다. 방파제와 모래사장, 갈대밭과 모래 언덕이 차례로 나타났다. 저 멀리 여동생과 함께 있던 어머니는 남편을 향해 소리쳤다. "너무 멀리 가지 말아요!"(242쪽)

하지만 아버지는 아들과 함께 계속 나아갔다. 등대에 도착했을 때 두 사람은 완전히 지쳐 있었다. 칼바람이 부는 초겨울이었지만 땀을 식히려면 코트를 벗어야 했다. 아버지는 카메라를 챙겨오지 않은 사실을 뒤늦게 깨닫고 탄식했다. "그렇다면 기억하는 수밖에 없다."(244쪽) 이렇게 말한 아버지는 발걸음을 돌려 다시 방파제로 향하면서 아들에게 물었다.

"오늘 여기까지 왔던 것을 기억할 거지, 고골리?"
"얼마나 오래 기억해야 되는데요?"

아버지는 잠시 멈춰 서더니 아들이 가까이 오자 손을 내밀며 이렇게 말한다.

"언제나 기억하도록 해라. 더 이상 나아갈 곳이 없는 데까지 우리가 같이 왔었다는 것을, 너와 내가 여기까지 함께 왔었다는 것을 기억해라."(244쪽)

대수롭지 않게 여길 수 있는 대목이지만 이 에피소드는《이름 뒤에 숨은 사랑》을 관통하면서 읽는 이에게 더할 나위 없는 감동을 선사한다. 생각해보면 이런 식의 이야기는 다른 소설에도 종종 등장하는데, 김연수의 단편소설 〈벚꽃 새해〉가 그런 경우다. 과거에 연인이었던 남녀가 우연히 다시 만나 함께한 하루를 그린 이 소설에서 두 사람은 황학동 뒷골목을 찾았다가 어떤 노인을 만난다. 노인은 아내와 함께 보낸 시절을 회상하다가 이렇게 말한다. "내 이야기를 잘 들어주니 고맙고, 마지막으로 잔소리를 한마디 하자면, 어쩌다 이런 구석까지 찾아왔대도 그게 둘이서 걸은 길이라면 절대로 헛된 시간일 수 없는 것이라오."(벚, 28쪽)

누군가와 함께한 시절을 기억하라는 당부, 이런 시간은 절대 헛될 수 없다는 가르침, 이것은 희망의 색다른 뜻풀이일 수 있다. 속절없이 흘러가는 시간, 부질없이 느껴지는 인간관계에도 저마다 의미가 있다는 말이니까, 그런 시간이 삶을 살찌운다는 의미일 테니까.

아무튼《이름 뒤에 숨은 사랑》에는 이렇듯 읽는 이의

마음을 쿵쿵 찧는 장면이 자주 나온다. 줌파 라히리의 자전적 이야기처럼 느껴지는 내용도 많다.

소설은 고골리의 아버지가 인도에서 겪은 끔찍한 기차 사고를 묘사하면서 시작된다. 사고 당시 그를 구한 것은 러시아 작가 니콜라이 고골리의 단편 모음집이었다. 그는 전복된 기차 안에서 손에 쥐고 있다가 떨어진 책장이 눈에 띄면서 구조될 수 있었다. 1년간 병상에 누워 지내면서 그는 생각했다. "죽을 뻔했던 곳으로부터 될 수 있는 한 멀리 떠나가는"(34쪽) 것을.

결국 그는 아내와 미국으로 향하고 이곳에서 아들이 태어난다. 아내는 인도에 사는 할머니에게 아이의 이름을 지어달라고 부탁하는데, 증손자의 이름이 적힌 할머니의 편지는 아이가 태어난 뒤에도 영영 도착하지 않는다. 할머니가 쓰러져 정신이 희미해졌다는 소식만 전해질 뿐이다. 결국 아이는 부모의 뜻에 따라 오래전 아버지를 구했던 그 작가, '고골리'라는 이름을 얻게 된다. 미국인도 인도인의 것도 아닌 이상한 뉘앙스의 이름이니 달가울 리 없었다. 고골리에게 이름은 부끄럽고 창피한, 항상 숨기고 싶은 무언가였다.

고골리가 자신의 이름에 담긴 '이름 뒤에 숨은 사랑'을 발견한 것은 대학 4학년 때였다. 집으로 향하는 길, 누군가 뛰어들어 기차가 연착되고 뒤늦게 역에 도착하니 아버지가 어두운 표정으로 플랫폼에 서 있었는데, 그제야

28년 전 자신이 당했던 사고, 즉 아들의 이름에 담긴 사연을 들려주기 시작한다. 그리고 두 사람은 이런 말을 주고받는다.

"제가 어떻게 이런 사실을 몰랐을 수가 있죠. 여태 저한테 거짓말을 하신 거잖아요. 그게 저를 생각하면 생각나는 거예요? 저를 생각하면 그날 밤이 생각나시냐고요?"

"아니, 전혀. 너는 나에게 그 후에 일어난 모든 것을 의미한단다."(163~164쪽)

사실 이 소설을 읽은 시기는 내가 아내의 임신 소식을 알게 된 무렵이기도 하다. 우리는 소설 속 고골리의 부모가 그렇듯 이듬해 여름에 태어날 아이의 이름을 무엇으로 할지 자주 이야기하곤 했다. 난생처음 부모가 되는 이들이 다들 그렇듯이 말이다. 결국 우린 아버지에게 '작명의 영광'을 돌리기로 했는데, 아버지가 정한 손녀의 이름은 '사랑'이었다.

하지만 난 그 이름이 진부하게 느껴졌다. 드물고 예쁜 이름을 짓고 싶었다. 고심하다가 떠올린 이름이 대하소설《태백산맥》에 나오는 인물 '소화'였다. 하얀 꽃素花이라는 뜻의 그 이름을 예전부터 좋아했기에 나는 여기에서 첫 글자를 빌려 '소랑'이라고 이름을 지었다.

뒤늦게 찾아보니 '소랑'은 제주 방언으로 사랑을 뜻하기도 했다. 결과적으로 딸아이의 이름엔 나의 고민과 할아버지 사랑이 모두 담기게 된 셈이다. '소랑'이라는 이름은 내가 딸에게 준 첫 선물이라고 할 수 있다. 그리고 그 이름은 딸이 세상에 태어난 뒤 내게 일어난 모든 것을 의미하게 되었다. 고골리의 아버지에게 고골리가 그랬던 것처럼 말이다.

우연엔 의미가 없다지만

그다음 이어지는《이름 뒤에 숨은 사랑》속 이야기는 이렇다. 아버지는 심장마비로 갑작스럽게 세상을 떠나고 가족의 구심력 밖에서 서성이던 고골리는 인도계 여성을 만나 가정을 꾸리지만 결국 갈라서고, 어머니는 33년의 미국 생활을 청산하고 고국으로 돌아가고……. 아버지가 젊은 시절 겪은 기차 사고를 시작으로 이어진 이런 서사를 통해 작가가 던지는 메시지 중 하나는 우연에 휘둘릴 수밖에 없는 인간의 숙명에 관한 것이다.

> 그의 가족의 삶은 예상하지 못하고 뜻하지 않았던 사고가 다음 사고를 낳은 우연의 연속이었다. (…) 그는 이런 임의성을, 이런 빗나감을 바로잡으려 해왔다. 그러나 자신을 완벽하게 새로 창조하는 것은, 그 엉뚱한 이름으로부터 벗어나는 것은 가능한 일이 아니었다. (…) 고골리를 형성한 것은, 결정적으로 지금의 그를 만든 것은 바로 이러

한 일련의 사건들이었다. 이것들은 사전에 준비가 불가능한 일들이지만 되돌아보려면, 돌아보며 받아들이고 해석하고 이해하려면, 평생이 걸리는 일들인 것이다. 일어나서는 안 될, 제자리를 벗어난 곳에서 잘못 일어난 일들이지만, 결국 끝까지 삶을 지배하는 동시에 삶을 견뎌낸 것들이었다.[1]

고골리 가족의 삶처럼, 우연은 항상 인생을 불가해한 어떤 것으로 만들어버리곤 한다. 우연은 인과因果의 틀로는 설명할 길 없는 것이기에, 그래서 인간을 한없이 불안하게 만들기에, 우린 우연일 뿐인 우연에 의미를 부여하곤 한다. 운동선수들은 징크스 운운하면서 특정 행동을 반복하고 아프리카 부족들은 염소를 잡아 기우제를 드리는 식으로.

하지만 종교인이 아니라면 우연에서 무슨 의미를 찾을 수 있겠는가. 언젠가《우연은 얼마나 내 삶을 지배하는가》라는 책을 읽다가 다음과 같은 대목에 밑줄을 그은 적이 있다. "우연은 우리가 예기치 못한 일들을 경험하고 앞이 보이지 않는 혼란 속에서도 다채로운 미래의 가능성에 희망을 걸어도 된다는 것을 의미한다. 세상 곳곳에서 날마다 놀라운 기적들이 일어난다는 뜻이기도 하다."(우, 269쪽) 어쩌면 줌파 라히리가《이름 뒤에 숨은 사랑》을 통해 전하려 한 메시지 중 하나도 이것이 아닐까 싶다.

물론 작가가 이 작품에서 가장 뼈대로 삼는 테마는 많은 이민자 가족이 맞닥뜨리는 고단한 삶일 것이다. 고골리가 자신의 이름을 부끄러워하고 미워하다가 받아들이는 과정도 지구촌 대다수의 디아스포라가 겪는 혼란의 시간을 보여주는 하나의 알레고리처럼 보인다. 하지만 한국에서 나고 자란 나 같은 사람은 이들이 걸머지는 무게를 실감하기 힘들다. 고골리의 어머니 아시마의 시점에서 쓰인, 아래 대목을 통해 어렴풋이 짐작할 뿐이다.

> 아시마는 요즘 들어 외국인으로서 살아간다는 것은 평생 임신한 것과 다름없다는 생각을 했다. 기다림은 끝도 없고, 언제나 버겁고, 끊임없이 남과 다르다고 느끼는 것이다. 한때는 평범했었던 삶에 이제는 불룩하게 괄호가 하나 삽입되었고, 이 괄호 속에는 끝나지 않는 책임이 들어 있었다. 이를 통해 이전의 삶은 사라지고 말았다는 것, 그 삶은 오히려 더 복잡하고 힘든 무엇인가로 대체되었다는 것을 알게 되는 것이다.[2]

이런 대목을 읽으면서, 그리고 이 소설의 마지막 책장을 넘기면서 떠올린 것은 2015년 러시아 연해주에 출장을 갔다가 만난 백발이 성성했던 한 할머니였다. 그는 일제의 폭압을 피해 연해주로 향했다가 카자흐스탄으로 강제 이주당하는 비극을 겪은 고려인 2세였다. 어린 시절 부모를 잃은 그는 사고무친의 땅에서 주경야독하며 교사의 꿈을 좇았다. 그의 삶은 고려인 남자를 만나 딸 둘을 낳고 단란한 가정을 꾸린 뒤에야 안정될 수 있었다.

할머니가 연해주로 돌아온 것은 1994년이었다. 내가 귀환의 이유를 묻자 할머니는 서툰 한국어로 "이곳이 내 고향이기 때문"이라고 답했다. 그는 "부모님이 너무 일찍 돌아가신 탓에 내 나이도 정확히 알지 못한다. 여든 살은 넘겼을 것 같다"면서 이런 말을 덧붙였다.

"어머니 유서에 이렇게 적혀 있었다. '딸아, 네 고향은 경주다. 너는 경주 최씨다.' 평생 한국을 잊을 수 없었던 건 '나는 경주 최씨'라는 생각을 자주 했기 때문이다."

민족이니 국가니 하는 것들이 인간의 상상이 만들어낸 허상의 개념처럼 느껴지다가도 이런 할머니를 만나거나 《이름 뒤에 숨은 사랑》 같은 작품을 읽으면 그것이 지닌 의미를 생각해보게 된다. 내가 어느 나라 출신이라는, 혹은 우리 가족은 어느 민족이라는 사실이야말로 내 정체성을 드러내는 첫 번째 푯대일 테니까 말이다.

꼬리 잇는 책
김연수, 〈벚꽃 새해〉, 《사월의 미, 칠월의 솔》, 문학동네, 2013
플로리안 아이그너, 서유리 옮김, 《우연은 얼마나 내 삶을 지배하는가》, 동양북스, 2018

2부

동그라미 공동체를 향해서

아누 파르타넨의
  《우리는 미래에 조금 먼저 도착했습니다》*

---

* 노태복 옮김, 원더박스, 2017

20년 가까이 직장인의 섬, 여의도에서 회사 생활을 하며 느낀 것 중 하나는 낮 12시에 식당을 찾으면 어디가 됐든 허탕을 칠 확률이 아주 높다는 점이다. 여의도 직장인 대다수의 '공식적인' 점심시간은 정오부터겠지만 그 시간까지 사무실을 지키는 이는 별로 없는 것 같다. 식당들은 12시가 되기 훨씬 전부터 북새통을 이룬다. 이름난 가게에 가려면 적어도 오전 11시 30분쯤을 식당 입장의 데드라인으로 여겨야 한다.

식당에 들어가 자리를 잡고 허겁지겁 한 끼를 때운 직장인들은 십중팔구 카페로 향한다. 흡연자의 '식후땡'처럼 한국 직장인에겐 식사 뒤 커피 한 잔이 '국룰'이니까. 볕이 좋은 날엔 동료들과 커피를 사 들고 삼삼오오 여의도공원을 거니는 이도 많다. 운이 좋다면 그곳에서 귀여운 토끼들을 만나기도 한다. 도떼기시장처럼 홍성거리던 가게와 거리와 공원이 다시 차분해지려면 적어도 오후 1시는 지나야 한다.

아마도 직장인이 많은 지역이라면 이런 광경이 펼쳐지

는 곳이 적잖을 것이다. 물론 제대로 된 점심시간이 보장되지 않아 허겁지겁 점심을 해결해야 하는 직군이 더 많겠지만, 평일 낮 12시쯤 여의도 어딘가를 서성이다 보면 이런 생각을 하게 된다. 빨리 먹고 일찍 퇴근하면 안 되나. 그러면 야근 횟수도 줄일 수 있지 않나. 이 같은 제안이 애매하게 느껴진다면 점심시간을 아예 없애버리는 건 어떤가. 업무 도중 도시락이나 간식거리로 후딱 끼니를 때우고 그만큼 일찍 퇴근하는 게 '워라밸'을 배가시킬 방법 아니겠느냔 말이다.

아메리칸 드림을 꿈꾼다면 노르딕으로?

실제로 그런 나라가 있다. 점심시간이 없는 나라, "밥보다 퇴근"을 외치는 곳. 바로 북유럽의 강소국 덴마크다. 덴마크 출신으로 한국에 거주하면서 한때 KBS 1TV 〈인간극장〉에도 출연했던 에밀 라우센은《상상 속의 덴마크》라는 저서에서 한국에서 처음 일할 때 신기하게 느낀 말로 "밥 먹고 합시다"를 꼽는다. 점심시간이 없는 나라에서 살다 왔으니 그럴 수밖에.

그의 설명에 따르면 덴마크 직장인들은 대부분 호밀빵에 치즈나 오이, 햄 등을 추가한 도시락을 챙겨 출근하고, 허기가 지면 이것을 먹는 것으로 끼니를 때운다. 이 나라 직장인의 주당 근무 시간은 서른일곱 시간. 하루에 일곱 시간 좀 넘게 일하는 셈이니 아침 8시에 출근했다면 오후 3~4시쯤 퇴근할 수 있다. 만약 덴마크에도 한국처럼 점심시간이 생긴다면 어떻게 될까. 그만큼 퇴근도 늦어질 게 불문가지다.

물론 덴마크에서도 몇몇 대기업은 구내식당을 운영하면서 점심을 제공한다. 또 공공 부문 노동자 중엔 '공식적인 점심시간'을 요구하는 이도 없지 않다. 하지만 나는 일반적으로 점심시간이 없다는, 그래서 퇴근 시간이 빠르다는 덴마크 직장인의 라이프 스타일이 부럽기만 하다. 생각해보면 너무 잦은 식사 자리와 술자리가 한국의 끈적거리는 직장 문화와 그 안에서 버성기는 인간관계를 만드는 것일 수도 있을 테니까.

어쩌면 공동체에서 벌어지는 모든 움직임은 구심력과 원심력의 싸움이기도 하다. 중심의 인력이 강한 곳이라면, 그러니까 조종간을 잡은 어떤 세력이나 이념의 힘이 큰 사회라면, 한마디로 한국처럼 구심력이 강한 사회라면 점심시간이나 회식이 갖는 의미도 클 수밖에 없다. 이런 곳에선 어디를 가든 '나'보단 '우리'의 가치를 떠들어대는 목소리에 시달려야 한다. 그렇다고 원심력이 구심력을 압도하는 반대의 세상도 좋지만은 않을 것이다. 상대적으로 공동체를 향한 소속감이 희미할 것이고 사람들은 그만큼 묘한 불안감을 느낄 테니까.

세계지도를 펴놓고 구심력과 원심력이 아슬아슬하지

만 어느 정도 팽팽하게 유지되는 곳을 꼽으라면 많은 이가 유라시아 대륙 북서쪽 귀퉁이를 가리키지 않을까 싶다. 핀란드, 스웨덴, 노르웨이, 덴마크, 아이슬란드로 구성된 노르딕 국가들 말이다. 이들은 언젠가부터 지구촌 우등생 국가로 통하는데,《우리는 미래에 조금 먼저 도착했습니다》는 그 배경을 알려주는 '노르딕 보고서'다.

　글쓴이부터 소개하자면 이렇다. 아누 파르타넨은 핀란드 출신 저널리스트로, 미국인 남자를 만나 2년 넘게 장거리 연애를 하다가 2010년 8월 헬싱키 해변의 자작나무 숲에서 결혼식을 올렸다. 남편은 핀란드어를 구사하지 못했지만 자신은 영어로 소통이 자유로웠기에, 뉴욕은 상대적으로 일자리 구하기가 쉬울 것이라 여겼기에, 그는 남편과 함께 미국으로 향했다. "자유와 독립, 개인주의, 기회의 빛나는 등대"(18쪽)로 여겨지던 곳으로. 그런데 현실은 기대와는 딴판이었다. 책의 프롤로그부터 미국을 '돌려 까는' 제목이 나온다. "아메리칸 드림을 원한다면 핀란드로 가십시오."(9쪽) 그렇다면 그가 자란 노르딕은 미국과 무엇이 달랐던 것일까.

　사실 노르딕 국가의 강점이야 모두가 얼마쯤은 알고 있다. 언제나 행복도 조사에서 상위권을 도맡던 나라들이니까, 탄탄한 사회 안전망 덕분에 '실직당하기' 가장 좋은 국가들로도 알려진 곳이니까. 게다가 이들 나라의 국토가 품은 자연경관은 저마다 얼마나 그윽하던가. 아누 파르타넨은 이렇듯 일반적으로 알려진 사실에 각 나라 정부가 제공하는 갖가지 혜택을 뻐기듯이 보태기 시작한다.

가령 핀란드인으로 태어나면 출생 직후 국가로부터 '아기 박스'를 받는다고 한다. 여기엔 정부의 살뜰함이 몽글몽글하게 느껴지는 물건이 한가득 담겨 있다. 아기 옷, 침구, 보습 크림, 기저귀, 장난감……. 아기 박스가 싫으면 150달러를 받는 일로 갈음할 수 있으나 부모들은 대개 박스를 택한다.

넉넉한 출산휴가도 다양한 방식으로 보장되는데, 그중 하나만 소개하자면 아이슬란드의 '3+3+3 모델'이다. 출산휴가 9개월 가운데 3개월은 부모가 함께, 나머지 3개월씩은 아내와 남편이 각각 나눠 쓰는 제도다. 남편은 불가피한 사정이 있더라도 '나 홀로 출산휴가' 3개월을 아내에게 양도할 수 없다. 그러니 웬만한 남자들은 최소 3개월간 육아를 도맡아야 한다.

청소년기의 삶도 한국의 10대처럼 항상 고되진 않다. 숙제는 별로 없고 출석 일수는 적다. 표준화된 시험도 존재하지 않는다.

학교를 졸업하고 회사에 들어가면 부모에게서 독립하는 게 일반적인데, 모은 돈이 없더라도 보조금으로 집을 구할 수 있다. 가장 부러워할 만한 것은 휴가다. 4~5주간 유급휴가를 받아 추위를 피하고 더위를 즐기기 위해 동

남아 여행을 결행하는 사람이 많다고 한다.

노르딕 국가는 "지구상에서 가장 늙기 좋은 곳"(240쪽)이기도 하다. 중병에 걸려도 의료비를 걱정할 필요가 없다. 공공 의료 체계가 든든한 뒷배가 돼주기 때문이다. 노인들은 요양원이나 병원보다는 자택에서 다양한 서비스를 누린다. 지자체에서는 가정 방문, 음식 배달, 청소, 장보기 등의 서비스를 무료, 혹은 저렴한 비용으로 제공한다. 아누 파르타넨은 이 같은 내용을 자랑스럽게 늘어놓은 뒤 이렇게 말한다. "우수한 공공 의료 체계를 마련하는 데 성공하는 일은 올림픽에서 금메달을 따는 것이나 달에 사람을 보내는 것과 같은 국가적 성취와 어깨를 나란히 한다."(258쪽)

사랑에 관한 노르딕 이론

물론 이 책에 실린 이야기는 가려들어야 한다. 노르딕 국가가 완전무결한 지상낙원일 리는 없으니까. 스웨덴에서 직장 생활을 하면서 이 나라의 근사한 이미지가 '상당히 부풀려진' 것임을 알았노라고 말하는 박지우의 책《행복한 나라의 불행한 사람들》을 보면, 노르딕 시스템에 생긴 크고 작은 흠집들을 확인할 수 있다.

예컨대 무상 의료는 칭찬받을 만한 제도이긴 하나 허점도 있다. 스웨덴 병원의 경우 대기시간은 길고 의료 서비스의 수준은 낮은데, 응급실에 가도 생명이 위급하지 않다면 몇 시간이고 기다려야 한다. 학교도 문제다. 교사 부족 현상이 심각하다. 교사는 급여는 낮고 업무는 고된 기피 직종이 돼버렸다. 병원이든 학교든 이런 문제들이 있으니, 부자 중엔 질 좋은 의료 서비스나 교육 시스템을 누리기 위해 사보험에 가입하거나 연간 학비가 수천만 원에 달하는 기숙학교 등지에 자녀를 보내는 이도 많다고 한다.

노르딕 국가의 고질적 문제인 높은 세율과 이로 인한 낮은 근로 의욕도 생각해봄 직하다. 사람들이 노르딕 국가를 이야기할 때 건네는 시기 어린 말들에 자주 포개지는 '사회주의 유모 국가'라는 비판도 대부분 여기에서 비롯된다. 박지우는 "창업에 성공해 막대한 부를 쌓는 예외적인 경우를 제외한다면 스웨덴에서 돈을 벌 수 있는 방법은 그리 많지 않다. 그래서인지 스웨덴에서는 TV에 도박 광고가 넘쳐난다"(행, 85쪽)고 전한다. 실제로 스웨덴 성인 셋 중 한 명은 매주, 나머지 둘 중 한 명은 매달 도박을 하거나 복권을 산다는 통계도 있다.

그렇다면 노르딕 국가의 이미지는 허상에 불과한가. 어떤 말이 맞는 걸까. 온갖 반박과 비판에도 불구하고 나는 노르딕 국가를 향한 동경의 마음을 내려놓기가 힘들다. 노르딕 국가의 다양한 문제들 너머에서 어른거리는, 이들 국가가 좇는 꿈이 멋지게 느껴져서다.

노르딕 국가의 이상은 '사랑에 관한 노르딕 이론'을 설명하는 것으로 대신할 수 있다. 진정한 사랑과 우정은 독립적인 개인들 사이에서만 가능하다는 것인데, 《우리는 미래에 조금 먼저 도착했습니다》에 점점이 박힌 메시지들은 모두 이 이론에 젖줄을 대고 있다.

> [사랑에 관한 노르딕 이론의] 목표는 개인을 가족 및 시민사회 내 모든 형태의 의존에서 자유롭게 하자는 것이다. 가난한 자들을 자선으로부터, 아내를 남편으로부터, 성인 자녀를 부모로부터, 노년기의 부모를 성인 자녀로부터. 이런 자유의 명시적인 목적은, 숨은 동기와 필요에서 벗어나 모든 인간관계가 완전히 자유롭고 진실해지도록 그리고 오직 사랑으로만 빚어지도록 만드는 것이다.[1]

초등학교 시절, 동그라미가 무엇인지, 원의 정의가 무엇인지 묻는 선생님의 질문에 당황했던 적이 있다. 그때 한 친구가 씩씩하게 외친 정답을 아직도 기억한다.

"한 점에서 같은 거리에 있는 점들의 집합입니다."

그러니까 원은 구심력과 원심력이 같은 힘을 띨 때 가능한 모양인 셈이다. 내가 바라는 세상도 '동그라미 공동체'라고 부를 수 있을 것이며, 그것에 가장 가까운 사회는 '사랑에 관한 노르딕 이론'을 벽돌로 삼는 노르딕 국가라고 할 수 있다. 누군가 남긴 말처럼 동그라미는 절대 쓰러지지 않는다. 다만 굴러갈 뿐이다. 위아래도 없이.

꼬리 잇는 책
에밀 라우센·이세아, 《상상 속의 덴마크》, 틈새책방, 2018
박지우, 《행복한 나라의 불행한 사람들》, 추수밭, 2022

우리 없이 우리에 관하여 말하지 말라

피터 카타파노·로즈마리 갈런드-톰슨의
《우리에 관하여》*

* 공마리아·김준수·이미란 옮김, 해리북스, 2021

현주(가명)에게는 눈이 없었다. 정확히 말하면 안구眼球가 없는 선천성 무안구증 탓에 태어날 때부터 뭔가를 보는 게 불가능했다. 제대로 된 검사를 받아보진 않았지만 지적 장애도 있는 듯했다. 세는나이로 다섯 살이 됐음에도 또래 친구들처럼 말할 줄 몰랐고 대소변도 가리지 못했다. 안구가 없는 상태로 성장하면 훗날 얼굴 형태가 달라질 수 있어 언젠가는 의안義眼을 이식하는 수술도 받아야 했다.

현주는 코너에 몰린 장애인의 삶을 전하는 기획 기사를 준비하면서 알게 된 아이였다. 나는 현주네 가족의 팍팍한 삶이 담긴 자료를 살핀 뒤 현주의 어머니인 희경(가명) 씨를 인터뷰했다(희경 씨 역시 시각장애 4급 판정을 받은 장애인으로, 혼자 현주를 양육하고 있었다). 그는 자녀의 '상태'를 임신했을 때부터 알았다고 했는데, 이 말을 듣자마자 대뜸 내 입에선 이런 질문이 튀어나왔다.

"아이를 지울 생각은 해보지 않으셨나요?"

깊은 정적이 흐른 뒤에야 희경 씨는 짧게 답했다. 그런 생각은 해본 적 없다고. 내 질문이 크게 잘못됐음을 느낀 것은 며칠이 흐른 뒤였다. 은연중 현주의 삶을 가치 없고 무망한 인생이라 간주한 것이다. 왜 저런 실수를 저질렀던 걸까. 어쩌다 나는 저따위 못된 질문을 내뱉는 사람이 돼버린 것일까.

'우리'는 누구인가

미국 〈뉴욕타임스〉는 2016년 8월 장애와 관련된 이색 시리즈를 선보였는데, 눈여겨봄 직한 지점은 이 시리즈가 장애인이 직접 쓴 '장애인 이야기'로 채워졌다는 점이었다. 《우리에 관하여》는 이 연재물에 소개된 글 가운데 61편을 묶은 작품인데, 나는 이 책을 읽으며 비로소 희경 씨에게 건넨 물음이 어디서 잘못됐는지 이해하게 되었다. 그것은 온전히 내가 가진 무지와 편견 때문이었다. 책에 등장하는, 한때 뇌성마비를 겪은 여성은 임신 기간 받은 곱지 않은 시선과 상처가 된 말들을 들려준 뒤 이렇게 말한다.

> 아이의 삶이 너무 고통스럽고 짧아서 오히려 낙태가 가장 자비로운 선택일 수 있는 경우들도 있다. 그러나 나는 장애가 있는 태아를 낙태하는 것이 당연한 일이 되어서는 안 된다고 믿는다.[1]

아마도 나뿐만이 아닐 것이다. 많은 비장애인의 머릿속에서 비장애인은 '우리'가, 장애인은 '그들'이 된다. 이런 식의 생각도 쉽게 해버린다. 장애는 곧 재앙이며 장애인의 삶은 비참할 수밖에 없고 장애인은 누구나 장애를 저주하며 살아갈 것이라고. 하지만 이것은 얼마나 막돼먹은 생각인가. 이 책의 제목인 《우리에 관하여》는 장애인 인권 운동의 모토인 '우리 없이 우리에 관하여 말하지 말라Nothing about us without us'에서 빌려온 것으로, 많은 공동체에서 '우리'의 범주에 포함되지 못하는 장애인들의 이야기가 담겨 있다.

알려졌다시피 비장애인이 장애인에게 저지른 일들은 인류 역사에 진한 얼룩을 남겼다. 가령 우생학이 맹위를 떨치던 배경엔 장애인의 존재 자체를 없애겠다는 아찔한 의도가 서려 있었다. 나치가 대량 학살의 첫 번째 타깃으로 삼은 것도 장애인이었다. 장애인은 지금도 배제와 근절의 대상이 되곤 한다. 예컨대 산전 태아 검사를 통한 선택적 임신 중절은 자연스러운 일이 되었다. 장애인에 대한 의사의 조력 자살을 묵인하거나 용인하는 나라도 있다.

물론 태아에게 장애가 있을 때 낙태를 선택하는 부모를 무조건 비난할 순 없을 것이다(심지어 달라이 라마조차도 장애가 있는 태아를 낙태하는 것은 이해할 만한 일이라고 했다). 문제는 이런 현상을 너무 당연시하는 분위기다.

책에 실린 산문 가운데 가장 주목할 만한 글로는 〈나는 아이들에게 장애를 물려준 엄마입니다〉를 꼽을 수 있는데, 글쓴이는 'X염색체 유전성 저인산혈증XHL' 환자다. XHL 환자는 인을 흡수하지 못해 키가 작고 뼈와 치아가 약하다. 글쓴이가 이 질환이 자녀에게 유전될 수도 있음을 안 것은 둘째가 태어났을 때였다고 한다(그때까지만 해도 이 질환의 유전 확률이 50퍼센트 수준이라는 사실은 알려지지 않았었다). 첫째는 장애가 없었지만 둘째는 XHL 보유자였다. 문제는 셋째를 임신했을 때였다. 출산을 만류하는 이도 있었으나 결국 그는 아이를 낳았고 셋째에게도 같은 질환이 있음을 알게 됐다. 그렇다면 그녀의 아이들은 많은 이가 우려했듯 자신의 운명을 비관하며 살아가고 있을까. 전혀 아니다. 아이들은 자신의 운명을 받아들이며 평범하게 살고 있다. 글쓴이는 자녀들 이야기를 전한 뒤 이렇게 말한다.

> 확실히 XHL에는 희생이 따르지만 삶이란 원래 그런 것이다. 나는 '맞춤 아기'가 뭘 의미하는지 안다. 아름다움과 큰 키, 지성과 같은 장점을 겸비하고 태어나면 더 나은 삶을 살 수도 있을 것이다. 하지만 나는 그 말들을 믿을 자신이 없다. 삶은 그 이상이기 때문이다.[2]

비장애인이 장애인을 낮잡아보는 것은 장애인이 누군가에게 많이 의존할 수밖에 없는 존재여서다. 현대 사회에서 의존은 곧 실패를 의미한다. 그러나 우린 전부 누군가에게 기대거나 때론 누군가를 떠받치며 살아가는 존재들이다. 생각해보면 인간은 누구든 '장애인의 운명'을 걸머지고 살아간다. 모든 사람은 장애인으로 태어나서 장애인으로 죽는다는 말도 있으니까. '장애'라는 렌즈로 미국 역사를 살핀 킴 닐슨의 책《장애의 역사》를 우리말로 번역한 김승섭은 〈옮긴이의 말〉에 이런 글을 적어두었다.

> 번역하며 책에서 등장하는 수많은 사람과 대화를 나누는 경험을 했다. 우리 모두는 상처받고 다칠 수 있는 취약한 존재인 동시에 그 약함을 응시하고 나눌 수 있는 존재이기도 하다는 것을, 인간의 존엄은 독립보다는 상호의존을 통해 지켜낼 수 있다는 것을, 실은 그것이 우리의 가장 큰 힘이라는 사실을 그 대화에서 배웠다.[3]

우리가 되는 방법

과거의 모습은 지금과 달랐다. 가령 먼 옛날 북아메리카 토착민 사회에는 '장애disability'에 해당하는 단어나 개념이 존재하지 않았다. 그 당시 사회에서는 의미 있는 활동을 하거나 공동체의 조화를 깨뜨리지 않는다면 신체나 정신에 얼마간 흠결이 있어도 그 사람의 인격을 깔아뭉개거나 공동체 바깥으로 내쫓지 않았다.

유럽인이 식민지 개척을 위해 쳐들어오면서 아메리카 대륙의 상황은 달라졌다. 노동 수행 능력에 따라 비장애인과 장애인의 구분이 생겨났다. 가장 비참한 것은 장애인 노예의 운명이었다. 장애가 발견되면 그 사람은 폐품 노예refuse slaves로 간주돼 노예선 바깥으로 내던져지곤 했다. 상어가 우글거리는 바다 한가운데로 말이다.

물신성이 세상을 쥐락펴락하는 자본주의가 본격적으로 활개 칠 기미가 보일 때쯤, 혹은 세상의 갑작스러운 변화 탓에 공동체가 흔들릴 때쯤 이런 현상이 벌어지기 시작했다는 점은 우리 역사에도 그대로 포개진다.

정창권이 쓴 《근대 장애인사》를 보면, 한국 사회에 장애인을 향한 냉대와 편견의 시선이 생겨난 건 서양 문물이 들어오던 개화기부터였다. 조선 시대만 하더라도 장애인은 "양지에서 비교적 떳떳하게"(근, 21쪽) 살았다. 그 시절 모든 왕대王代엔 장애인 관료가 한두 명쯤은 있었고 장애인과 관련된 문서엔 잔질殘疾, 폐질廢疾, 독질篤疾 같은 단어가 사용되곤 했다. 장애를 고치기 어려운 고질병 정도로만 여겼던 것이다.

하지만 근대로 접어들면서 상황이 달라졌다. 일본어 '후구샤不具者'를 그대로 가져와 '불구자'라는 단어가 쓰이게 됐다. 불구자엔 '기능의 결여', 즉 뭔가를 갖추지 못해 '세상에 쓸모없는 존재'라는 뜻이 담겨 있었다. 정창권은 "조선 시대 장애인은 몸이 불편한 사람, 그 이상도 이하도 아니었다. 하지만 근대에 이르면 더 이상 희망이 없는, 한없이 불쌍하고 가련한 존재로 취급되었다"(근, 122~123쪽)고 적었다.

지금까지도 이런 분위기는 면면히 이어지고 있다. 장애인을 향한 비장애인의 편견과 오해의 시선을 바로잡는 최선의 방법은 결국 두 집단 사이의 소통이다. 《우리에 관하여》에는 아프가니스탄 파병 시절 불의의 사고로 시력을 잃은 한 남자의 이야기가 나온다.

그는 장애인이 된 뒤 느끼는 소외감의 무게에 대해 털어놓는다. 〈왕좌의 게임〉을 보고 수다를 떠는 친구들 대화에 끼어들 수 없을 때 느낀 무력감을 토로하면서, 비행기에서 한 비장애인 여성과 나눈 평범한 대화에 대해 들려준다. 별것 아닌 내용이었지만 그것은 소외와 배제의 느낌이 없던 대화였다. 그는 그때 자신이 느낀 기쁨을 전하면서 비장애인과 장애인에게 다음과 같은 당부의 메시지를 전한다.

> 자신과 아주 다른 사람들과 대화를 나누는 것이 불편하고, 장애인으로서는 자신이 겪은 고난을 털어놓는 것이 쉽지 않은 일일 수 있다. (…) 〔하

지만) 당신이 그 과정에서 얻는 것과 그 보답으로 당신이 상대에게 무엇을 주는지 깨닫게 되면 깜짝 놀랄지도 모른다. 이 모든 것은 상대에게 관심을 보이는 하나의 대화로 시작된다.[4]

나 역시 비슷한 경험을 한 적이 있다. 높게만 느껴지던, 막막하게만 여겨지던 장애라는 장벽이 아무것도 아닌 것처럼 느껴진 순간. 그것은 언젠가 시청각장애인 손창환 씨를 인터뷰했을 때였다.

그를 만나러 가는 길에 내가 느낀 감정은 막막함 그 자체였다. 들을 수도, 말할 수도, 심지어 앞을 볼 수도 없는 사람과 어떻게 인터뷰가 가능하단 말인가. 만약 청각장애인이라면 필담을 나누면 되고, 시각장애인이라면 시선을 맞출 순 없지만 묻고 답하는 데엔 문제가 없을 것이다. 하지만 창환 씨는 보지도, 듣지도, 말할 수도 없었다. 인터뷰를 주선해준 단체에서는 촉수화(촉각을 활용한 수어 통역) 전문가가 동석할 거라고 설명했으나 전문가를 통한 '통역'이 어떻게 이뤄질진 가늠할 수 없었다.

걱정과 달리 창환 씨와의 인터뷰는 시종일관 순조롭게 진행됐다. 질문을 하면 촉수화 전문가가 그 내용을 수어로 표현했고, 창환 씨는 시시각각 달라지는 전문가의 손 모양을 만지면서 질문의 뜻을 이해했다. 창환 씨가 수어로 답변하면 전문가는 곧바로 그 뜻을 해석해주었다. 이런 과정 덕분에 비장애인을 인터뷰할 때처럼 질문과 답변이 빠르게 오갈 수 있었다.

　인터뷰 말미에 감사의 인사를 하고 싶었으나 마음을 전할 방법이 마땅치 않았다. 악수를 하면서 그가 들을 수 없다는 사실도 깜빡한 채 "감사합니다"라고 말했는데, 그 마음이 전해졌는지 창환 씨는 빙긋이 미소를 지어 보였다. 기자로 일하면서 마주한 몇 안 되는 기적 같은 순간이었다. 그렇게 인터뷰를 마치고 집으로 향하던 길에 이런 생각을 했다. 장애인과 비장애인이 '우리'가 되는 방법은 의외로 쉬운 일일 수도 있겠다고.

꼬리 잇는 책
킴 닐슨, 김승섭 옮김, 《장애의 역사》, 동아시아, 2020
정창권, 《근대 장애인사》, 사우, 2019

2,500만 년이 흘러 다시 만난다면

이낙원의
  《우리는 영원하지 않아서》*

---
* 들녘, 2017

회진을 할 때면 실랑이가 벌어졌다. 천식 환자인 할머니는 입안이 헐어서 흡입기 치료를 받을 수 없다고 몽니를 부렸고 의사는 매번 진땀을 뺐다. 한번은 정색하고 윽박을 질렀더니 할머니는 며칠 뒤 진료실로 찾아와 펑펑 눈물을 쏟았다. "선생님이 나를 이렇게 대하면 어떡합니까. 선생님이 나를 살려줘야지 누가 살리겠습니까."(30쪽)

고집불통일 때가 많았지만 할머니는 진종일 까라진 기분으로 생의 최후를 기다리는 보통의 환자들과는 많이 달랐다. 지근거리에 죽음이 어른거리는 순간에도 항상 유쾌했다. 할머니는 가끔 관자놀이에 반창고를 붙이곤 했는데 이유를 물으면 사는 게 골치 아파서 그렇다며 웃곤 했다.

"선생님, 나 아무래도 갈 것 같지? (엄지손가락을 좌우로 목 중간을 가르며) 켁~ 가겠지, 응?"

"빨리 가야 하는데. 기왕 가는 거 애들 고생시키지 말고 가야지. 조용히 흙 보태러 가야지."(33쪽)

할머니는 어느 날 새벽 숨을 거뒀다. 2017년 인천의

한 병원에서 일하던 의사 이낙원은 환자들 이야기를 담은《우리는 영원하지 않아서》를 출간하면서 이 할머니와 관련된 이야기를 들려준다.

> 사람이 살면서 쓸 수 있는 호흡의 양이 정해져 있다면, 할머니는 마지막 남은 숨의 대부분을 웃는 데 쓰셨다고 볼 수 있다. (…) 에리히 프롬은 수동적인 삶이란 '사는 것'이 아니라 그저 '겪는 것'일 뿐이라고 말했다. 죽음에도 사는 죽음이 있고, 겪고 마는 죽음이 있다. 할머니는 죽음을 살아내셨다. (…) 죽음이 두렵다면 삶은 언제나 불안을 바닥에 깔고 걷는 것과 마찬가지일 것이다.[1]

괄호 안의 인생

이낙원은 죽음을 너무 두려워하지 말자고 당부한다. 죽음이 또 다른 시작일 수도 있고 고단한 삶의 휴식일 수도 있으니까.

하지만 죽음을 의연하게 마주하는 이가 세상천지에 얼마나 될까. 누군가의 죽음, 특히 내 삶의 한 시기를 함께 한 이의 죽음을 경험할 때면 누구나 가슴 저미는 슬픔을 느끼게 된다. 그게 가족이든 친구든, 혹은 그 누가 되었든 간에.

내 곁을 황망하게 떠나버린 이 가운데 지금도 종종 생각나는 사람은 한 살 터울이던 사촌 형이다. 2016년 여름, 암으로 투병하던 형을 처음 만나러 갔던 날, 우리 두 사람은 조붓한 병실에서 한참 동안 저 멀리 흘러가버린 옛날이야기를 나눴다. 대화를 나눌수록 어사무사해진 유년기의 기억이 하나둘 되살아났다. 그 시절 나는 형을 형이라고 부르지도 않았기에, 그렇게 무람없이 서로를 대할 정도로 친했기에 우리 사이엔 공유하는 추억이 많을 수밖에 없었다.

　그해 가을, 그러니까 형의 삶이 얼마 남지 않았다는 소식을 듣고 일가친척이 전부 병원에 모인 적이 있었다. 병실에 들어갔다 나오는 사람마다 전부 눈물 바람이었다. 나는 한참을 복도에서 서성이다가 결국 병실에 들어가지 않았다. 형이 날 찾는다는 얘기를 들었지만 모른 척했다. 그와 말을 나누면 그게 작별 인사가 돼버릴 것 같았으니까. 하지만 돌이켜보면 그때의 난 그를 만났어야 했다. 그에겐 당시 네댓 살 정도 된 딸아이가 있었다. 화장하던 날, 나는 화장로로 향하던 그의 육신과 그것을 무연히 지켜보던 조카의 뒷모습을 핸드폰 카메라에 담았다. 지금은 연락이 끊긴 형수와 그 아이는 어디에서 어떻게 살아가고 있을까. 언젠가 다시 만날 수 있을까.

　《우리는 영원하지 않아서》에는 당시의 내게 들려주고 싶은 대목이 등장한다. 그 내용을 설명하려면 이낙원이 인용한 신학자 칼 바르트가 남긴 말을 소개해야 하는데, 그는 인간을 "괄호를 열고 생을 시작한 뒤 괄호를 닫고 생을 마감하는"(194쪽), 즉 '괄호 안의 존재'로 보았다.

> 괄호 안에서의 인생이 지속되고 드디어 죽음이라는 과정을 통해 괄호를 닫고 나면 작은 괄호를 포함하는 또 다른 대괄호가 존재할지, 아니면 그저 절벽 같은 낭떠러지가 기다리고 있을지는 알 수가 없다. 확실한 것은 괄호 안에만 존재하는 것들이 분명 있다는 것이다. 유한하기 때문에 느낄 수 있는 감정들. 때로는 그런 감정들이 삶을 위협하기도 한다. 불안, 두려움, 허무. 이러한 공포는 현재의 삶을 잠식하고 주위 사람들과 나누는 사랑, 애틋함 같은 소중한 가치들을 폐기하기도 한다.[2]

이 같은 메시지는 블라디미르 나보코프의 자서전《말하라, 기억이여》에 나오는 다음과 같은 문장을 떠올리게 만든다. "우리는 단지 영원이라는 두 어둠 사이 갈라진 틈을 통해 새어 나오는 빛과 같은 존재다."(말, 19쪽) 즉 괄호 안에 갇혀 있으나 환하게 빛나는 게 우리네 삶이니, 우린 그 찬란함을 누리면서 사랑을 표현하는 일에 인색하지 말자. 어쩌면 이것이 바로《우리가 영원하지 않아서》에 담긴 핵심일 듯싶다.

 이낙원은 주로 고령의 환자를 상대하는 호흡기내과 전문의다. "환자를 살리지는 못하지만 그렇다고 죽지는 않게끔 하는 일"(183쪽)이 주된 업무일 때가 많다. 짐작건대 그가 마주한 환자들에게 죽음이란 얼음물에 잉크가 번지듯 암흑의 뭔가가 삶을 잠식해가는 느낌이었을 것이다. 병원은 "유한함을 절실하게 자각하는 곳"(9쪽)이기에 죽음을 앞둔 환자는 일반인과 다른 시간의 속도를 체감한다. 그들은 "누구에게나 똑같은 속도로 흘러가는 '크로노스Chronos'의 시간이 아니라 주관적·절대적 차원의 시간인 '카이로스Kairos'의 시간"(9쪽)을 경험하게 된다.

 이때 의사는 환자에게 어떤 존재여야 하는가. 언젠가부터 나는 다양한 분야의 사람들이 자신의 '직업 윤리'를 성찰하는 책들에 관심을 갖게 됐는데, 이 책 역시 그런 경우였다. 가장 눈길이 갔던 대목도 이와 연관된 내용들이었다.

 수전 손택은 《타인의 고통》에서 인간이 누군가의 고통을 목격했을 때 쉽게 보이는 두 가지 반응을 언급한 적이 있다. 첫째는 연민이고 둘째는 고통의 범주화다.

 연민을 통해 우리는 타인의 고통에 내가 아파한다는 사실을 확인하고, 적어도 '무관심한 방관자는 아니'라고 자위하며 스스로를 쉽게 용서해버리곤 한다. 고통의 범주화는 누군가의 고통을 추상화, 혹은 일반화해버린 뒤

'그들의 영역'에 넘겨버리는 것을 의미한다. 일부 의사들에게서 느껴지는 차가움, 그것은 후자와 연관 있을 때가 많다. '환자니까 겪는 고통'쯤으로 환자의 아픔을 일반화해버린다고나 할까.

그런 점에서《우리는 영원하지 않아서》에 실린 아래와 같은 글귀는 주목할 만하다. 의사 이낙원이 전하는 자성의 목소리가 담겼기 때문이다.

> 나 역시 환자들이 겪는 고통 앞에서 연민이라는 감정 뒤에 숨었고, 고통을 범주화하면서 피해 다녔다. 그러나 병상에서 만난 그들의 고통은 그저 어떤 환자의 고통이 아니라 ○○○씨의 고통이었다.[3]

삶이 다시 반복될 순 없겠지만

이낙원은 죽음이 남긴 슬픔 앞에 우리가 속수무책 눈물을 쏟는 이유를 별의 생애에 빗대 설명하는데, 간추리자면 이런 내용이다. 별은 자신만의 중력장을 갖추고 있다. 중력을 통해 주변의 것들을 끌어당긴다. 자기 주변을 돌게 만든다. 자신 역시도 자기보다 더 큰 중력장에 포섭돼 있다.

인간 역시 마찬가지다. 우리는 손금처럼 갈라진 인연

의 사슬 안에서 살아간다. 이낙원은 "별이 소실될 때 중력파를 남기듯이 인간도 생을 마감할 때 파장을 남긴다"며 "누군가의 삶과 체취가 변형한 시공간에 익숙해진 주위 사람들의 세포가 고인의 죽음 앞에서 오열하는 것"(8쪽)이라고 적었다.

　세상을 살면서 사랑하는 이의 죽음만큼 우리를 슬프게 하는 일은 없을 것이다. 그런 슬픔을 마주한 이에게 작은 힘이라도 돼줄 수 있는 말이 있다면 그것은 언젠가 다시 만나게 될 거라는 부질없는 위로의 메시지가 전부일 듯한데, 내게는 이순원의 소설 〈은비령〉이 그런 느낌을 주는 작품이다.

　〈은비령〉엔 죽은 친구의 아내 선혜에게 애틋한 마음을 품게 된 한 남자의 이야기가 담겨 있다. 주인공은 소설 말미에 젊은 시절 친구와 9개월을 동고동락했던 은비령을 찾아가고, 이곳에서 선혜와 다시 만나게 된다. 그리고 두 사람은 홀로 별을 보러 왔다는 한 사내를 만난다. 사내는 천체天體의 원리를 들려준다. 행성은 타원의 형태를 띤 공전 궤도를 갖고 있다, 타원이 얼마나 길쭉한가 설명할 때 쓰는 말이 이심률이다, 이심률이 0에서 1.0에 가까울수록 공전 궤도는 더 길쭉해진다……. 그러면서 대화는 '영원이란 과연 무엇인가'에 관한 이야기로 이어진다.

"행성이 자기가 지나간 자리를 돌아오는 공전 주기를 가지고 있듯 우리가 사는 세상일도 그런 질서와 정해진 주기를 가지고 있습니다. 이 세상의 일이란 일은 모두 2,500만 년을 한 주기로 되풀이해서 일어나게 되어 있습니다. (…) 2,500만 년이 지나면 그때 우리는 윤회와 윤회를 거듭하다 다시 지금과 똑같이 이렇게 여기에 모여 우리 곁으로 온 별을 쳐다보며 또 이런 이야기를 하게 될 겁니다. 이제까지 살아온 길에서 우리가 만났던 사람들을 다 다시 만나게 되고, 겪었던 일을 다 다시 겪게 되고, 또 여기에서 다시 만나게 되고, 앞으로 겪어야 할 일들을 다시 겪게 되는 거죠."[4]

물론 사내의 주장은 새빨간 거짓말이다. 작품 속에서도 사내는 결국 이 이야기가 화성의 위성을 처음 발견한 미국 천문학자의 유머라고 털어놓는다. 그는 "별을 보고 나서 별 이야기를 하면 우리가 얼마큼 순진해질 수 있는가를 보여드리려고 한 말"(은, 158쪽)이라고 말한다.

한데 이 소설을 읽고 나면 2,500만 년이 흐른 뒤 다시 이 생이 반복될 수도 있을 것이란 생각을 하게 된다. 소설 속 문구처럼 이제까지 살아온 길에서 만났던 사람들을 다 다시 만나게 되고, 겪었던 일을 다 다시 겪게 되고, 또 여기에서 다시 만나게 될 거라고 상상하게 된다. 그렇다면 2,500만 년 뒤 나는 나보다 먼저 세상을 떠날 내 소중한 이들과 재회할 수 있을까. 다시 병상에 누워 있는 사촌 형을 만난다면 무슨 말을 하게 될까. 똑같은 후회를 반복하게 될까.

꼬리 잇는 책
블라디미르 나보코프, 오정미 옮김, 《말하라, 기억이여》, 플래닛, 2007
수전 손택, 이재원 옮김, 《타인의 고통》, 이후, 2004
이순원, 〈은비령〉, 《은비령》, 더스타일, 2012

호모 사피엔스의 거울엔 항상 전쟁의 얼굴이

김동춘의
《전쟁과 사회》*

* 돌베개, 2006(초판은 2000년 출간)

그곳엔 아이들이 있었다. 차가운 바리케이드가 사방을 둘러싼 40평 남짓한 놀이방. 금발의 소녀들이 블록 놀이에 푹 빠져 있던 그곳에서 시선을 잡아끈 것을 한쪽 벽면이었다. 거기엔 잠시 머물다 떠난 아이들이 그린 그림이 빼곡하게 걸려 있었다. 전쟁을 피해 떠나온 고향의 풍경이나 헤어진 친구, 가족의 얼굴을 그린 그림들이었다.

러시아가 우크라이나를 침공한 지 40일쯤 흐른 2022년 4월 초에 방문한 이곳은 헝가리 부다페스트에 마련된 우크라이나 피란민 지원 센터였다. 센터를 찾은 것은 우크라이나 접경 국가들에서 벌어지는 구호 현장을 취재하기 위해서였는데, 센터 바깥엔 춘래불사춘이라는 말이 절로 떠오를 정도로 쉴 새 없이 칼바람이 불었고 이따금 눈발이 날리곤 했다.

두꺼운 외투를 입은 피란민들은 자녀들을 센터 놀이방에 맡기고선 센터 곳곳에 마련된 부스들을 돌아다니며 최종 목적지로 가는 교통편을 알아보거나 일자리를 구하고 있었다. 센터엔 요깃거리가 준비된 식당, 반려동물을 위한 임시 동물병원까지 설치돼 있었다.

당시 출장 기간은 일주일 정도였다. 돌아오는 비행기 안에서 계속 머릿속을 맴돈 것은 센터 놀이방에서 만난 아이들이었다. 그들 중엔 아빠를 전쟁터에 남겨두고 엄마와 함께 국경을 넘은 이가 많았다. 요즘도 나는 가끔 생각해보곤 한다. 그 아이들은 지금쯤 어느 하늘 아래에서 어떻게 살고 있을까. 그림에 담겼던 그리움의 마음들은 어디로 갔을까.

대한민국 출생의 비밀의 찾아서

헝가리와 슬로바키아, 체코 등지를 둘러본 일주일의 출장을 통해 나는 처음으로 전쟁을 경험한 기분을 느꼈다. 하지만 이것은 틀린 감상일 것이다. 내가 사는 이 나라는 여전히 전쟁 중인 나라니까 말이다.

물론 내가 그렇듯 한국인 대다수는 이를 실감하지 못한다. 행정안전부 주민등록 통계를 보면, 2025년 6월 기준 휴전 이후 태어난 국민이 전체의 90퍼센트에 육박한다. 한국전쟁 당시 영아나 유아였을 사람까지 고려하면, 한국인 열 명 가운데 아홉 명 이상은 그 시절 국토를 뒤덮은 포연의 냄새를 맡아본 적 없거나 기억하지도 못하는 셈이다. 하지만 우리는 이 나라가 한국전쟁 희생자들이 흘린 핏물 위에 세워졌음을 누구나 알고 있다.

대학생이 됐을 때 선배들의 추천 도서 리스트엔 항상

한국전쟁을 다룬 책들이 있었다. 사람들은 한국전쟁이 남긴 무언가에 지남철처럼 이끌려 발생하는 게 한국 사회의 모든 현상이라 했고, 이것은 틀린 말이 아니었다. 그때를 생각하면 이 분야에서 저마다 높다란 봉우리가 된 학자들의 이름부터 떠올리게 된다. 브루스 커밍스, 박명림, 와다 하루키…….

하지만 그 시절 가장 인상 깊게 읽은 책은 저들 국제정치학자의 저서들이 아니었다. 그즈음까진 노동 연구로 주목받던, 막 40대 문턱을 밟은 김동춘의 책《전쟁과 사회》였다. 6·25 발발 50주년이던 2000년에 출간된 이 책을 읽으며 거북이 등껍질 같던 머리에 금이 가는 듯한 느낌을 받았었다. 소설만 읽던 내가 사회과학서의 재미와 의미를 처음 느낀 순간이기도 했다.

돌이켜보면 그때까지 내가 알던 한국전쟁에 관한 지식의 두께는 얄팍하기 짝이 없었다. 1950년 6월 25일, 마침내 마각을 드러낸 북괴가 쳐들어왔고 남한은 궁지에 몰린다→유엔군의 참전 덕분에 국군은 서울을 수복하고 압록강까지 진격한다→통일을 목전에 둔 시점에 중공군이 내려와 국군은 후퇴하고 오랜 공방전 끝에 휴전선이 그어지게 된다.

하지만 이 정도 수준으론 한국전쟁의 본질에 가닿을 수 없다.《전쟁과 사회》도입부에서 김동춘은 '6·25'라는 명칭은 잘못됐으니 '한국전쟁'으로 부르자고 제안한다. 물론

이 경우 나올 수 있는 비판은 예상할 수 있다. 이 땅에서 벌어진 전쟁을 타자화한다는 지적, 한반도에서 벌어진 전쟁이 이것이 전부가 아니지 않느냐는 목소리가 나올 수 있다.

그러나 그는 '6·25'는 "발발의 측면만 부각시킨 정치적 용어"(66쪽)여서 부적절하다고 잘라 말한다. 이런 주장을 통해 우리는 그가 이 책에서 비중 있게 전할 메시지가 무엇인지 짐작할 수 있다. 김동춘은 '누가 먼저 총을 쐈는가'보다 중요한 질문들이 있다고 말한다. 전쟁 당시 무슨 일이 있었고, 국가는 무엇을 했으며, 전쟁으로 이득을 본 사람들은 누구였는지부터 물어야 한다는 것이다. 그러니 이 책은 김동춘 스스로 말하듯 '본격 역사 서술'이라기보다는 "과도하게 정치화된 6·25 담론"(35쪽)에 대한 비판서이면서, 지금도 구천을 떠돌고 있을 전쟁 희생자를 기리는 제문祭文의 성격을 띤다고 할 수 있겠다.

5부로 구성된 책 속 이야기는 각각 서론, 결론에 해당하는 1부와 5부를 제외하면 "피란"(2부), "점령"(3부), "학살"(4부) 순으로 전개된다. 국제정치학의 프레임에서 얼마쯤 벗어나 민중의 처지에서 전쟁을 그려내려 한 셈이다.

"피란"에선 우선 이승만 대통령을 비롯한 대한민국 지배 계층이 어떻게 피란길에 올랐는지 자세하게 들려준다. 이승만은 전쟁 발발 이틀 뒤인 27일 새벽 비상국회가 열리던 시각에 국회 요인들에게도 알리지 않고 서울을 떠났고, 국무위원들은 앵무새처럼 같은 말만 반복했다.

서울을 사수하라, 우리에겐 미국이 있다, 맥아더가 우리를 구해줄 것이다…….

그렇다면 전쟁 발발 직후 서울 시민들은 어땠을까. 예상과 달리 많은 이들은 피란길에 오르지 않았다. 김일성 정권이 들어서도 큰 피해를 보진 않을 거라 여겼다. 지방의 농민들은 전쟁 발발 한 달 뒤 인민군이 나타난 것을 보고서야 전쟁이 터졌음을 알기도 했다.

전쟁이 길어지면서 피란은 어쩔 수 없는 선택지가 되기도 했다(이때도 인민군이 무서워서가 아니라 미군의 폭격을 피하기 위한 경우가 더 많았다고 한다). 그리고 이 같은 경험은 한국 사회에 선명한 흔적을 남겼다. 바로 한국을 '피난사회'로 바꿔놓게 된 것이다.

> 모두가 피란지에서 만난 사람처럼 서로를 대하며, 권력자와 민중들 모두 어떤 질서와 규칙 속에 살아가기보다는 당장의 이익 추구와 목숨 보전에 여념이 없다. (…) 오늘날 남한 사람들의 행동은 서울발 마지막 열차를 타기 위해 아우성치거나, 1·4후퇴 당시 흥남부두를 떠나는 배에 필사적으로 매달리던 피란민들의 행동과 과연 얼마나 다를까.[1]

한국인에게 심한 흉터로 남은 한국전쟁의 흔적은 이게 전부가 아니다. 이 전쟁은 3년간 수없이 전선이 올라갔다 내려가길 반복했다. 그때마다 사람들은 세상이 뒤집히는 기분을 느껴야 했다. 인민군 치하에서는 많은 이가 인민재판의 희생양이 됐는데, 전남 순천에서는 중학생이 재판관이 돼 체포된 동료와 선생을 심판하기도 했다.

국군이 수복한 지역에선 기다렸다는 듯이 복수극이 펼쳐졌다. 서울 수복이 마침내 성공하자 서울을 버리고 떠난 도강파는 잔류파를 심사했다. 잔류파는 '잠재적 빨갱이'였고 '이등 국민'이었다. 박완서의 자전 소설《그 많던 싱아는 누가 다 먹었을까》에는 서울에 남았던 작가의 가족이 부역자로 몰려 겪은 모욕의 시절이 담겨 있다.

> 그들은 나를 빨갱이년이라고 불렀다. 빨갱이고 빨갱이년이고 그 물만 들었다 하면 사람이 아니었다. (…) 빨갱이를 색출하고 혼내 줄 수 있는 기관은 수도 없이 난립돼 있었고, 이웃이 우리를 계속 수상쩍게 여기는 한 나는 그들의 밥이었다.[2]

이쪽이냐, 저쪽이냐를 묻는 말. 그 사이엔 어떤 공백도 존재하지 않는 세상. 아마도 이 문제를 다룬 가장 유명한 소설은 '전짓불의 공포'로 유명한 이청준의《소문의 벽》일 것이다. 이 작품엔 국군인지 인민군인지 알 수 없는 누군가가 매일 밤 들이닥쳐 손전등을 비추며 너는 누구 편이냐 묻던 잔인한 시대의 풍경이 그려져 있다. 많은 이가 말하듯, 그제나 이제나 한국 사회는 '사람의 얼굴을 가려버린 전짓불의 공포'에서 벗어나지 못하고 있는데, 어쩌면 이것도 '피난사회'와 함께 한국전쟁이 우리에게 남긴 고약한 유산일 것이다.

전쟁 없는 세상은 가능할까

《전쟁과 사회》를 통해 우리는 대한민국의 다양한 '출생의 비밀'을 확인할 수 있다. 그중 가장 눈여겨봄 직한 지점은 한국전쟁 당시 벌어진 학살의 살풍경이 담긴 4부다. 오랫동안 이 문제는 감히 언급조차 할 수 없는, 풍문처럼 떠돌지만 발설하긴 힘들던 국가적 금기어였다. 하지만《전쟁과 사회》가 발간될 즈음부터 서서히 그 시절 벌어진 '인간 사냥'의 실체가 하나둘 드러나기 시작했다. 노근리양민학살사건, 11사단사건, 국민보도연맹사건……. 여기에서 이들 사건이 낳은 섬뜩한 결과를 일일이 설명하긴 힘든데, 그래도 전쟁 발발 이전이던 1949년쯤부터 1953년까지 벌어진 몇몇 집단학살 사건은 소개하는 게 맞을 것 같다.

—국군 11사단은 남쪽에 남은 인민군과 빨치산을 제거한다는 명목으로 1950년 2월 8일에만 양민 528명을 죽였는데 여기엔 60대 이상이 대부분이었고, 어린이도 100여 명에 달했다.

―좌익들은 전쟁 발발 이전 우익인사를 상대로 학살극을 벌이곤 했는데, 경남 남해에서는 경찰관과 그 가족 44명이 살해당했으며 좌익들은 이들의 배를 갈라 간을 꺼내 씹거나 절명한 경찰관 배에 소나무 말뚝을 박아놓기도 했다.

―국군은 어린아이와 여성 등 저항력이 없는 사람들도 죽였는데 거창에서는 피학살자 719명 중 14세 이하가 359명에 달했다.

이렇듯 힘없는 부녀자도, 철없는 아이도, 나이 지긋한 어르신도 학살의 소용돌이를 피할 순 없었다. 국가의 이름으로, 때론 사적 보복의 형태로 학살의 광풍이 국토를 휩쓸었다. 한국전쟁은 "인간이 인간에게 얼마나 잔인해질 수 있는지를 보여준 전쟁 백화점"(392쪽)이었던 셈이다. 김동춘의 말마따나 그때의 학살은 "변형된 인종주의"(375쪽)의 한 형태였고, 친절하고 낙천적인 민족이라 평가받던 한국인은 가장 부끄러운 흑역사를 갖게 되었다.

그렇다면 다시 이 땅에서 전쟁이 벌어진다면 어떻게 될까. 전쟁 가능성은 얼마나 되며, 한국이 아니더라도 지난 세기에 반복된 지구촌의 참극이 재현될 확률은 어느 정도일까. 사람들은 지금 인류가 역사상 가장 평화로운 시기를 보내고 있다고 말한다. 전쟁 희생자가 과거보다 크게 줄었다는 사실이 이를 증명한다. 핵이 가져다준 전쟁 억지력은 지구촌에 '공포의 균형'을 선물했으며, 전쟁으로 거머쥘 수 있는 전리품의 가치도 많이 떨어졌다.

가령 유발 하라리는《21세기를 위한 21가지 제언》을 통해 전쟁이 줄어든 이유로 '경제의 성격'이 달라졌다는 점을 꼽는다. 실제로 현재 가장 중요한 경제 자산은 금광이나 유전이 아닌 '지식'이다. 하라리는 "애플, 페이스북, 구글 같은 기업들의 가치는 수천억 달러에 이르지만 그것을 힘으로 장악할 수는 없다"면서 이러한 문장을 남겼다. "실리콘밸리에는 실리콘 광산이 없다."(21, 267쪽)

그러나 호모 사피엔스가 이름처럼 '지혜로운 인간'이 아니라는 사실을 우리는 잘 알고 있다. 걷잡을 수 없이 심해지는 기후변화와 온갖 나라에서 득세하는 포퓰리즘은 언젠가 전쟁의 연료가 될 것이고, 그땐 다시 군국주의의 망령과 국가주의의 유혹이 세상을 뒤덮을 수도 있을 것이다. 한반도는 어쩌면 그 대표적인 예시가 될 수도 있다.

결국 우리가 할 수 있는 최선의 행동은 우리의 어리석음을 아는 일, 끊임없이 과거를 복기하는 일이다.《전쟁과 사회》같은 책이 꾸준히 읽혀야 하는 이유도 바로 여기에 있을 것이다.

꼬리 잇는 책
박완서,《그 많던 싱아는 누가 다 먹었을까》, 세계사, 2008
이청준,《소문의 벽》, 문학과지성사, 2011
유발 하라리, 전병근 옮김,《21세기를 위한 21가지 제언》, 김영사, 2018

존엄하게, 합리적 불일치를 향해

아비지트 배너지·에스테르 뒤플로의 《힘든 시대를 위한 좋은 경제학》*

---

* 김승진 옮김, 생각의힘, 2020

국경이 사라지면 어떻게 될까. 엉뚱한 소리로 들리겠지만 19세기만 하더라도 국경선의 존재는 유명무실했다. 여권을 발행하는 나라도 거의 없었다. 당시 사람들은 생각했다. 교통과 통신의 발전 덕분에 머지않은 미래에 국경은 사라질 거라고. 하지만 1차 세계대전이 터지면서 상황은 달라졌다. 징집을 위해, 혹은 스파이의 침투를 막으려고 유럽 국가들은 국경을 봉쇄했고, 국제사회는 1920년 프랑스 파리에서 여권 사용을 결의했다. 사실상 지도 위에만 존재하던 국경선에 묵직한 빗장이 걸린 셈이다. 현재 세계인 가운데 출생국이 아닌 나라에 사는 사람은 3퍼센트 수준에 불과하다. 자, 다시 생각해보자. 국경 없는 세상은 어떨까.

 일부 학자들은 지구촌 빈곤 문제의 해법으로 국경 개방을 꼽는다. 국경만 사라지면 가난 탓에 누란지위에 놓인 이들이 부자 나라로 이동해 쉽게 일자리를 얻고 더 나은 복지 혜택을 누릴 것으로 내다본다. 국경 개방만으로도 지구촌의 부가 65조 달러 늘어난다는 분석도 있다. 네

덜란드의 저널리스트인 뤼트허르 브레흐만은 《리얼리스트를 위한 유토피아 플랜》이라는 책에서 "19세기 불평등의 발단은 계급이었지만 요즘은 지역"(리, 225쪽)이라며 이렇게 말한다.

> 같은 국가의 국민 사이에 존재하는 불평등 차이는 분리된 세계 시민 사이에 존재하는 불평등 차이와 비교하면 아무것도 아니다. (…) 불평등이 몰지각하게 판을 치는 세상에서 이주는 빈곤과 싸울 수 있는 가장 강력한 도구라고 할 수 있다.[1]

좋은 학문의 조건, 결론보다는 경로

하지만 국경 개방과 같은 주장엔 미덥지 않은 측면이 있다. 2019년 노벨경제학상을 공동 수상한 부부 경제학자 아비지트 배너지와 에스테르 뒤플로의 이야기를 들어보자.

두 사람은 자유로운 이주의 필요성을 거듭 강조하면서도 '가난한 사람들이 고향의 모든 것을 버리고 부유한 나라로 갈 기회만 호시탐탐 노리고 있다'는 개념은 잘못된 것이라고 지적한다. 국경이 사라진다고 돈을 좇는 대이동이 시작되진 않는다는 의미다. 실제로 그리스는 2010년대 초반 혹독한 경제위기를 겪었으나 조국을 떠난 그리스인은 인구의 3퍼센트인 35만 명에 불과했다(그리스는 EU 회

원국이어서 유럽 국가로의 이주가 자유로운데도 그랬다).

국경이 없더라도 사람들이 이주를 망설이게 되는 이유는 크게 두 가지다. 우선 사람들은 불가항력의 재난 상황이 아니라면 고국에 머물길 원한다. 오랜 시간 함께한 가족, 친구, 이웃과 나누는 유대감은 돈을 넘어서는 생존의 밑받침이기 때문이다.

또 다른 이유는 이주에 따르는 불안감이다. 이주를 결행했다가 나쁜 결과를 맞닥뜨리면 아무것도 안 했을 때보다 더 큰 좌절의 시간을 마주해야 한다. 아비지트 배너지와 에스테르 뒤플로는 "이주는 엄청난 과잉 확신이 있어야 가능한 것"(86쪽)이라며 "과도한 두려움을 생각할 때, 이주와 관련한 보험을 제공하는 것도 이주를 촉진하는 방법이 될 수 있다"(98쪽)고 말한다.

두 학자의 이 같은 이야기가 담긴 책은 2020년 국내에 출간된 《힘든 시대를 위한 좋은 경제학》(이하 《좋은 경제학》)이다. 익히 알려져 있듯 이주 문제, 그러니까 이민자 이슈는 미국과 유럽에서 가장 첨예한 논쟁을 불러일으키는 단골 소재로 한국 역시 언젠가 그렇게 될 게 분명하다. 이주민 규모가 꾸준히 커지고 있는 데다 한국인이란 자고로 지독한 배타성을 가진 민족이니까.

그러니 서구 사회의 이민자 문제를 둘러싼 논쟁의 문제점을 들춘 《좋은 경제학》 속 내용 중 일부는 우리에게 중요한 참고가 될 만하다. 미국이나 유럽에서 이민자 문제를 둘러싼 경제적 통념은 이런 얼개를 띤다. ①국경의 문턱을 낮추면 가난한 나라 사람들이 선진국으로 쏟아져 들어온다, ②이주민의 유입은 임금을 떨어뜨리는 압력으로 작용한다, ③선진국 노동자들은 월급이 줄고 일자리가 사라져 경제적 어려움을 겪게 된다.

여기에서 ①은 이미 설명이 됐으니 ②, ③의 진실 여부를 가려보자. 이 책에 따르면 이주민 때문에 이들이 둥지를 튼 나라의 현지 노동자들이 힘들어진다는 주장엔 근거가 없다. 가령 1980년 쿠바의 지도자 피델 카스트로가 국민을 상대로 원하는 사람은 쿠바를 떠나라는 연설을 하자 그해 12만 5,000여 명이 미국 마이애미로 건너갔다. 마이애미 노동 인구는 순식간에 7퍼센트가 늘었다. 하지만 마이애미 노동자의 임금은 이전과 별 차이가 없었다.

다른 자료들 역시 마찬가지다. 미국에서 가장 권위 있는 학술기관인 미국과학아카데미가 2017년 내놓은 이주의 영향에 관한 보고서엔 이런 대목이 등장한다. "10년 이상 동안의 영향을 측정한 결과, 이민이 현지인의 임금에 미치는 영향은 전반적으로 매우 적었다."(54쪽)

노동에 관한 '수요-공급 모델'의 직관적 형태가 이주민 문제엔 작동하지 않는 이유로는 여러 가지를 꼽을 수 있다. 노동자 유입으로 지역 수요가 늘어 일자리가 추가 창출됐을 수 있고, 고용주가 노동 절약적인 기술(기계)을 도입할 요인이 사라져 해고될 사람들이 일자리를 유지하게 된다는 시나리오도 가능하다. 즉, 이주민 문제를 한정된 일자리를 놓고 벌이는 노동자들의 의자놀이로 여겨선 안 된다. 그런데 왜 사람들은 이런 얘기를 믿지 않는가.

이 책을 통해 다시 생각해보게 되는 지점 중 하나는 바로 여기에 있다. 사람들은 경제학자의 말에 의문을 제기하곤 한다. 미국과 영국에서 각각 진행된 직업군 신뢰도 조사에서 경제학자는 끝에서 두 번째를 차지하기도 했다(두 조사에서 꼴찌는 모두 정치인이었다).

불신의 배경은 그들의 예상이 날씨 예보처럼 헛발질일 때가 많아서일 수도, 기업의 이해관계만을 대변하는 이들이 미디어에 자주 노출돼서일 수도 있다. 그런데 《좋은 경제학》을 쓴 두 학자는 다른 이유를 하나 더 보탠다. 경제학자들이 "정교한 결론에 도달하기까지 밟은 복잡한 논증 과정을 대중에게 설명하는 데 시간을 별로 들이지 않기 때문"(24쪽)이라는 것이다.

그러면서 두 저자는 앞서 소개한 이주민 이슈를 비롯해 자유 무역을 둘러싼 허상, 불평등 문제나 조세 개혁 앞에 놓인 장애물, 정부의 적극적 개입이 갖는 중요성을 하나씩 살피는데, 눈여겨봄 직한 지점은 저자들이 자신의 주장을 실증해나가는 '과정'이다. 데이터를 늘어놓고 온갖 연구 결과를 들이밀면서 결론에 도달하기까지 자신들이 놓았던 징검돌이 무엇인지 보여준다. 이런 과정을 따라가면서 자연스럽게 생각해보게 되는 것은 사회과학자의 됨됨이다. 두 사람은 책의 제목에도 등장하는 '좋은 경제학'을 이렇게 정의해놓았다.

> 우리는 '단언'하는 경제학은 좋은 경제학이기 어렵다고 생각한다. 세상은 매우 복잡하고 불확실한 곳이어서, 많은 경우 경제학자가 대중과 소통해야 할 가장 중요한 이야기는 그의 결론 자체가 아니라 그 결론까지 도달하기 위해 밟은 경로다.[2]

책에 담긴 표현을 빌리자면, "사실관계를 치밀하게 다루는 것", "번드르르한 해법과 만병통치약을 의심하는 것", "알고 있는 것을 과장하지 않고 모르고 있는 것을 솔직하게 인정하는 것"(11쪽)은 비단 경제학자에게만 국한된 이야긴 아닐 것이다. 엄정한 실증의 과정을 거친 뒤 모색의 일단을 놓는 일, 그것이야말로 학자라면 지켜야 할 으뜸의 가치일 테니까.

《좋은 경제학》의 키워드를 하나만 들라면 '합리적 불일치'를 꼽고 싶다. 여론이란 모름지기 온갖 가짜 뉴스와 소루한 해석에 휘둘리고 각종 음모와 혐오에 흔들리게 마련이다. 두 저자는 말한다. 사회과학은 "서로가 상대의 말을 이해할 수 있게 도움으로써 '합의'까지는 아니더라도 합리적 불일치에 도달할 수 있게 하는"(16쪽) 학문이어야 한다고.

인간을 존엄하게, 세상을 공정하게

한국철학사상연구회가 2010년 출간한 《현실을 지배하는 아홉 가지 단어》라는 책엔 한국 사회를 《흥부전》에 빗대 재해석한 대목이 나온다. 모두가 알고 있듯 《흥부전》에서 놀부는 부모의 재산을 물려받아서 졸부가 되고 흥부는 제비로 상징되는 '한 방의 대박' 덕분에 부자가 된다. 책은 이 부분을 강조한 뒤, 여기에 오늘날 자본주의의 성격이 담겨 있다고 적었다. 요즘 세상엔 '부도덕한 착취'나 '한 방의 요행'이 아니면 부자가 되기 힘들다는 것이다.

상류층이 기회를 사재기하고 과거 계층 사이에 존재하던 유리 바닥은 콘크리트처럼 단단해진 상황이니, 실제로 많은 이가 그렇게 생각할 것 같다. 가난한 사람이 부자가 되는 길은 흥부처럼 뜻밖의 대박이 터지거나, 놀부로 환생하기를 바라는 수밖에 없다고.

불평등의 수준이 갈수록 심각해지는 것은 1980년대부터 본격화한 세계적 현상이다. 미국 레이건 정부나 영국의 대처 정권은 낙수 효과를 들먹이면서 부유한 사람이 먼저 이득을 챙기면 차차 가난한 이의 살림살이도 나아질 것으로 봤다. 한 경제학자가 했던 말처럼 "말에게 귀리를 충분히 먹이면 일부가 길에 떨어져 참새에게 간다"(405쪽)고 여겼다.

하지만 그 효과는 미미했다. 노동자의 삶은 팍팍해졌으나 막대한 지대 성격의 소득을 거머쥐는 이는 늘어만

갔다. 따지고 보면 세계 곳곳에서 펼쳐지는 극단의 정치적 갈등, 그 이유도 바로 여기에 있을 것이다.

《좋은 경제학》에서 다루는 많은 내용도 불평등 이슈와 연관돼 있다. 저자들은 '슈퍼 리치'에게 부여되는 소득세율을 크게 높이면서 정부가 이 문제에 좀 더 적극적으로 개입할 것을 주문한다. 그러면서 '좋은 삶이란 무엇인가'라는 궁극의 질문을 던진다. 경제학자의 책에서 이런 물음에 관한 심도 있는 답변을 만나기란 흔치 않은데, 이야기가 돌고 돌아 도달한 결론은 모든 정책은 인간의 존엄성을 최고의 가치로 삼아야 한다는 것이다.

두 저자는 가난한 나라, 가난한 이들의 삶을 연구하는 학자들이다. 두 사람은 개발도상국으로 출장을 갈 때마다 "희망이야말로 사람들이 계속 살아가게 하는 힘"(545쪽)이라는 사실을 실감했다고 한다. 이들은 이렇게 주문한다. 가난한 이들을 두고 그들은 '성취의 동기'가 부족하다는 식으로 깎아내리지 말기를, 모든 정책이 그들에게 모멸감을 주지 않도록 설계되기를, "존엄과 유대를 향한 인간의 깊은 열망"(29쪽)을 이해하면서 모든 대화가 진행되기를.

이런 주장을 읽으면서 떠올린 것은 발달장애인을 위해 만들어진 굿윌스토어라는 사회적 기업이었다. 2011년 국내에 설립된 이곳은 '자선이 아닌 기회를'이라는 슬로건을 내걸고 개인이나 기업으로부터 쓰지 않는 물건을 기증받아 되파는 매장이다. 굿윌스토어에 가면 곳곳에서 상품 진열이나 분류에 몰두하는 장애인 직원들을 만날 수 있다. 언젠가 이 단체의 실무를 총괄하는 이를 만난 적이 있는데, 그는 이런 이야기를 들려주었다.

"장애인 대다수가 처음엔 웃음기가 없는 얼굴이었어요. 하지만 일을 하면서 자존감을 느끼게 돼서인지 어느 순간부터 웃는 얼굴이 되더군요. 그들의 부모 역시 마찬가지입니다."

노동은 단지 돈벌이의 수단이 아니다. 우리는 일을 통해 자신의 존엄을 확인하고 자존감을 얻는다. 어떤 이들은 소득과 지출, 수출과 수입 같은 지표의 데이터만으로 세상을 이해하려 하겠지만 세상에서 가장 중요한 것은 숫자가 담기는 주판, 그 바깥에 있다. 책 제목처럼 '힘든 시대를 위한 좋은 경제학'이 존재한다면 그것 역시 마찬가지일 것이다.

꼬리 잇는 책
뤼트허르 브레흐만, 안기순 옮김, 《리얼리스트를 위한 유토피아 플랜》, 김영사, 2017
한국철학사상연구회, 《현실을 지배하는 아홉 가지 단어》, 동녘, 2010

오은영이 될 수 없는 부모들에게

주디스 리치 해리스의 《양육가설》*

---

* 최수근 옮김, 이김, 2017

심리학자 스티븐 핑커는 1995년 다음과 같이 시작하는 논문을 읽었다. "부모는 자녀의 성격 발달에 있어서 중요하면서도 지속적인 영향을 미칠 수 있는가. 그 증거들을 검토한 결과 그렇지 않았다."(30쪽)

이 말은 부모가 어떻게 가르치느냐에 따라 자녀의 성격, 나아가 자식의 미래까지 결정된다는 이른바 '양육가설'의 통념을 결딴내는 주장이었다. 이토록 발칙한 논문을 쓴 이는 무명의 학자였다. 논문 저자의 이름 아래엔 소속 기관도, 학교도 없었다.

주인공은 당시 환갑을 목전에 둔, 젊은 시절 하버드대에서 심리학을 공부하다가 "석사학위만 받고 쫓겨난"(31쪽) 주디스 리치 해리스였다. 그가 이 논문을 발표하고 3년 뒤 내놓은 책에 스티븐 핑커는 격찬에 가까운 추천사를 썼다.

> 이 책을 접한 것은 내가 심리학자가 된 이래로 경험한 가장 짜릿한 일 중 하나다. 이렇게 학문적이

고 혁명적이고 깊은 통찰을 보이며, 놀라울 정도로 명쾌하고 또 재치 넘치는 글을 읽어본 사람이 얼마나 될까. (…) 심리학 역사에서 하나의 전환점이 될 것이라고 예상한다.[1]

하지만 이런 전망은 빗나갔다. 부모의 교육 방식이 아이의 미래를 결정한다는 양육가설은 20여 년이 흐른 현재도 견고하다. 그래서 양육가설에 맞서는 이 책에 담긴 주장들은 거미줄에 코끼리가 걸렸다는 말처럼 황당하게 여겨지곤 한다.

심지어 주디스 리치 해리스의 딸들도 어머니의 조언을 무시하고 세상의 방식대로 자식들을 키웠다. 어쩌면 그의 딸들이 보인 모습이야말로 자식이란 본디 부모 뜻대로 되는 게 아니라는, 양육가설은 허깨비에 불과하다는 어머니의 지론을 그대로 보여준 역설적 증거일 듯하다.

양육가설이라는 이름의 미신

내가 누군가의 아버지가 된 것, 그러니까 우리 딸이 태어난 날짜는 2018년 6월 15일이었다. 병원에 아내와 딸아이와 장모님을 두고 홀로 귀가해 한밤중 아파트 주차장에서 떠올린 것은 이탈리아 작가 움베르토 에코와 관련된 이야기였다. 생전에 그는 스페인의 한 과학관에서 인생에서 가장 아름다운 순간을 마주한 적이 있노라고 밝힌 적이 있다. 그는 동굴처럼 컴컴한 과학관 바닥에 누워 큐레이터와 이런 말을 주고받았다.

"생일이 언제인가요? 고향은 어디였습니까?"

"1932년 1월 5일 이탈리아 알렉산드리아에서 태어났습니다."

이윽고 천체 투영기가 가동되더니 과학관 천장엔 그 옛날 자신이 태어나던 날 알렉산드리아의 밤하늘이 펼쳐지기 시작했다. 물리학자 정재승은 《열두 발자국》이라는 자신의 책에 이 이야기를 소개하면서 이렇게 적었다. "[에코는] 자신이 태어난 날의 밤하늘을 당연히 보지 못했지요. 그의 어머니도 그를 낳느라 보지 못했지요. 에코는 그의 아버지만이 테라스에서 숨죽이며 올려다보았을 바로 그 밤하늘을 경험하게 된 겁니다."(열, 11~12쪽)

딸이 태어나던 날, 아파트 주차장에서 하늘을 올려다보며 나 역시 비슷한 생각을 했다. '언젠가 나의 딸도 자신이 태어나던 날의 밤하늘을 다시 마주할 수 있을까.'

그러면서 이런 생각이 들었다. 부모와 자식 사이는 어쩌면 저 광막한 우주 공간에 외로이 빛나고 있는 달이 지구와 맺은 관계와 비슷할 거라고.

지구가 달을 가지게 된 건 연인 간의 사랑이 그렇듯 우연 그 자체였다. 소행성이 지구와 충돌하면서 떨어져 나온 게 달이니 달은 지구의 자식이다. 달의 어원이 딸이라는 말도 있다.

시인 김혜순은 2022년 엄마를 잃은 슬픔을 담아낸 작품들을 모아 신작 시집을 펴내면서, 시집 제목을 이렇게 달기도 했다.《지구가 죽으면 달은 누굴 돌지?》.

지구의 엄청난 중력 탓에 달이 공전을 반복하듯, 자식 역시 부모의 중력장에서 벗어날 수 없는 존재라고 여기기 쉽다. 하지만 주디스 리치 해리스의 주장에 따르면 자녀는 부모에게 달과 같은 존재가 아니다. 서서히 멀어져 또래 집단의 중력장에 포섭돼버리는 미지의 행성이다.《양육가설》엔 이렇게 적혀 있다. "아이들은 집 안에서 학습한 것들을 집을 나서는 순간 내팽개치기도 한다. 밖에 나갈 때 엄마가 만들어준 촌스러운 스웨터를 벗어 던지듯이."(52쪽)

일반적인 예상과 달리 양육가설의 역사는 짧다. 옛날엔 부모가 아이를 얼마쯤 방치하더라도 죄책감을 느끼지 않았다. 하지만 현대로 접어들면서 부모가 아이의 올곧은 성장에 결정적 역할을 한다는 생각이 '이데올로기적 도그마'가 됐다는 게 이 책의 주장이다.

그렇다면 양육가설은 어떻게 시작됐을까. 가설의 창조주는 지그문트 프로이트다. 알려졌다시피 프로이트는 성인의 많은 심리적 병인이 유년기의 어떤 경험, 특히 부모와의 관계에서 비롯된다고 여겼다. 그의 많은 주장에 근거가 없음이 드러났는데도 여전히 프로이트의 이론은 양육가설의 뒷배가 돼주고 있다. 프로이트의 이론에 반기를 들면서 실증주의적 태도를 견지한 행동심리학 분야의 학자들 역시 양육가설을 견결히 지지하긴 매한가지다.

하지만 주디스 리치 해리스는 양육가설이 사상누각에 불과하다고 강조한다. 그간의 심리학자들이 보여준 연구 방법이 가진 방법론적 맹점들을 들추면서, 부모가 아이 성장에 절대적 영향을 미치지 않는 이유를 늘어놓는데 그중 두 가지만 소개하자면 이런 내용이다.

만약 부모의 교육 방식이 자녀의 성격을 결정짓는 핵심 요소라면 같은 부모 아래에서 자란 형제자매의 성격은 비슷해야 한다. 하지만 우리가 주변에서 자주 보듯 한 지붕 아래 사는 형제자매의 성격이 제각각인 경우는 너무도 많다. 주디스 리치 해리스는 "닮은 부분이 있다면 그것은 유전적으로 닮은 정도의 유사성일 확률이 높다"(82쪽)고 말한다.

사실처럼 받아들여지는 출생 순서 효과birth order effect 역시 마찬가지다. 사람들은 흔히 말한다. 첫째는 의젓하고 둘째는 우유부단하며 막내는 철이 없다고. 출생 순서에 따라 부모의 양육 방식이 달라지니 형이냐 동생이냐에 따라 각기 다른 성격을 갖게 된다고.

하지만 이 같은 내용은 전부 미신일 수도 있다. 스위스 연구진은 20세기 중반부터 쌓인 온갖 데이터를 그러모아 '첫째의 성격'이 존재한다는 사실을 입증하려고 했으나 헛물만 켰다고 한다. 그들은 원하는 결과를 얻지 못했고 프로젝트는 시간과 종이만 낭비한 꼴이 됐다.

만에 하나 양육가설의 증거가 될 법한 그럴듯한 연구 결과가 나왔다고 해도, 그 내용을 속속들이 살피면 허접할 때가 많다. 가령 소심한 아이가 있다고 하자. 연구자들은 그가 첫째라면 부모가 아이를 처음 키워봐서 자녀를 조심스럽게 대한 모습이 성격에 영향을 미쳤을 거라고 분석한다. 만약 막내라면 부모의 관심을 덜 받아서 소심한 성격을 갖게 됐을 거라고 해석한다. 이런 생각들은 연구자의 편견에 따라 제멋대로 예단해버린 탓에 나오게 되는, '프로크루스테스의 침대'를 떠올리게 만드는 잘못된 분석 아닌가.

물론 이런 근거들을 들이대도 양육가설이 가짜라는 주장에 동의하기란 쉽지 않다. 도서관이나 서점가엔 자식은 부모 하기 나름이라는 책이 산더미처럼 쌓여 있다. 나 역시도 여느 한국인 부모처럼 '육아 멘토'로 불리는 오은영 박사가 TV에 나와 부모의 특정 행동 탓에 아이가 문제를 일으킨다는 분석을 늘어놓으면 고개를 끄덕이곤 한다. 심지어 그가 집필한 《못 참는 아이 욱하는 부모》라는 책을 읽으며 이런 대목에 밑줄을 긋기도 했다.

> 욱하는 부모의 모습은 아이에게 그대로 모델링되어, 아이도 욱하는 어른으로 클 수 있다. 아이는

부모의 모습을 보면서 '부정적 감정은 저렇게 표현해야 하는 거구나'라고 학습하기 때문이다.[2]

자, 그렇다면 이쯤에서 이런 질문을 던져보자. 당신은 양육가설 찬반 진영 가운데 어느 쪽에 설 것인가. 모든 부모가 오은영 같은 전문가가 될 수 없다면, 그래서 '육아=전쟁'이라고 여기는 순간이 매일 반복된다면 양육가설이 가짜라고 말하는 목소리에도 귀를 기울일 필요가 있다. 물론 아이가 없어도 이 책에 관심을 가질 이유는 충분하다. 우린 모두 누군가의 자녀이고 적지 않은 이는 이미 누군가의 부모가 됐거나 그렇게 될 사람들이니까.

주디스 리치 해리스는 양육가설을 사이비로 규정하면서 부모의 영향력 바깥에서 인간이 어떻게 사회의 일원으로 성장하는지 들려주는데, 그가 제시하는 답은 '집단 사회화 이론'이다. 이 이론은 아이가 또래 집단을 자신과 동일시하면서 그 집단의 문화를 받아들이는 것을 의미한다. 이 같은 사회화 과정에 부모의 자리는 없다. 그는 "(인류 역사를 보면) 아이의 미래에 대한 전망은 부모의 사랑을 받는가가 아닌 집단의 다른 구성원들, 곧 같은 세대에 속해 남은 삶을 함께 보내게 될 또래들과 잘 지내는가에 따라 결정된다"며 "현대를 사는 아이들의 마음은 지난 600만 년에 걸친 진화의 역사가 낳은 산물"(194쪽)이라고 말한다.

집단 사회화 이론이 가장 활발하게 구현되는 시기는

초등학생 때다. 아이들은 남자는 남자끼리, 여자는 여자끼리 패거리를 만든다. 놀이 취향이 비슷하고 자신이 각각 남자·여자 집단에 속한다는 자의식 때문이다. 집단 속 아이들은 다른 팀과의 차이를 과장해 인식하게 된다. 아이들에게 친구는 '우리'가, 어른은 '그들'이 된다. 친구들로부터 당하는 따돌림은 교실에서 바지에 오줌을 싸는 일보다 더 심한 공포다. 또래 집단이 곧 아이들의 준거 집단이다. 책에는 "한 아이를 키우려면 온 마을이 필요하다"는 아프리카 속담을 이렇게 해석해놓았다.

> 온 마을이 필요하다는 것은 아이들을 바른길로 인도하기 위해 많은 수의 어른이 필요하다는 의미가 아니다. 마을 전체가 필요한 까닭은 마을 안에 놀이집단을 형성할 만큼 충분한 수의 아이들이 있기 때문이다. (…) 대여섯 살 이상의 아이에게는 부모나 그 대체자가 반드시 필요하지 않을 수도 있다. 아이에게는 안정적인 또래 집단이 더 중요할 수 있다.[3]

부모가 할 수 있는 일

우리 부부는 맞벌이여서 아이를 키우면서 난감할 때가 많았다. 세상에서 가장 무서운 상황은 육아 공백이었다.

특히 코로나19로 어린이집이 자주 문을 닫던 시기엔 그야말로 망연자실할 때가 많았다. 회사 방침에 따라 재택근무를 할 때 아이는 노트북이 보이면 득달같이 달려들어 치고 뜯고 밟으려 했다. 도저히 일을 할 수가 없었다. 낮에는 육아에 치이고, 밤에는 업무에 허덕여야 했다. 물론 세상만사는 궁즉통이기에 친가와 처가 부모님이 얼마간 아이를 맡아주기도 했으나 임시방편일 뿐이었다. 한숨과 짜증이 폭설처럼 쌓이던 그때 그 시절, 내가 자주 떠올린 글은 정세랑의 《덧니가 보고 싶어》에 실린 구절이었다.

> 인생이 테트리스라면, 더 이상 긴 일자 막대는 내려오지 않는다. 갑자기 모든 게 좋아질 리가 없다. 이렇게 쌓여서, 해소되지 않는 모든 것들을 안고 버티는 거다.[4]

그렇게 시간은 흘러 딸아이는 차돌처럼 야무진 소녀로 성장했다. 하지만 육아의 터널이 언제 끝날진 여전히 묘연하게 느껴진다. 우리 같은 초보 아빠, 초보 엄마에게 가장 쉬운 육아법은 이것이었다. 아이가 어지간한 잘못을 하더라도 억지로 웃으며 참는 것. 그렇게 하면 부모의 어떤 말이나 행동 탓에 아이가 깊은 내상을 입는 일은 없을 테니까.

하지만 금이야 옥이야 아이를 키우는 방식은 부모에게

엄청난 피로감을 안긴다. 훈육은 항상 실패하고 아이의 생떼는 심해지고 부모의 스트레스는 가중되는 악순환의 연속.

우리 부부 같은 육아관을 지향한 탓에 힘겨운 시간을 보내는 이가 있다면, 맹세컨대 주디스 리치 해리스가 전하는 다음과 같은 조언이 희망의 동아줄로 느껴질 것이다.

> 진화는 우리에게 채찍만이 아니라 당근도 줬다. 자연은 인간이 어떤 일을 하도록 유도하기 위해서 그에 걸맞은 기쁨과 만족감을 보상으로 제공한다. 양육이 힘겹고 어렵기만 한 일이라면 침팬지들이 그 일을 견뎌낼 수 있겠는가. 부모란 양육을 즐길 수 있는 존재다. 양육을 즐기고 있지 않다면 어쩌면 힘에 부칠 정도로 노력하고 있는 건지도 모른다.[5]

노파심에 덧붙이자면 그는 부모의 역할이 아이에게 중요하지 않다고 말하지 않는다. 집 밖에서 아이의 성격과 행동, 나아가 사회화를 결정하는 것은 또래 집단이지만 아이가 집에서 느끼는 행복만큼은 부모의 책임이다. 아이가 어리다면 부모는 자녀가 어울릴 또래 집단을 선택하는 일에 개입할 수도 있다. 자녀가 또래 집단에서 최대한 튀지 않으면서도 매력적으로 보이게 하는 것, 그래서 혹시 모를 놀림이나 따돌림을 당할 일이 없도록 하는 것도 부모의 역할이다. "특이하다는 것은 또래 집단에서는 미덕이 아니기"(484쪽) 때문이다.

  책에는 등장하지 않지만, 아이에게 많은 추억을 선물하는 것도 부모의 의무일 듯하다. 살면서 '아, 지금 이 장면은 평생 기억할 듯하다'고 느끼는 순간이 있는데, 네 살이던 딸아이와 내가 졸업한 시골의 초등학교 운동장에서 연날리기하던 때가 그랬다. 물론 딸은 나이가 들면서 그때를 잊어버릴 것이다. 언젠가 그런 기사를 본 적이 있다. 일곱 살에서 여덟 살로 넘어가던 시기에 아이들은 이전의 짧은 생에서 경험한 많은 것을 잊어버린다고. 이른바 '유년기 기억상실증'을 겪는다고.

  나는 주디스 리치 해리스 덕분에 양육가설을 비웃는 사람이 돼버렸지만 이런 믿음은 품고 있다. 부모와 함께한 빛나는 날들이 딸아이의 마음에 아름다운 흔적을, 영원히 지워지지 않을 선명한 무늬를 남길 거라고. 물론 바람 따라 풀려나가는 얼레에 감긴 연줄처럼 내 딸도 언젠가는 내 품을 떠나 저 하늘 높이 날아가버리겠지만 말이다.

꼬리 잇는 책
정재승, 《열두 발자국》, 어크로스, 2018
오은영, 《못 참는 아이 욱하는 부모》, 코리아닷컴, 2016
정세랑, 《덧니가 보고 싶어》, 난다, 2019

언어를 불순하게, 개인을 위대하게

고종석의
《감염된 언어》*

---
* 개마고원, 2007(초판은 1999년 출간)

소설가 복거일이 1998년 내놓은 《국제어 시대의 민족어》는 당대의 문제작이었다. 이 책엔 영어를 한국 사회의 공용어로 삼자는 주장이 비중 있게 담겼는데, 이는 시민들의 정서에 반하는 신성 모독에 가까운 발언이었다. 누구나 자신의 모국어에 흥건한 정을 품기 마련이지만, 한국처럼 민족주의가 '드센' 나라에서 영어 공용어론은 민족을 버리라는 이야기처럼 들릴 수 있었다. 그런데도 복거일이 이런 주장을 들고나온 건 새로운 밀레니엄이 영어의 시대가 될 것이란 확고한 믿음 때문이었다. 그는 지구촌의 민족어들이 저마다 영어에 깊이 침윤되다 언젠간 거의 힘을 잃을 것으로 내다봤다.

> 당분간 국제어의 정착은 더딜 터이지만, 장기적으론 경제의 논리를 거스르기 어려울 것이다. 물론 민족 언어들이 아주 없어지는 것은 아니다. 그것들은 차츰 대중들의 삶에서 떨어져서 일부 학자들이나 작가들에 의해 보존되는 '박물관 언어'

들이 될 것이다.[1]

　복거일은 2013년 출간된《복거일의 자유롭게 한 걸음》에서도 비슷한 주장을 반복했다. 그는 지난 세기말 영어 공용화 논쟁에 불을 댕겼을 때를 회상하며 "개인적으로 [그 당시] 평생 먹을 욕을 다 먹었다는 생각이 든다"(복, 50쪽)면서 이런 말들을 덧붙였다.

　　"언어 시장에서의 독점도 이로울 수가 없습니다. 한국어가 누리는 독점을 허물어 선택의 폭을 늘리는 것은 언어 소비자들인 우리 시민들에게 이롭습니다."[2]

　　"[후손들에게] 언어를 선택할 기회를 마련해주는 것은 그들로 하여금 자신들의 정체성을 보다 잘 다듬어내도록 할 것입니다. 중요한 것은 언어이지 특정 언어가 아닙니다."[3]

모국어라는 우상

　2023년 봄부터 1년간 미국 생활을 시작하면서 우리 부부가 우려한 것 중 하나는 딸의 교육 문제였다. 제 이름만 한글로 겨우 쓸 줄 아는 아이가 미국 친구들과 소통할 수 있을지, 선생님의 지시를 알아듣기나 할지 걱정이었다. 하지만 아이는 어렵지 않게 적응했다. 한국에서 어린이집을 다닐 때는 눈물을 쏟으며 등원할 때가 많았지만 미국에선 그런 날이 거의 없었다. 영어 실력도 하루가 다르게 늘었다. 눈치로 대충 뜻을 넘겨짚으면서 익힌 아이의 영어는 금세 간단한 회화가 가능한 수준이 되었다.

그러면서 나는 자연스럽게 이런 생각을 해보곤 했다. 만약 내 아이가 이중언어 사용자가 될 수 없다면, 한국어와 영어 가운데 하나만 골라야 한다면 어떤 언어를 택하도록 해야 할까(이것은 영어 공용에 반대하는 이들에게 복거일이 요청한 사고 실험이기도 하다). 물론 두 언어를 유창하게 구사하도록 돕는 게 가장 좋을 것이다. 하지만 양자택일의 문제라고 가정했을 때, 모국어라는 이유만으로 자식에게 한국어를 선택하라고 말하긴 힘들 것 같다. 한국의 부모라면 누구라도 불문곡직하고 영어 포기를 선언하긴 쉽지 않을 것이다. 이는 각종 정보와 문화적 유산에 접근할 가능성을 낮추면서, 입시와 취업에서 불이익을 떠안아 경쟁에서 뒤처질 수 있음을 의미하니까.

복거일이 영어 공용어론을 처음 들고나왔을 때, 그의 외로운 싸움에 유일한 지원군이 돼준 이가 고종석이었다. 1999년 출간된 고종석의 산문집 《감염된 언어》에는 당시 복거일의 주장을 거들기 위해 발표한 〈우리는 모두 그리스인이다〉가 실려 있다. "복거일은 내 스승이다"

(106쪽)라는 선언으로 시작해 "다만 내가 삼가 바라는 것은, 이 글에서 스승의 목소리가 조금이라도 감지되었으면 하는 것이다"(208쪽)라는 문장으로 끝나는 글로, 복거일을 향한 애정과 존경이 듬뿍 묻어나는 내용이다(물론 두 사람의 논리가 완전히 포개지는 건 아니어서, 복거일이 영어 공용을 통해 배가될 한국인의 경쟁력에 주목한다면 고종석의 글은 언어 정책의 불필요성을 강조하면서 영어의 시대를 기꺼운 마음으로 받아들이자는 뉘앙스를 띠고 있다).

눈여겨봄 직한 부분은 저널리스트이자 소설가로 유명한 고종석이 이 글을 통해 '언어학자 고종석'의 실력을 유감없이 보여준다는 점이다. 그는 물가에 반짝이는 차돌 같은 문장들을 통해 코즈모폴리턴의 언어관이 어떤 모습을 띠어야 하는지 확인하게끔 해준다.

이 글의 첫머리에서 언급했다시피, 한국 사회에서 영어 공용어론은 위험천만한 주장이다. 영어를 공용어로 삼자는 말에 강하게 반발하는 이들이 자주 하는 생각은 이것일 듯하다. '영어 공용화는 한국어의 쇠멸로 이어져 결국 민족의 정체성을 허물 것이다.'

이에 대해 고종석은 "민족으로서의 정체성을 잃는 대신에 세계 시민으로서의 정체성, 인류로서의 정체성을 얻을 것"이라며 "우리는 우리와 '피'를 나누지 않은 이웃들과 사귀는 법을 배울 것이고, 또 그들과 '피'를 나누는 법도 배울 것"(206~207쪽)이라고 말한다.

그러면서 영어 공용에 찬성하는 이유를 늘어놓는데, 가장 강한 설득력을 띠는 지점은 영어 공용어론에 담긴 계급적 함의다. 모두가 알다시피 영어는 한국 사회에서 부의 세습을 가장 뚜렷이 드러내는 증거가 된 지 오래다.

예컨대 '영어유치원'으로 불리는 유아 대상 영어학원은 한국인의 생애주기에서 학력→소득→건강 격차 순으로 이어지는 불평등의 출발선이 되고 있다. 어쩌면 한국 지배계층 자녀들에게 영어는 이미 공용어의 지위에 올랐다고 볼 수도 있을 것이다. 고종석은 "공용어로서의 영어를 반대한다는 것은, 지식과 정보를 특정 집단이 독점하는 걸 허락하겠다는 뜻"(205쪽)이라고 쏘아붙이는데, 너무 과하지 않나 싶으면서도 얼마쯤 동의하게 된다. 그는 "내가 아는 민주주의는 특정 집단에 의한 그런 식의 지식의 독점을 당연시하지 않는다"(206쪽)고 강조한다.

언어순결주의가 지니는 폐해를 지적한 대목에도 눈길이 간다. 역사를 살피면 모국어 순수주의라고 부를 수도 있는 이런 생각은 파시즘과 동전의 양면을 이룰 때가 많았다. 독일이 대표적이다. '독일어의 완전한 독일화'를 궁극적 목표로 내건 사람들은 독일어를 순양·순화하는 운동을 전개하곤 했는데, 이는 특히 1·2차 대전 때 기승을 부렸다. 고종석은 이런 역사적 사실에 주목하면서 '언어순결주의=항진亢進된 민족주의의 증세'라고 말한다.

하지만 영어의 발전사는 독일어와는 완전히 다른 궤적

을 그렸다. 고종석은 영어가 지금처럼 많은 어휘를 거느리며 엄청난 활력을 띤 언어가 될 수 있었던 이유로 영어의 너그러움을 꼽는다. 실제로 영어는 예부터 지금까지 프랑스어를 비롯한 외국어에 항상 열려 있었다. 한국어가 '한자어의 침략' 덕분에 어휘를 크게 늘릴 수 있었던 것처럼 영어는 외부 언어들을 끊임없이 수혈받아 덩치를 키웠고, 이 덕분에 지금처럼 기름진 언어가 되었다.

그렇다면 한국어의 미래는 어때야 할까. 기자 생활을 하면서 종종 한국어 순화 운동을 벌이는 단체들, 복거일의 표현을 빌리자면 "풍속의 감시자들"이 보낸 메일을 받곤 한다. 기사에 등장한 특정 외래어나 외국어를 한국어 표현으로 바꿔 달라는 것이다. 이때마다 나는 얼마쯤 아연한 기분을 느끼곤 하는데, 그 이유는 《감염된 언어》 속 구절을 소개하는 것으로 대신할 수 있을 것 같다.

> 나는 이른바 토박이말과 한자어(중국산이든 한국산이든 일본산이든)와 유럽계 어휘(영국제든 프랑스제든)가 마구 섞인 혼탁한 한국어 속에서 자유를 숨쉰다. 나는 한문투로 휘어지고 일본 문투로 굽어지고 서양 문투로 닳은 한국어 문장 속에서 풍요와 세련을 느낀다. (…) 언어순결주의, 즉 외국어의 그림자와 메아리에 대한 두려움에서 외국인 노동자에 대한 박해, 혼혈인 혐오, 북벌北伐·정

왜征倭의 망상, 장애인 멸시까지는 그리 먼 걸음이 아니다. 우리가 잊지 말아야 할 것은 '순화'의 충동이란 흔히 '죽임'의 충동이란 사실이다.[4]

자유주의의 공간

고종석은 내게 한국어 선생님과도 같은 존재다. 《감염된 언어》에서 그는 "아름답고 정확한 한국어를 쓰겠다는 몽상"(15쪽)을 품고 살았노라고 고백하는데, 내게 그의 몇몇 글은 이런 몽상의 현현처럼 여겨지곤 한다. 문장의 흐름에서 각진 모서리를 발견하기 힘든 글을 통해 아름다움이란 정확한 글에 배태된다는 진리를 되새길 때가 많다. 지금도 잠을 이루지 못해 뒤척이는 날엔 그의 선집에 담긴 글들을 야금야금 읽다가 잠들곤 한다.

내가 그의 글에 끌리는 것은 국내엔 희귀한 자유주의의 공간을 발견할 때가 많아서다. 모두 알다시피 한국에서 '자유주의'는 오염된 단어다. 군부독재를 옹호했거나 극우적 사고에 물든 이들이 자유주의자를 참칭하곤 했다.

하지만 고종석의 자유주의는 그들의 자유주의와 다르다. 그는 자신의 지적 스승 중 한 명으로 존 롤스를 꼽곤 한다. 자유와 평등 사이의 균형점을 찾는 일에 있어, 존 롤스는 최소 수혜자의 최대 이익이 중요하다고, 즉 최소 수혜자의 몫을 허용된 최대치까지 끌어올릴 수 없다면 그것은 정의가 아니라고 봤다. 고종석이 그간 발표한 글에는 자유주의나 개인주의와 관련된 존 롤스의 무늬가 진하게 새겨져 있다.

> 나는 늘 소수자 입장을 취했다. 소수자는 한 공동체의 응달에 있기 마련이고, 그 응달을 찾아가 소수자들과 함께 있는 것은 자유주의자의 가장 큰 임무다. 소수자 감수성은 자유주의자의 자질이라고까지도 말할 수 있다.[5]

자유주의는 자주 개인주의와 짝패를 이루곤 한다. 자유주의자는 공동체주의자와 대척점에 설 때가 많으니 그들의 신념은 개인주의자의 어떤 이상과 자주 겹치게 된다. 고종석의 말마따나 두 이념은 근본적으로 일정한 친연성을 띠는 셈이다.

《감염된 언어》에 관한 이야기를 하다가 자유주의나 개인주의와 관련된 말을 길게 늘어놓은 것은 이 책에서도 고종석의 이념적 지향을 곳곳에서 확인할 수 있기 때문이었다. 〈우리는 모두 그리스인이다〉의 마지막에 등장하는 다음과 같은 대목이 그런 경우다.

> 우리는 모두 그리스인이다. 우리 모두가 중국인이고 한국인이듯. 먼 미래에 그렇다는 것이 아니

다. 지금도 이미 우리는 모두 그리스인이다. 우리가 지금도 10대 때부터 배우고 있는 영어에 그리스 이래의 유럽 문화가 담겼다는 의미에서만은 아니다. 그리스 이래의 (또는 이집트 이래의) 유럽 문화는 지금 우리 제도, 우리 일상생활, 우리 사상의 본질적 부분이 되어 있다. (…) 우리가 모두 그리스인이라는 말은 우리가 모두 개인이라는 말이다. 인류의 기본적 단위로서의 개인, 궁극적 소수로서의 개인 말이다.[6]

스스로 '리버럴'이라고 말하는 고종석은 한국 사회에서 줄곧 회색의 지식인이었다. 누군가 평했듯 그는 가끔 우파보다 더 우파 같은 이야기를 했고, 좌파보다 더 좌파처럼 보일 때도 많았다. 그는 2010년 최인훈의 소설 《회색인》의 주인공 독고준이 소설이 끝난 뒤 어떻게 살았을지 상상해 쓴 작품 《독고준》을 발표했는데, 당시 문학평론가 신형철이 한 매체에 발표한 서평엔 이런 대목이 나온다. "회색이 도달점인 사회는 불완전하지만, 회색이 출발점이 아닌 사회는 불행할 것이다."[7]

꼬리 잇는 책
복거일, 《국제어 시대의 민족어》, 문학과지성사, 1998
복거일, 《복거일의 자유롭게 한 걸음》, 곰, 2013
고종석, 《독고준》, 새움, 2010
고종석, 《고종석의 낭만 미래》, 곰, 2013

내 안에 새로운 사회가 있는가

김규항의
《자본주의 세미나》*

---
* 김영사, 2023

언론학자 강준만은 김규항의 글솜씨와 지식인으로서의 됨됨이를 추켜세우면서 이런 기대를 내비친 적이 있다. 그가 서양의 몇몇 지식인처럼 어떤 단어나 개념에 대해 자신만의 생각을 정리한 이른바 '김규항 사전'을 펴내면 좋겠다는 것이었다. "나는 김규항이 지금부터 본격적으로 그 작업에 착수하기를 바란다. 한국 지성사에 한 획을 긋는 사건이 일어날 것임을 믿어 의심치 않는다. 내 안목과 판단 능력을 믿으시라."[1]

실제로 '김규항 사전'을 만드는 일은 어렵지 않을 것이다. 1998년 3월부터 김규항이 썼던 글이 차곡차곡 쌓인 그의 블로그 '규항넷'을 참고해 이곳에 담긴 글들을 추리고 집고 엮으면 된다. 그렇게 만들어질 '김규항 사전'에 따르면 '염치'는 "아름다움을 추구하는 마음, 추해지지 않으려는 마음"[2]으로, '이상주의'는 "당연히 그래야 하는 현실을 좇는 일"[3]로 정의될 것이다. '평화'라는 표제어가 있다면 그것은 다음과 같이 풀어쓸 수 있다. "평화는 평화로운 상태와 다르다. 평화를 좇는 행동은 오히려 나의 평화로운 상태를 포기하는 일에서 시작된다. 평화가 파괴된, 폭력이 난무하는 현장에 다가서는 일이기 때문이다. (…) 요컨대 평화는 일년 내내 안전한 토론회장이나 예배당 같은 곳에 둘러앉아 '모든 폭력은 나쁘다' 논평하는 평화주의자들과는 아무런 관련이 없다."4

"자본주의는 늙었다"

하지만 사전의 얼개로는 감당하기 어려운 주제도 있을 수밖에 없고, 김규항에겐 예수와 마르크스가 그런 경우일 것 같다. 과거 그는 한 인터뷰에서 사고나 사상을 벼린 과정을 설명하면서 "예수에서 출발해서 마르크스로 보완했다"고 말한 적이 있다. 아마도 그에게 예수와 마르크스는 문필가의 삶을 시작한 이후 수시로 자신의 머리를 옥죈 숙제였을 것이다. 두 주제 가운데 '예수는 누구인가'라는 물음에 관해선 2009년 출간한 《예수전》을 통해 그 답을 내놨었다. 하지만 마르크스의 사상을 면밀히 파고든 저작은 내놓지 않았다.

그렇게 시간이 흘러 2023년 봄, 아마도 오랜 고민과 공부의 결과물이었을 책이 출간됐으니, 바로《자본주의 세미나》다. 이 책은 마르크스의 대표작인《자본》의 해설서 성격을 띤다고도 볼 수 있다. 너무나 많은 사람이, 너무도 오랫동안 다른 책을 텍스트로 삼은 탓에 읽다 보면 얼마간 물리는 느낌이 있고 다소간 어렵게 여겨지는 내용도 많다. 하지만 지겨운 이야기엔 그것이 따분할 정도로 되풀이되는 이유가 있기 마련이다. 세상엔 아무리 노력해도 쉽게 풀어쓰기 힘든 글, 어려울 수밖에 없는 이야기가 존재하는 법이다.

《자본주의 세미나》는 18개 챕터로 구성돼 있다. '생산과 노동', '상품이란 무엇인가', '가치법칙', '경기순환과 공황', '이윤율의 경향적 저하', '인플레이션'……. 딱딱하게 여겨질 수밖에 없는 이들 개념에 대해 김규항은 살뜰한 경어체로 자신의 생각을 들려주는데, 그의 글이 지닌 특유의 삐딱함을 안다면 그 해설 또한 예사롭지 않을 것임을 예상할 수 있을 것이다.

가령 '독점'은 경쟁의 반대말처럼 여길 수 있으나, 이것은 경쟁의 필연적 결과일 뿐이다. 사회보장제도는 "계급투쟁의 성과인 동시에 지배 체제의 방어책"(160쪽)이다. 얼마간 대척점에 선 사상처럼 보이는 케인스주의와 신자유주의도 자본주의를 떠받치기 위해 국가의 개입을 뼈대로 삼는다는 점에서 닮은 구석이 많다. 보수 성향을 띤 사람 중 일부가 기본소득을 지지하는 것도 소외 계층을 향한 연민 때문이 아니다. 과학기술의 발전으로 다수 노동자가 노동 시장에서 쓸모없는 존재가 됐을 때 자본주의 체제의 안정을 유지하기 위해서다.

일견 까탈스러워 보이는 이런 태도로 김규항이 이 책

을 통해 파고드는 지점은 자본주의의 작동 원리인데, 핵심은 마르크스가 말한 물신성(물신 숭배)이다. 자본주의 세상에서 주인은 자본가가 아닌 자본, 그 자체다. 인간의 통제 범위 바깥에서 모든 것을 마음대로 부리는 자본의 흑마술, 그것에 놀아나는 세상. 이런 곳에서 인간은 상품과 상품 사이의 관계로만 연결되고 급기야 이런 등식들까지 만들어진다. '자본가=인격화한 자본', '자본가의 영혼=자본의 영혼', '노동자=인격화한 노동시간'…….

그에 따르면, 최근 한국 사회 처방전에 자주 등장한 '공정'이라는 개념도 달리 생각해봐야 한다. 그는 "평등이 사회적 분업에 근거한 인간의 정의라면, 공정은 상품 교환 원칙에 근거한 물신의 정의"(75쪽)라고 말하는데, 핵심은 "상품 교환 원칙"이다. 물신 세계의 내재율이라고 부를 수 있는 이 원칙엔 인간성이 개입될 여지가 없다.

이 책의 소제목은 '체제 이행기의 사유와 성찰'이다. 체제 이행기란 문구에는 원시 공산제, 고대 노예제, 중세 봉건제가 그랬듯 자본주의의 운명도 거의 막바지에 다다랐다는 전망이 담겨 있다. 자본의 무자비한 '축적 운동'으로 강제되는 대량생산, 대량소비의 문화가 자본주의 체제를 이미 쇠멸의 임계점까지 끌어올렸다는 것이다.

자본주의가 천년만년 이어질 인류의 생산양식일 순 없겠지만 자본주의를 노쇠한 체제라고 말하는 김규항의 주장을 성급한 진단으로 여길 사람도 많을 것 같다. 어떻게

든 자본주의의 막강한 파워는 그 수명을 연장해갈 것처럼 보이고, 우린 현재 자본주의의 꽃이 가장 난만한 시대, 그 한복판에서 살고 있으니까 말이다.

최소한의 사회를 꿈꾸며

대학 시절부터 나는 화강암처럼 단단하면서도 언제나 단정한 맵시를 뽐내는 그의 글들을 보려고 자주 규항넷에 드나들곤 했다. 이곳에 담긴 글들은 내 생각에 깊은 주름을 남겼다. 난 그의 글에서 이름난 석학들에게서도 발견할 수 없는 탁견을 마주할 때가 많았다.

아마도 그것은 김규항이 한국의 지식인 지형도에서 차지하는 특별한 위치에서 비롯된 것이기도 했으리라. 알려졌다시피 김규항은 항상 '진영'의 바깥에 있었다. 〈한겨레21〉은 과거 '한국의 여론 주도층' 52명의 정치 성향을 조사해 좌표평면을 만든 적이 있는데, 당시 가장 왼쪽에 새겨진 이름이 김규항이었다.[5] 지승호가 김규항을 인터뷰해 2010년 출간한 책의 제목처럼, 그는 '가장 왼쪽에서 가장 아래쪽까지'를 대표하는 지식인이었고, 지금도 그의 이름 앞엔 이런 수식어들이 붙곤 한다. 근본주의자, 급진주의자, 순혈주의자……. 여기엔 비아냥의 뉘앙스나 가련한 시선이 담길 때도 있지만, 동시에 김규항의 우직한 행보와 희소성을 보여주는 증거로 여겨지기도 한다.

특히 눈여겨봄 직한 부분은 그의 태도가 1998년 〈씨네21〉 칼럼 필진으로 공적인 글쓰기를 시작한 이후 지금까지 거의 흐트러짐이 없었다는 점이다. 김규항이 과거에 썼던 칼럼 속 문구를 빌리자면, "[1980년대] 카드섹션의 카드들처럼 일제히 사회주의자가 되었던 인텔리들은 다시 카드가 뒤집히듯 일제히 사회주의에 침을 뱉었"6지만 그는 달랐다. 김규항은 "세상은 '청년 시절에나 하는 운동'으로 바뀌는 게 아니라 일생에 걸쳐 지속되는 신념들로 바뀐다"7고 믿는 사람이다. 오랫동안 그는 성경 속 바리새인처럼 '가짜 진보'라 여겨지는 이들에게 독설을 내뱉었고 그들의 위선을 까발렸다.

시간이 흐르면 그 기세가 누그러들 법도 하건만, 여전히 그의 글이 지닌 힘은 줄어들지 않았다. 노정태가 쓴 《논객 시대》에 나오는 문구처럼 김규항은 "딸을 사랑하고 지식인을 혐오하는 건달"(논, 193쪽)이며, 앞으로도 영원히 혁명을 꿈꿀 듯한 가장 왼쪽의 지식인이다.

김규항의 글이 다른 지식인의 그것과 표나게 다른 점 중 하나는 드문드문 영성의 중요성을 강조한다는 것이다. 여기에서 영성은 종교적 의미만을 띠진 않는다. 자신의 내면을 끈질기게 들여다보는 비판적 성찰, 이를 통해 '사회변혁에 조응하는 나의 변혁'을 만들어내는 행위라고 할 수 있다. 김규항은 영성의 뒷받침 없이는 간특한 자본주의를 결판내기 힘들다고 말하곤 하는데, 《자본주의 세미나》의 마지막 단락도 비슷한 뉘앙스다.

> 우리는 '이행기'를 살고 있습니다. (…) 다만 이 이행기의 성격을 고려할 때, 그 주역은 선구자나 지도자와 함께하는 군중이 아니라 스스로 사유하는 개인들일 거라는 점은 분명해 보입니다. 적정한 생산방식과 인간과 자연의 물질대사로서 노동을 사유하는 최초의 개인들 말입니다. 유토피아는 없지만, 최소한의 사회는 있습니다.[8]

김규항의 글에서 나는 그가 지닌 인간에 대한 희미한 낙관을 감지할 때가 많다. 이 같은 낙관의 바탕이 되는 생각은 영성의 회복이 이뤄지면 참된 인간성을 복구할 수 있고, 이를 통해 우리는 바야흐로 "최소한의 사회"를 일굴 수 있다는 확신일 것이다. 김규항은 전작인 《혁명노트》에서도 독자들에게 이렇게 물었다. "내 안에 새로운 사회가 있는가."(혁, 248쪽) 이는 김규항의 모든 글을 관통하는 칼날이자 모두가 고민해야 할 물음일 것이다.

꼬리 잇는 책
강준만, 《김규항: '글쓰기'와 '지식인'에 대하여》, 개마고원, 2017
김규항, 《예수전》, 돌베개, 2009
노정태, 《논객 시대》, 반비, 2014
김규항, 《혁명노트》, 알마, 2020

대한민국 부동산 판타지의 시작

한종수·강희용의
《강남의 탄생》*

---
* 미지북스, 2016

〈연합뉴스〉는 2009년 8월 3일 "교명校名도 브랜드 시대"라는 제목의 기사를 내보냈다. 서울 강남구 압구정동에 있는 구정고가 학교 이름을 압구정고로 바꾼다는 내용이었다. "구정鷗亭이라는 이름은 압구정鴨鷗亭에서 나온 이름이지만 정확히 따지고 보면 무의미한 철자일 뿐이라는 것이다. (…) 대부분 공립학교가 학교 인지도를 높이는 차원에서 발음하기 편한 두 글자 교명을 지어왔는데 '구정고'는 그 결과물이라는 게 학교 측의 설명이다."[1]

이어지는 내용은 '압구정'이라는 단어에 담긴 역사 속 이야기였다. 압구정은 조선 시대 권신 한명회가 자신의 호號를 따서 지은 정자의 이름으로, 겸재 정선의 화폭에 담기기도 했다. 〈연합뉴스〉는 "구정고가 교명을 변경키로 한 것은 압구정이라는 이름 하나가 가진 이런 다양한 역사문화적 가치를 눈여겨봤기 때문"이라고 설명했다.

그즈음 나는 서울시교육청을 출입하면서 교육 담당 기자로 일했다. 당시 이 기사를 읽으며 품었던 의문은 이랬다. 구정고는 오로지 '역사문화적 가치' 때문에 학교 이름을 바꾸려는 것일까. 진짜 이유는 '압구정'이라는 단어에 담긴 최신의 이미지, 압구정을 향한 대중의 선망과 동경을 지렛대로 삼아 학교의 브랜드 가치를 제고하려는 게 아닐까.

땅, 돈이 되다

압구정을 품고 있는 강남은 대한민국의 심장이다. 삼성을 비롯한 대기업 본사와 대한민국 삼부 중 하나인 사법부의 온갖 기관이 둥지를 틀고 있다. 이 지역이 한국 사회의 조종간을 움켜쥐고 있음은 누구도 부정할 수 없다. 금세기 들어 들어선 몇 번의 보수 정권 시절, 입길에 오르내린 사건들의 배경이 됐던 곳들만 봐도 이 지역이 갖는 상징성을 느낄 수 있다. 이명박 정부 당시 뉴스의 무대가 된 다스의 서울지사와 내곡동 자택, 도곡동 땅, 청계재단 사무실 등은 전부 강남에 있었다. 박근혜 정부 시절 국정농단 사건에서도 은밀한 일이 벌어진 곳들은 대부분 강남의 어딘가였다.

하지만 반세기 전만 하더라도 강남은 시골이었다. 강남 개발 이전 이곳의 모습이 담긴 지도 속 지명은 생경한 느낌을 준다. 압구정리, 청담리, 삼성리, 반포리, 논현리……. 그 시절 그곳은 "남편이나 마누라 없이는 살아도 장화 없이는 못 산다"(49쪽)는 말이 있을 정도로 여름이면 곳곳에 물이 차던 저지대 농촌 마을이었다. 압구정동은 배나무 과수원으로, 잠원동은 단무지 농사로 각각 유명했으며 도곡동은 도라지 특산지였다. 개포동에 사는 이가 한강 너머 서울 구경을 하려면 양재천에서 배를 타고 탄천을 따라 올라와 뚝섬에서 내려야 했다.

한데 이런 시골 동네들이 어쩌다 지금의 권세를 누리게 됐을까. 한종수와 강희용이 함께 쓴《강남의 탄생》엔 이와 관련된 이야기보따리가 그득그득 실려 있다. 이 책을 읽는 것은 한국 현대사의 굴곡을 확인하는 작업이면서, 자본주의의 먹성을 실감케 하는 일일 수 있다.

이 책에 따르면 강남 개발은 불가피한 선택이었다. 1960년대가 되면서 사람들은 일자리를 찾아 서울로 몰려들었으나 집은 부족했고 땅은 좁았다. 분단이라는 현실 탓에 고양이나 파주 등지를 개발할 수도 없었다. 유사시 피난의 부담을 조금이라도 줄여야 했으니까. 책엔 이런 대목이 나온다. "[강남 개발은] 서울의 확장을 의미하는 것이 아니었다. 어쩌면 사대문 중심의 '서울 본토' 안으로 밀려 들어온 이방인들을 쫓아내기 위한 좋은 방안에 불과했는지도 모른다."(27~28쪽)

결국 박정희 정부는 훗날 900만 평을 웃도는 규모까지 확대되는 강남 개발에 나선다. 사대문 안 면적이 500만 평 수준임을 생각하면 엄청난 규모다.

《강남의 탄생》에서 '강남 시대를 연 삼총사'라고 소개하는 것은 경부고속도로, 제3한강교(한남대교), 고속버스 터미널이다. 특히 1967년 4월 29일, 박정희 대통령이 공화당 후보로서 대선 공약으로 내건 경부고속도로 건설은 "시민들의 강남 지향이 움트기 시작"(33쪽)하는 단초가 되었고, 한남대교는 "강북으로부터 강남이라는 지역을 잉태하는 탯줄"(36쪽) 역할을 하게 된다.

강남 개발사를 다룬 황석영의 소설 《강남몽》엔 박기섭이라는 부동산업자가 나오는데, 그는 한남대교 공사 현장을 보면서 다음과 같이 말한다. "저놈의 다리는 삼년째 교각만 세워두고 개통은 언제 하는 건가. 경부고속도로가 개통되기 전에는 다리가 놓이겠지. (…) 길 가는 데 땅이 있고 땅은 돈이 된다, 이게 부동산 투자의 첫 번째 원칙이야."(몽, 207쪽)

그의 말마따나 길 가는 데 땅이 있고 그런 땅은 돈이 되었다. 강남은 투기꾼들의 놀이터로 변했다. 특히 1970년대 강북에 있던 명문고들이 자의 반 타의 반 대거 강남으로 이전하면서 강남의 지위는 크게 올라갔다. 그리고 1973년에는 소양강댐이 완공되면서 한강 범람의 공포에서도 얼마간 벗어날 수 있었다. 상전벽해라는 사자성어로도, 10년이면 강산이 변한다는 말로도 부족한 엄청난 변화의 바람이 불과 10여 년 사이 강남을 휩쓸고 지나간 셈이다.

강남의 역사에는 한국 현대사의 부끄럽거나 서글픈 장

면들이 서리서리 얽혀 있다. 대선을 앞두고 정치 자금을 마련하기 위해 강남을 대규모 투기판으로 만든 정권의 하수인들, 개발 광풍에 밀려 삶의 터전을 등진 원주민들의 눈물, 땅을 사고팔기를 거듭하면서 엄청난 잇속을 차린 부자들의 행태……. 심지어 박정희 정권의 걸작으로 불리는 그린벨트 사업도 그 이면엔 뒤숭숭한 분위기를 풍기는 정권의 전략이 있었다. 정부는 1970년대 초반 강남의 체비지替費地(도시 개발을 할 때 시행자가 경비 충당을 위해 매각할 수 있는 토지)를 팔아 경부고속도로 건설 자금을 마련할 계산이었으나 기반 시설 없는 허허벌판을 사겠다는 이가 거의 없었다. 그때 떠올린 것이 바로 그린벨트였다. 강남 곳곳에 그린벨트라는 개발 제한 지역을 만들어 정부가 팔고자 하는 체비지로 돈을 몰리게 하겠다는 계산이었다.

그렇게 강남은 금싸라기 땅으로 변해갔다. 사람들은 이를 '말죽거리 신화'라고 불렀고 그 신화는 여전히 현재 진행형이다. 강남구 공시지가 총액은 2011년에 이미 152조 원을 기록, 부산시 전체(151조 원)를 뛰어넘었다. 강남의 진입 장벽은 갈수록 높아지고 강남을 동경하는 '강남 판타지'는 앞으로도 천년만년 이어질 것처럼 보인다. 책의 말미엔 이런 글이 등장한다.

얼마 전까지만 해도 우리나라에서는 형제 중 공

부 잘하는 아들이 있으면 온 집안이 그를 위해 희생을 하는 모습을 많이 볼 수 있었다. 지역으로 치면 아마 강남이 그런 '잘난 아들'에 해당할 것이다. (…) 각종 특혜가 퍼부어졌기에 지금의 강남이 존재할 수 있었다. 하지만 출세한 아들이 자기가 잘나서 그렇게 되었다고 생각하는 것처럼 강남에서 잘 먹고 잘사는 이들도 딱히 지난 시절의 혜택과 희생에 고마워하는 마음은 없는 듯하다.[2]

'합법적 약탈'의 시대

산업화 시절 강남 땅값의 상승세를 복기해보자. 개발이 본격화하기 이전인 1963년과 박정희 정부가 몰락한 1979년의 땅값을 비교하면, 압구정동은 16년 사이에 땅값이 875배 올랐다. 신사동은 그 비율이 1,000배에 달했다. 시인 김소연은 《한 글자 사전》에서 '땅'이라는 표제어의 의미를 이렇게 정의했다. "생명이 싹트는 곳에서 돈이 싹트는 곳으로 바뀌었다."(한, 113쪽) 아마도 이런 뜻풀이가 딱 맞아떨어지는 곳이 강남일 것이다.

《강남의 탄생》은 과거 도서 팟캐스트 '이동진의 빨간책방'에서도 비중 있게 다뤄진 적이 있다. 해당 회차에서 이동진은 강남 부동산 문제를 다룬 SBS〈그것이 알고 싶다〉편에 등장한 PD의 내레이션을 소개했다. "박정희 정권, 전두환 정권이 사람들을 감옥에 가두고 고문한 것은 물론 나쁘다. 하지만 더 나쁜 것은 모든 사람이 '왜 그때 우리 아버지가 강남에 땅을 사놓지 않았을까'라는 생각을 하게 만드는, 그런 사회를 만든 게 아닐까."

아마도 TV를 보며 이 내용을 들었던, 혹은 팟캐스트로 이 발언을 알게 된 모든 이가 고개를 끄덕였으리라. 강남이 한국 사회에 끼친 가장 큰 영향은 한국인 대다수를 부동산 불로소득으로 한몫 챙긴 사람을 부러워하게 만드는, '지대추구 사회'의 시작이 됐다는 데 있을 것이다. 언젠가부터 부동산 문제는 한국 불평등 이슈의 근본 원인이 돼버렸다.

강준만은 저서 《부동산 약탈 국가》에서 부동산을 통한 지대추구는 '합법적 약탈'이라고 규정했다. 그는 "부동산 약탈은 우리가 가장 경계하고 분노해야 할 악惡인지도 모른다"면서 "그럼에도 우리는 이를 '재테크'로 부르면서 악으로 여기는 데에 믿기지 않을 정도로 둔감하다. '시장'이라는 미명하에 피해와 가해의 직접적인 연결고리가 드러나지 않기 때문일 것"(부, 32쪽)이라고 분석했다.

> 서울 시민들도 정말 이해하기 어렵다. 경제 사회 문화 교육적 자원과 특혜가 집중된 지역. 강남에 진입하기 위한 투쟁만 벌일 뿐 '그래도 되느냐'고

화를 내질 않으니 말이다. 부동산 가격 폭등의 진앙지가 강남이라면 강남을 덜 '살기 좋은 천국'으로 만드는 게 하나의 해법일 수 있다는 발상의 전환을 해볼 때도 되지 않았나.³

한때 아이들 사이에서는 '주공 거지'라는 말이 유행한 적이 있었다. 주공아파트에 저소득층이 산다는 소문이 퍼지자 아이들은 그곳에 사는 친구들을 그렇게 부르곤 했다. 이후 한국토지공사가 주공아파트 이름을 '휴먼시아'로 바꾸자 '휴거(휴먼시아 거지)'라는 신조어가 탄생했고 이 말은 지금도 공공연하게 쓰이는 분위기다. 소설가 김윤영의 단편 〈철가방 추적 작전〉을 보면 아래와 같은 대목도 나온다.

> 강남의 음지로 불리는 수서의 임대아파트 단지는 그 큰 규모에도 여전히 인근 주민들의 눈엣가시였다. 집값 내려간다고 하는 정도는 불평 축에도 못 꼈다. 임대아파트 애들이랑은 놀지 말라며 문둥병자 취급하는 부모 중에 박사며 교수며 의사가 있었다.⁴

그렇게 한국은 빈곤층에 주택을 공급하기 위해 만든 아파트마저도 그들을 사회적으로 고립시키는 사회가 돼버렸다. '전세 사는 거지', '빌라 사는 거지', '월세 사는 거지'를 각각 일컫는 '전거', '빌거', '월거' 같은 조어들도 생겨났다. 아이들이 저렇게 선득한 말로 누군가를 마음껏 조롱하고 비하하는 것은 온전히 어른들의 책임일 수밖에 없을 것이다.

  2023년 초여름, 서울 강남의 한 고가 아파트는 분양 광고에 이런 카피를 사용해 비난을 샀다. "언제나 평등하지 않은 세상을 꿈꾸는 당신에게 바칩니다." 간특한 자본주의가 만드는 이 같은 살풍경이야말로 지금 한국인의 수준을 가장 선명하게 보여주는 장면일 것이다.

꼬리 잇는 책
황석영, 《강남몽》, 창비, 2010
김소연, 《한 글자 사전》, 마음산책, 2018
강준만, 《부동산 약탈 국가》, 인물과사상사, 2020
김윤영, 〈철가방 추적 작전〉, 《루이뷔똥》, 창비, 2002

민주주의의 꽃을 꺾는 상상

토드 로즈의
《집단 착각》*

---
* 노정태 옮김, 21세기북스, 2023

지랄도 풍년인 백년하청의 정치판을 보면서 종종 하는 상상이 있다. 그곳에서 벌어지는 뒤숭숭한 소란의 배경엔 항상 선거가 있으니 차라리 선거 제도를 없애버리면 어떨까. 국회의원도, 시도지사도, 심지어 대통령도 제비뽑기로 뽑으면 안 되는 걸까.

미친 소리로 들리겠지만 실제로 추첨제를 가미한 선출 제도를 통해 망가진 민주주의를 되살리자는 의견은 이름 있는 사상가나 학자들이 드문드문 내놨던 주장이다. 가령 일본 사상가 가라타니 고진은 《일본 정신의 기원》에서 복수의 후보자를 뽑은 뒤 추첨을 통해 대표자를 가리자고 했다. 그는 대의제 민주주의가 우리가 선택할 수 있는 유일무이한 제도가 아니라고 봤고, 선거만으로 대표자를 뽑는 방식은 부르주아 독재를 가리는 양두구육의 포장지라고 주장했다.

그의 말처럼, 제비뽑기를 가미해 대표자를 뽑으면 '권력의 고정화'를 막을 수 있을 것이다. 권력을 거머쥐는 과정에서 금권이나 공작이 개입할 가능성도 줄어들 수 있다.

〈녹색평론〉 발행인 김종철도 과거 한 매체에 기고한 칼럼에서 비슷한 생각을 내비친 적이 있다. 그는 "공직자들, 특히 검찰총장을 제비뽑기로 뽑는 일이 시급하다"며 다음과 같은 로드맵을 제시했다. 전국 법률가들이 모여 투표를 진행한다, 이를 통해 후보자를 세 명에서 다섯 명 뽑는다, 대통령은 항아리에서 후보자 이름이 적힌 종이를 무작위로 뽑아 검찰총장에 임명한다……[1]

그렇다고 해서 국민의 공복을 뽑는 일에 추첨제를 가미하자는 이 제안에 찬성하는 이는 많이 없을 것이다. 선거가 가진 지엄한 의미를 우린 지겹도록 들어왔으니까. 하지만 토드 로즈의 《집단 착각》을 읽으면 추첨제 같은 아이디어에도 귀가 솔깃해지는 이가 분명 있을 것이다.

착각하는 집단, 침묵하는 개인

토드 로즈는 《다크호스》, 《평균의 종말》 같은 전작들을 통해 딱 들어맞는 예화나 통계로 재미를 배가시키는 솜씨를 보여줬는데, 이 책 역시 마찬가지다. 우선 책의 키워드인 집단 착각collective illusions은 개인이 공동체 구성원들의 생각을 잘못 넘겨짚는 것을 의미한다. 가령 '성공한 인생은 무엇인가'라는 질문에 아래와 같은 보기가 제시됐다고 생각해보자.

① 관심과 재능에 따라 자신이 좋아하는 분야에서 최고의 성취를 이룰 때
② 부자가 되고 사회적으로 높은 커리어를 쌓거나 유명인사가 될 때

미국인 5,200명을 상대로 설문을 진행했을 때, 응답자 97퍼센트는 ①을 골랐다. 하지만 다른 이들이 무엇을 택했을지 묻자, 92퍼센트가 ②를 꼽았다. 절대다수가 자신이 원하는 분야에서 성취감을 느끼는 게 성공한 인생이라 생각하고 있음에도 남의 가치관에 대해선 오해하는 셈인데, 이것이 바로 집단 착각이다.

집단 착각 때문에 진실이 엉터리 취급을 받거나 쓸데없는 소동이 벌어지는 일은 부지기수다. 예컨대 신장 이식 대기자 4분의 1은 원하는 신장을 구하지 못해 1년 안에 사망하는데, 이와 동시에 건강한 신장 네 개 중 하나는 폐기되고 있다. 신장을 못 구해 발을 동동 구르는 환자들과 건강한 신장들이 버려지고 있는 현실. 우린 이 상황을 어떻게 이해해야 할까.

그 배경에도 집단 착각이 있다. 만약 신장 이식 순위에서 10번 대기표를 받은 이가 있다고 가정해보자. 그는 갑자기 앞 순위 대기자들이 특정 신장의 이식을 거부하면서 수술대에 오를 기회를 거머쥔다. 하지만 1~9번 환자가 '거부한' 심장이란 사실이 마음에 걸리고, 결국 이식을

포기하고 만다. 1번 환자가 독감 탓에(혹은 너무 멀리 살고 있어서) 이식을 포기했다는 것, 그리고 나머지 2~9번 환자도 자신처럼 이상한 신장일 거라는 착각 탓에 수술대에 오르지 않았다는 사실은 까맣게 모른 채 말이다.

이 외에도 집단 착각이 진실을 일그러뜨리는 사례는 차고 넘친다. 금융가나 부동산 시장의 온갖 소란은 집단 착각의 결과일 때가 많으며, 특히 선거판은 집단 착각이 풀무질한 편견이 표나게 드러나는 대표적인 현장이다(가령 미국엔 '본인은 그렇지 않지만' 세상에 성차별주의자, 인종주의자가 많으니 백인 남성을 후보로 내세워야 한다고 여기는 이가 많다).

결국 핵심 질문은 두 가지로 정리할 수 있다. 우리는 왜 집단에 순응해 자주 착각의 늪에 빠지는가. 집단 착각에 휘둘리지 않을 방법은 없을까.

첫 번째 질문의 답은 인간 본능에서 찾을 수 있다. 우리는 어딘가에 속하기를 원하는 존재들이다. 개인의 정체성은 자신이 속한 사회적 정체성과 깍지를 끼고 있다. MRI 기계 안에 들어간 이에게 자기소개를 시키면, 귀속감을 느끼는 집단에 대해 이야기할 때와 스스로를 설명할 때 뇌신경의 같은 부분이 자극되는 것을 확인할 수 있다고 한다.

그러니 공동체에서 놀림감이 되거나 추방되는 일은 엄청난 공포다. 책에 담긴 흥미로운 사례 중 하나는 콜롬비아 보고타에서 벌어진 일이다. 1990년대, 보고타는 지구촌에서 사망률이 높은 도시 중 하나였는데 교통사고로 세상을 떠나는 이가 20퍼센트를 웃돌았으며 사망자 대다수는 무단횡단을 일삼는 보행자였다. 보고타의 시장은 고민 끝에 희한한 대책을 내놓게 된다. 나비넥타이를 맨 광대 스무 명을 동원해 교통 법규를 어기는 보행자들을 놀려대도록 한 것이다. 헬멧을 쓰지 않은 오토바이 운전자들도 타깃이 되었다. 놀림거리가 되는 것을 싫어하는 인간의 본능을 제대로 자극한 이 캠페인은 큰 성공을 거둔다. 한때 '교통 광대'는 400여 명으로 늘었고 교통사고 사망률은 50퍼센트 넘게 줄었다고 한다.

추방과 비웃음의 대상이 되지 않는 손쉬운 방법은 결국 침묵이다. 목소리 큰 소수가 논단을 휘저어놓으면, 나머지 사람들은 이들의 의견이 지배적인 여론일 것이라고 착각해 입을 다물어버리고 만다. 그리고 이것은 집단 착각으로 이어져 종내엔 모두가 침묵의 나선 속에 갇혀버리게 된다. 집단 지성이란 말도 이런 상황에선 '집단 무지성'으로 바뀌어버린다.

토드 로즈는 집단 착각 외에도 인간이 집단을 이루었을 때 생겨나는 오류들을 들려주는데, 글을 따라가다 보면 "집단은 생각하지 못한다"고 했던 시몬 베유의 말을 떠올리게 된다. 그러면서 머릿속에 한국의 정치 상황이 포개지는 경험을 하게 될 것이다. 그 옛날 그리스의 도편

추방을 떠올리게 만드는 패거리 정치와 정치권 둘레에서 자생하는 광적인 팬덤 문화…….

토드 로즈는 "맹목적인 순응은 어쩌면 우리가 저지르거나 관여할 수 있는 가장 이기적인 행동"(363쪽)이라며, 집단주의에서 벗어날 해법으로 신뢰의 중요성을 강조한다.

> 진실을 말해보자. 우리가 함께 풀지 못할 일은 없다. 우리는 그냥 봐서는 보이지 않도록 감추어진 사회적 문제들에 대한 해답을 이미 가지고 있다. 우리는 사람들이 말하는 것처럼 그렇게 서로 다르거나 분열되어 있지 않다. 공통의 가치를 공유하고 있다.[2]

하지만 이런 당부를 귀담아들을 사람이 얼마나 될까 싶다. 많은 이에겐 판에 박힌 이야기처럼 여겨질 것이다. '정치적 부족주의'에 물들어 서로를 향해 으르렁대는 사람들을 보면 이들에겐 상대를 향한 겨자씨 정도의 신뢰도 없어 보이니까 말이다.

구멍에 빠졌다면 삽질을 멈춰라

사람들에게 최근 들어 집단주의의 폐해가 심각해진 배

경, 집단 착각이 횡행하게 된 내력의 이유를 묻는다면 소셜 미디어를 꼽는 이가 많을 것이다. 토드 로즈는 소셜 미디어가 "어떤 이야기를 자주 들으면 들을수록 그 이야기가 참이라고 여기는"(258쪽) 반복 편견repetition bias의 증폭기 역할을 하고 있다고 말한다. 그는 "소셜 미디어는 다람쥐 쳇바퀴처럼 가짜 정보를 제공함으로써 우리를 반복 편견에 빠뜨리는 위험한 부화기"(258쪽)라고도 규정해놓았다.

그는 집단 착각에서 벗어날 해법 중 하나로 "정체성의 복잡도를 높이는 것"(117쪽)을 제안한다. 하나의 그룹이 아닌, 여러 그룹에 속하는 방식으로 '사회적 포트폴리오'를 넓게 가져가면 다양한 의견을 듣게 되고 결국엔 관용과 포용의 의미도 되새길 수 있다는 것이다.

하지만 이것이 가능한 일일까. 적어도 온라인에서 이 일은 쉽지 않아 보인다. 소셜 미디어가 처음 출현했을 때만 해도 사람들은 그것이 다양한 연결을 만들어 새로운 공론장이 될 것으로 기대했지만 현실은 정반대다. 정치적 성향이나 당파적 이해관계에 따라 끼리끼리 모인 이들은 외집단과의 소통을 거부하면서 상대를 비방하고 모함하는 데 몰두하는 일을 반복하고 있고, 소셜 네트워크의 알고리즘은 이런 사태를 부채질하고 있다.

〈국민일보〉는 2020년 연말 '극단으로 인도하는 알고리즘 해설서'라는 타이틀을 내건 기획물을 연재했는데,

여기엔 취재진이 직접 경험한 유튜브 알고리즘의 세계가 펼쳐진다.

편의상 서른 살 동갑내기 청년 진보 씨, 보수 씨로 명명된 두 사람은 각각 유튜브에 새로운 계정을 만든다. 그리고 진보 씨는 첫 검색어로 '노무현'을, 보수 씨는 '박근혜'를 입력한다. 그다음 두 사람은 알고리즘이 추천한 상위 영상만 따라가며 하루 한 시간씩 콘텐츠를 재생한다. 일주일이 흐른 뒤 둘에게 유튜브가 각각 추천한 영상들엔 어떤 차이가 있었을까.

결론부터 말하면 진보 씨에게 추천된 영상 스무 개 중 열네 개는 진보 채널 영상이었다. 반면 유튜브 알고리즘이 보수 씨한테 제안한 추천 영상 스무 개 가운데 열아홉 개는 보수 채널 영상이었다.[3]

캐스 선스타인 하버드대 교수는 적대적이고 폐쇄적인 집단들이 존재하는 상태를 일컬어 '반향실echo chamber'이라고 표현한 적이 있다. 공론장은 닫히고 반향실만 가득한 세상에서 우리가 들을 수 있는 것은 메아리가 돼서 돌아오는 내집단 구성원의 목소리뿐이다.

다시 이 글의 처음으로 돌아가보자. 지금과 같은 집단 무지성의 상태가 계속된다면 선거가 무슨 의미를 가질 수 있을까. 선거를 민주주의의 꽃이라고 부를 수 있는 걸까. 어쩌면 '민주주의의 민주화'를 위해 우리에게 필요한 것은 새로운 제도를 꿈꾸는 발칙한 상상력일 수도 있을 것이다. 영국의 한 정치인이 했던 말처럼 구멍에 빠졌다면 우선 삽질부터 멈춰야 한다.

꼬리 잇는 책
가라타니 고진, 송태욱 옮김, 《일본 정신의 기원》, 이매진, 2006

차가운 온정이 세상을 바꿀 수 있을까

윌리엄 맥어스킬의
　　《냉정한 이타주의자》*

---
* 전미영 옮김, 부키, 2017

언젠가 한국 교회 헌금 총액이 궁금해 자료를 뒤지다가 헛물만 켠 적이 있다. 알아보니 교회는 법인으로 등록할 필요 없는 교인들의 공동체, 즉 비법인사단의 성격을 띠기에 헌금액과 교인 규모 등을 신고할 의무가 없었다. 그러니 헌금액을 정확히 아는 이도 없을 수밖에.

당시 내가 할 수 있는 일이라곤 과거 한국 교회 회계 현황을 다룬 논문들을 훑어보는 게 전부였는데, 그중 어떤 논문에선 총액을 연간 10조 원대로 추정하고 있었다. 2015년 통계청 인구주택총조사에서 집계된 국내 개신교인 967만여 명이 매달 10만 원씩 헌금한다고 가정했을 때 나온 결론이었다. 국내엔 교회에 다니지 않지만 스스로를 기독교인이라고 생각하는, 이른바 가나안 성도 비율이 높으니 과장된 금액으로 여길 수 있지만 다른 조사들을 살피면 완전히 틀린 추정액은 아니었다. 가령 2012년 한 교계 단체가 벌인 설문에서 확인된 개신교인 1인의 연평균 헌금액은 266만 4,000원이었다.[1] 즉, 한국 교회 헌금 총액이 연간 10조 원을 웃돌 것이라는 말이 헛소리는 아닌 셈이다.

이토록 많은 사람이 그토록 많은 돈을 교회에 내놓는 이유는 나눔의 뜻을 실천하기 위해서다. 성경은 전한다. 물질은 하나님의 것이며 인간은 그것을 잠시 맡아 관리하는 청지기일 뿐이라고, 탐욕을 버리고 이웃을 사랑하라고. 〈디모데전서〉 6장 7~8절엔 이런 글귀도 나온다. "우리가 세상에 아무것도 가지고 온 것이 없으매 또한 아무것도 가지고 가지 못하리니, 우리가 먹을 것과 입을 것이 있은즉 족한 줄로 알 것이니라."

마법의 뺑뺑이는 없다

실제로 기독교인의 헌금은 우리 사회 가장자리에 놓인 이들에게 안전망 역할을 한다. 국내 복지 분야 활동을 하는 곳의 60퍼센트 이상이 교회, 혹은 교회 둘레에 있는 단체들이라는 통계가 있을 정도다. 하지만 천문학적 액수에 달하는 헌금이 적재적소에 집행되느냐는 물음엔 그 누구도 긍정적 확답을 내놓지 못할 것 같다. 교회 울타리 바깥에서 오고 가는 기부금들 역시 마찬가지다. 국내든 해외든 기부를 통해 사랑을 나누려 하면서도 어떤 단체에 얼마를 기탁할지 꼼꼼하게 검토하고, 훗날 그 돈이 어떻게 쓰였는지 따져 묻는 이는 드물다.

1987년생으로 28세에 영국 옥스퍼드대 교수가 된 철학자 윌리엄 맥어스킬이 발표한 《냉정한 이타주의자》는 '묻지마 기부 문화'를 들쑤셨던 통렬한 비판서다. 윌리엄 맥어스킬은 기부 문화의 패러다임을 뒤흔든 효율적 이타주의effective altruism의 가치를 퍼뜨린 인물 중 하나로, 책에 담긴 효율적 이타주의의 정의는 이렇다. "내가 가진 능력으로 세상을 얼마나 바꿀 수 있을까 자문하고 증거와 신중한 추론으로 그 해답을 찾아가는 것."(26쪽)

효율적 이타주의의 핵심은 이에 반하는 예시를 통해 또렷하게 드러낼 수 있다. 한때 아프리카에서는 플레이 펌프Playpump가 유행했다. 플레이 펌프는 놀이터에 있는 '뺑뺑이'처럼 아이들이 기구를 돌리면서 놀면 그 회전력으로 지하수를 물탱크까지 길어 올리는 장치다. 물탱크 주변엔 유지보수 기금 마련을 위한 광고판도 달려 있다. 언론은 이 펌프를 "마법의 뺑뺑이"라고 치켜세웠고, 래퍼 제이지는 펌프 설치 기금 마련을 위한 순회공연에 나섰으며, 빌 클린턴은 "뛰어난 혁신"이라고 평했다(15~16쪽). 세계만방에서 온정이 답지했고 결국 캠페인은 대성공을 거두었다. 2009년까지 아프리카 곳곳에 설치된 플레이 펌프는 1,800대에 달한다.

하지만 이들 펌프는 현재 애물단지가 돼버렸다. 아이들은 펌프를 돌리다가 금세 지쳤다. 엄마들은 펌프 돌리는 일을 "품위 없고 모욕적인 일거리"(17쪽)로 여겼다. 성능도 개판이어서 길을 수 있는 물의 양이 수동펌프의 5분의 1 수준이었다. 설치비는 수동펌프보다 네 배나 비쌌고 물탱크 광고판에 광고를 싣는 이도 거의 없었다. 정신이 똑바로 박힌 사업가라면 아프리카 시골의 구매력 낮은 이들을 상대로 광고를 할 리 없으니까.

그렇다면 이렇게 허접스러운 프로젝트가 '대박'을 터뜨린 이유는 뭐였을까. 바로 효율적 이타주의의 부재 탓이었다. 거액을 내놓으면서도 캠페인의 수지 타산을 계산하면서 플레이 펌프의 실질적 효과를 따져보는 이는 거의 없었던 것이다.

이처럼 무분별한 선행이 헛발질로 이어진 사례는 부지기수다. 선善의 최대화를 위해선 묻고, 따지고, 복기해야 한다. 그렇지 않으면 허장성세를 일삼는 엉터리 자선단체의 꼬드김에 누구나 넘어갈 수밖에 없다. 여기, 아프리카 아이들을 돕는 단체 A, B, C, D가 있다고 가정해보자. A는 현금 지급, B는 장학금 전달, C는 교복 선물, D는 기생충 구제 사업을 벌인다. 가장 성과가 좋은 곳은 어디일까. 정답은 D다. 현금 지급은 기부금 1,000달러당 출석 기간을 총 0.2년 늘리는 것으로, 장학금 전달과 교복 무료 제공은 그 기간을 각각 3년, 7.1년 증가시키는 것으로 조사됐다. 하지만 기생충 구제 프로젝트는 그 기간이 총 130년이나 됐다. 열악한 위생이나 음식 탓에 기생충이 생겨 배가 아파 학교에 못 오는 아이가 많기 때문이다.

효율적 이타주의를 견지하는 '냉정한 이타주의자'는

이런 사실을 꼼꼼히 따져본 뒤 D에 기부금을 몰아주는 사람이다. 나눔을 실천하기 전 자신에게, 그리고 기부처에 다음과 같은 질문을 던지는 이다. 프로젝트가 성공한다면 얼마나 많은 사람에게, 얼마나 많은 혜택이 돌아가는가. 성공 가능성은 얼마이며, 이것이 최선이라고 자신할 수 있는가.

그렇다고 성공 가능성으로 모든 걸 판단하라는 말은 아니다. 때론 성공 확률이 낮더라도 과감하게 베팅해야 한다. 가능성은 낮지만 성공했을 때 가치가 어마어마한 일들, 이른바 '기대 가치'가 높은 분야, 예컨대 과거 신기루를 좇는 일처럼 여겨지던 여성이나 흑인의 권익 신장 캠페인, LGBT(성소수자)의 평등권 쟁취 투쟁이 그런 경우다. 효율적 이타주의의 일면만 깨달은 사람이라면 분명 이것들은 허투루 여기기 쉬운 분야였을 것이다. 하지만 이들 운동이 다소간 성공한 지금, 호모 사피엔스의 윤리적 수준은 옛날보다 크게 높아졌다.

결국《냉정한 이타주의자》는 세상을 보는 어떤 태도에 관한 책이라고 말할 수 있다. '계산적 이성'이라고 불러도 좋은, 합리적 추론과 냉정한 판단의 중요성에 악센트가 찍힌 책.

윌리엄 맥어스킬은 르완다 내전 당시 부상자를 치료한, 과거 국경없는의사회를 이끈 제임스 오르빈스키의 이야기를 들려준다. 내전 당시 그가 세운 병원엔 끝없이 환자가 몰려들었다. 하지만 이들을 모두 치료할 순 없었다. 의료진은 부상자의 이마에 중증도에 따라 1, 2, 3으로 표시된 테이프를 붙였다. 1은 즉시 치료, 2는 24시간 내 치료, 3은 치료 불가능을 의미했다. 3이라는 숫자가 붙은 이들은 병원 인근 언덕으로 가게 했고, 의료진은 이들에게 담요를 덮어준 뒤 냉수를 마시도록 했으며 갖고 있던 모르핀을 투여했다. 그리고 1, 2 환자들을 살리는 데만 집중했다. 윌리엄 맥어스킬은 이 이야기를 전하면서 다음과 같이 말한다.

> 오르빈스키는 밀려드는 모든 부상자를 구할 수 없었다. 그는 선택의 기로에 놓였다. 누구를 구하고 누구를 죽게 내버려둘 것인가? (…) 그게 우리가 사는 세상의 현실이다. 더 나은 세상을 만들고 싶다면 우리도 오르빈스키처럼 선택을 해야 한다.[2]

묻지마 기부가 사라진다면

효율적 이타주의의 렌즈로 주변을 둘러보면 세상엔 직관에 반하는 일이 수두룩하다. 가령 공정 무역 이슈, 그중 노동 착취 공장 문제를 떠올려보자. 선진국 사람들의 생각과 달리, 가난한 나라에서 노동 착취 공장은 상대적으로 '좋은 일자리'다. 기꺼운 마음으로 이들 공장에 취업하려는 이가 많다는 게 이를 방증한다. 예컨대 21세기 초 라오스, 캄보디아 등지에서는 400만 명이 노동 착취 공장 일자리를 얻으려고 태국으로 이주했다. 한국이 그랬듯 가난한 나라에 있는 노동집약적 제조업 공장은 경제 발전의 밑돌일 수밖에 없다.

만약 선진국 사람들이 노동 착취 공장 제품을 대상으로 불매 운동을 벌인다면? 그들의 '윤리적 소비'는 결국 가난한 나라 빈곤층의 삶만 더 팍팍하게 만들 뿐이다. 질문하고 공부하지 않으면 세상을 이롭게 하려고 벌이는 떠들썩한 일들이 이렇듯 의미 없는 일이 돼버릴 수 있다.

한데 책을 읽으면서 왠지 모를 찝찝함이 느껴지는 건 왜일까. 효율적 이타주의의 관점은 최대 다수의 최대 행복을 좇는 공리주의자의 그것과 다를 게 없다. 고통받는 곳들을 쭉 나열한 뒤 어디에 '투자'할지 살피는 일, 그것이 '효율적'인지 묻는 일, 그 자체에 정서적 반감을 느끼는 이도 있으리라. 윌리엄 맥어스킬은 암으로 가족을 잃은 누군가가 암 퇴치 기금에 돈을 보태는 일, 무지개다리를 건넌 반려동물을 그리워하며 동물보호 단체에 기부금을 내는 일도 잘못됐다고 말한다. 같은 돈으로 더 가시적인 효과를 거둘 수 있는 '비용효율성' 높은 단체에 기부하라는 것이다. 하지만 이런 조언에 수긍할 수 있는 이가 얼마나 될까.

효율적 이타주의의 맥락에서 보면, 예술 분야를 후원하는 일도 쓸데없는 짓이 돼버리고 만다.《냉정한 이타주의자》와 깍지를 낀 것처럼 그 내용이 맞물리는 책이 프린스턴대 철학과 명예교수인 피터 싱어가 쓴《효율적 이타주의자》인데 이 책엔 이런 대목이 나온다. "모두에게 먹을 것과 기본 의료 서비스와 적절한 위생 시설이 충분히 제공되고, 모든 어린이가 교육 기회를 누리는 세상에서는 미술관에 기부하는 것이 아무런 논란이 되지 않는다. (…) 하지만 슬프게도 우리가 사는 세상은 그런 세상이 못 된다. 적어도 아직은 아니다."(효, 165쪽)

"이성은 혼자서는 그 어떤 의지적 행위의 계기가 될 수 없다"고 했던 데이비드 흄의 말도 떠올려보게 된다. 결국 사람의 마음을 흔드는 것, 그래서 나눔을 실천하도록 하는 건 감정 아니던가. 누군가에겐 정량적 수치를 들이대면서 논리로 설득하는 게 기부의 미끼가 될 수도 있겠으나, 그렇지 않은 경우도 많다. 윌리엄 맥어스킬 스스로 인정하듯 효율적 이타주의가 내세우는 과학적 접근법이 물리학 법칙처럼 정확할 수 없다는 것도 문제다.

하지만 이 모든 반박의 여지에도 모든 선행에 기회비용이 붙는다는 것은 자명한 진실이다. "신은 주기만 할 뿐 나눠주지는 않는다"는 아이티의 격언처럼 결국 나눔은 인간의 몫이다. 그러니 우린 우리가 가진 것을 어떻게 나누는 게 바람직할지 머리를 맞대야 할 수밖에.

이쯤 되면 어떤 이는 분명 이렇게 말할 것이다. 혁명에 버금가는 제도의 개선이 필요한 것 아니냐고, 그것이 본질이라고, 시스템을 바꾸지 않는다면 백년하청일 수밖에 없다고. 그런 지적에 대해 윌리엄 맥어스킬은 과거 국내 언론과 가진 인터뷰에서 이렇게 말했다.

"나는 가끔 착하지 않은 사람이 자신이 정의롭다는 주장을 하기 위한 알리바이로 혁명 같은 주장을 하는 게 아닐까 의심할 때가 있다."[3]

꼬리 잇는 책
피터 싱어, 이재경 옮김, 《효율적 이타주의자》, 21세기북스, 2016

사랑의 완성이 결혼인 것만은 아니겠지만

옥혜숙·이상헌의
《우린 열한 살에 만났다》*

---
* 생각의힘, 2022

그 여자, 그 남자는 열한 살에 처음 만났다. 부산 봉래국민학교 5학년 8반에서. 담임 선생이 짝꿍이 되길 원하는 친구 이름을 쓰라고 했더니 그 여자아이는 그 남자아이 이름을, 그 남자아이는 그 여자아이 이름을 적어냈다. 담임은 남자아이를 불러 이 사실을 귀띔하며 낄낄댔다. 아마도 남자아이는 부끄러우면서도 마음의 귀퉁이가 크게 들썩였을 것이다. 그 또래 아이에게 내가 좋아한 아이도 나를 마음에 들어 한다는 소식보다 더 기쁜 뉴스는 없을 테니까. 이제 중년이 된 두 사람은 40여 년 전 그때를 회상하면서 이렇게 말한다.

> 그 아이는 분명 거기에 있었는데, 내 눈에 쏙 들어온 것은 언제인지 모르겠다······. 그래서 내 기억은 이렇다. 그 아이는 작은 걸음으로 매일 조금씩 내게 온 것이다. 낮게 밀려오는 바닷물처럼, 팔짝거리며 고무줄을 뛰어넘듯이. (그 남자아이)[1]

내 맘속에 들어온 것은 그의 눈빛 때문이다. 열한 살 나이에 걸맞지 않게 날카로운데 믿음직스럽고 어딘가 벌써 철든 애어른 같았던 눈빛. 아무튼 장난기 가득한 또래의 여느 남자아이들과는 달랐다. 처음 느껴보는 좋아한다는 감정은 그런 거였나 보다. (그 여자아이)2

6학년이 되자 둘은 다른 반이 되었다. 그다음엔 각자 다른 중학교, 고등학교에 차례로 진학했다. 둘의 인연은 그렇게 시시하게 끝날 것 같았다. 하지만 학력고사를 치른 뒤 다시 만나게 되면서 두 사람은 연인이 되었고 결혼을 한 뒤 지금까지 30년 넘게 동고동락하고 있다. 아내와 남편의 이름은 각각 옥혜숙과 이상헌. 두 사람은 첫사랑은 이뤄질 수 없다는 불문율에도 드문 예외가 있음을 보여주는 희귀한 사례다.

길 위에서

《우린 열한 살에 만났다》는 이 부부의 회고록이다. 7년 연애 끝에 백년가약을 맺어 딸과 아들을 낳아 단란한 가정을 꾸렸다는 '뻔한' 이야기. 하지만 비범한 것은 언제나 평범한 무언가에 담기는 법이니, 이 부부의 책에서도 그런 순간이 건빵 속 별사탕처럼 등장한다.

둘은 첫 만남부터 지금까지, 생의 어떤 시기에 함께 경험한 일들과 그때의 소회를 바통을 주고받으며 풀어낸다. 책장을 넘길 때마다 이들의 스토리는 깻잎무침처럼 차곡차곡 쌓이는데, 결국 마지막에 느끼게 되는 것은 두 사람이 서로를 얼마나 곡진히 대했는지, 성심껏 섬겼는지 하는 부분이다. 이상헌은 옥혜숙에 대해 이렇게 말한다. "그녀 마음속 어딘가에 깊은 우물 하나가 있어, 나는 몰래 거길 찾아가 안식의 물을 퍼올릴 수 있었다. 덥고 숨 가쁜 날이 많았지만, 목마른 날은 없었다."(130쪽) 남편이 아내를 이렇게 생각한다면 아내의 마음도 다르지 않았을 것이다. 옥혜숙에게도 남편 이상헌은 샘 깊은 우물, 그 자체였으리라.

어쨌든 이 부부의 삶부터 개괄하자면 이렇다. 두 사람이 결혼식을 올린 것은 1992년 12월. 석사 과정을 밟던 남자는 장학금으로 학비를 충당하고 과외교사 노릇을 하며 생활비를 벌었다. 여자는 학습지 교사로 일했다. 근근이 살면서도 은은히 행복했을 부부의 삶. 한데 이들에게 역경이 찾아온다. 첫 아이 출산을 앞둔 어느 날, 의사로부터 날벼락 같은 말을 듣는다. 태아의 뇌에 물이 차서 언젠가 수술을 해야 한다는 것이었다.

아이가 태어난 뒤에도 마찬가지. 의사들은 아이가 훗날 장애로 고생할 위험이 크다고 했다. 남편은 고민 끝에 아이를 위해 영국 유학을 결심하고 다행히 현지 의료진으로부터 아이가 괜찮을 거라는 말을 듣게 된다. 남편은 이후 케임브리지에서 박사학위를 받고 국제노동기구ILO에 입사해 한국인 최초로 이 기구의 국장이 되었다.

이상헌은 책에서 아내를 길동무에 비유한다. "[부부 사이에] 온전히 같은 기억은 없다. 길에 대한 너와 나의 기억이 있을 뿐. 그 기억을 나누는 것이 바로 길을 같이 걷는 일이다."

혼자라면 가지 못했을 곳까지, 함께였기에 길이 됐던 땅을 밟으며 전진한 두 사람의 이야기가 이 책이다. 그러니 《우린 열한 살에 만났다》는 '결혼 권장 도서'라고 불러도 무방할 것이다.

실제로 책의 전반적인 분위기는 달달하다고 할 수 있다. 그러나 결혼 생활이 항상 달콤할 수만은 없는 법. 결혼은 서로가 가진 '인격의 바닥'을 확인하는 일이다. 오랫동안 혼자 살던 사람, 특히 나처럼 고등학생 때부터 20년 가까이 독립된 삶을 살다가 결혼한 이에겐 누군가와 몸을 맞대고 사는 일 자체가 부대낌의 연속일 수밖에 없다. 거기에 육아라는 묵직한 짐까지 떠안게 되면 때론 일상이 맨발로 가시밭을 걷는 일처럼 느껴지기도 한다.

앤드루 포터가 쓴 짧은 소설 〈담배〉엔 이런 이야기가 나온다. 신혼일 때 주인공은 아내와 담배를 즐겼다. 하지만 첫 아이가 태어나면서 담배를 끊었다. 둘째가 세상에 나오자 "와인과 심야의 여유"가 사라졌다. 주인공은 아이들이 꿈나라로 떠나고 아내와 둘만 깨어 있던 어느 날, 비닐봉지에 밀봉해둔 이른바 "응급용 담배"와 술을 준비한다. 하지만 어느덧 아내는 곤히 잠에 빠져 있었고, 주인공은 혼자 담배에 불을 붙인 뒤 돌연 눈물을 흘린다.

> "왜 울기 시작했는지, 사실은 잘 모르겠어. 왜냐면, 당신도 알겠지만, 난 울지 않는 사람이잖아. (…) 어쩌면 요즘 우리 생활의 압도적인 피로가, 그간의 정신없던 하루하루가 마침내 내 뒷덜미를 잡아서일까, 아니면 오루호가 독한 술이어서일까, 그도 아니면 그저 추위와 미닫이 유리문 너머에서 깊이 잠든 모습, 그것이 주는 어떤 상실감의 감각 때문이었을까. (…) 그 담배에서는 내가 기억하는 맛이 전혀 나지 않으리라는 걸 알았기 때문일까."3

주인공이 내뱉은 탄식의 말을 결혼한 이들, 특히 아이를 낳아 기르며 다른 국면의 생을 마주한 사람이라면 공감할 것이다. 어쩌면 주인공이 눈물을 흘린 이유에 대해서도.

결혼의 의미를 묻는다면

사람들은 안다. 날로달로 깊어지기만 하는 사랑은 없다는 것을. 많은 이에게 결혼은 굴레이거나 멍에가 된다. 백년해로가 사랑의 완성이라는, 결혼만이 낭만적 사랑의 결과물이 될 수 있다는 말도 고리타분한 생각이 된 지 오래다. 결혼하지 않는 사람도, 결혼했다가 이혼하는 사람도 늘고 있다. 일본에는 생애 미혼율이라는 지표가 있다고 한다. 45~54세 평균 미혼율을 일컫는 것으로, 일본에선 이즈음까지 미혼이라면 여생을 혼자 살 것으로 간주한다.

한국의 생애 미혼율은 어느 정도일까. 2040년엔 남성의 37.6퍼센트, 여성의 24.7퍼센트가 이 범주에 들어갈 것으로 예측된다. 이 같은 추세라면 미래엔 결혼보다 비혼이 흔해질 것이다. 혼자 살면 외로울 것이라고 으르는 말도 공갈일 가능성이 크다. 김희경의 책《에이징 솔로》에는 노인들의 경제적 차이를 통계적으로 통제한 뒤 조사하면, 혼자 사는 노인이 외로움을 덜 느낀다는 데이터가 나오기도 한다.

많은 이가 지적하듯 결혼은 인간 본능에 반하는 제도다. 평생 한 사람만 사랑하는 일이 가능한가. 지난 세기를 대표하는 결혼 중 하나는 장 폴 사르트르와 시몬 드 보부아르의 계약 결혼일 것이다. 둘은 계약 조건으로 외도를 용인할 것, 서로에게 거짓말하지 말 것, 경제적으로 각자 독립된 삶을 꾸릴 것 등을 내걸었다. 2년으로 시작된 계약 기간은 점점 늘어 결혼 생활은 50년 넘게 이어졌고 두 사람은 같은 묘지에 묻혔다.

사람들은 둘의 동행이 해피엔딩이라고 생각하지만, 자세히 살피면 꼭 그런 것만은 아니었다. 두 사람은 배우자의 외도 탓에 심한 배신감을 느끼고, 때론 서로에게 거짓말을 하기도 했다. 결혼 제도의 허점을 관대하게 받아들이려 했던 두 사람의 결혼 생활에도 곳곳엔 짙은 그늘이 있었던 셈이다. 도대체 결혼이란 무엇인가. 결혼 제도가 필요한 이유는 뭔가.

희미하게나마 결혼의 의미를 감지하게 만든 책은 장강명의 에세이《5년 만에 신혼여행》이었다. 장강명도 결혼이라는, "다른 사람에게 한눈팔지 않고 상대에게 충실하겠다는 공개 선언"이 "부자연스럽고 인위적인 개념"(5, 192쪽)이라는 데 동의한다. 하지만 결혼은 본능에 가까운 충동을 찌그러뜨린 뒤 그 공간에 허구의 가치를 채워 넣어준다고 말한다. 우리 둘은 운명적 사랑이라고, 영원히 함께할 수밖에 없다는 허구를 말이다.

그러면서 장강명은 종교가 그렇듯 허깨비처럼 여겨지는 것들을 믿고 따를 때 삶은 풍성해지고 생의 순간순간에 의미가 깃든다는 이야기를 늘어놓는다. 막연하게 들리는 말이지만 얼마쯤 수긍할 수밖에 없다. 너와 내가 평생 함께한다는 약속, 그것을 지키겠다는 다짐은 삶을 다르게 만들 수밖에 없으니까. 결혼 바깥에 있는 사랑은 상대적으로 부서지기도 쉬우니까.

다시 옥혜숙, 이상헌의 이야기로 돌아가보자. 책의 마지막엔 이런 글이 나온다.

> 예전처럼 꼭 붙어 나란히 걷지 않는다. 물줄기가 떨어져 강고한 바위에 틈을 만들어내듯이, 시간은 흘러서 우리 둘 사이에 틈을 만들었다. 앞서거니 뒤서거니 한다. 늦게 온다고 타박하고, 혼자 앞서간다고 불평한다. 꼭 잡고 있지 않아도, 꼭 옆에 있지 않아도, 우린 같이 있다는 걸 안다. 물구멍의 흔적으로 아늑해진 바위처럼.[4]

뜻밖의 사고로 같이 목숨을 잃지 않는다면 나와 내 아내도 한날한시에 함께 세상을 등지는 일은 없을 것이다. 반려자를 먼저 떠나보내거나, 배우자를 남겨두고 떠나는 것은 모든 부부의 숙명이다.

삶의 결승선이 보일 때쯤 인생을 돌아보며 나와 가장 많은 사랑을 주고받은 이가 아내였다고 말하긴 힘들 것이다. 내가 받은 사랑의 깊이로 따지자면 아내의 사랑은 내 부모가 내게 준 그것엔 미치지 못하고, 내가 준 사랑의 양으로 보자면 아내로 향한 내 마음은 딸아이에게 선사한 그것에 미달할 테니까.

하지만 확실한 것은 내 생애 가장 중요한 이가 지금의 내 아내일 것이라는 점이다. 언젠가, 혹시라도, 아내가 먼저 떠나고 혼자 남게 될 내 모습을 상상해본다. 나는 아마 너무 외롭고 무척 슬플 것 같다.

꼬리 잇는 책
앤드루 포터, 민은영 옮김, 〈담배〉,《사라진 것들》, 문학동네, 2024
김희경,《에이징 솔로》, 동아시아, 2023
장강명,《5년 만에 신혼여행》, 한겨레출판, 2016

밤이 와도 종이 울려도

세월은 가고 나는 남는다

   마쓰이에 마사시의
     《여름은 오래 그곳에 남아》*

---
* 김춘미 옮김, 비채, 2016

이 소설에서 가장 좋아하는 대목부터 소개하고 싶다. 때는 설계 현장에 컴퓨터 제도 시스템이 도입되지 않았던 1982년. 설계사무소 직원들은 업무가 시작되는 오전 9시면 일제히 연필을 깎는다. 밤엔 손톱을 깎아선 안 된다는 미신처럼, 연필은 반드시 아침에 깎는 게 이곳의 불문율. 직원들이 각자 하루에 쓰는 연필은 최대 열 자루 정도다. 더 많은 연필을 사용했다면 너무 서둘렀거나 일에 집중하지 못했다는 증거가 된다.

진종일 선을 그었다 지우고 다시 긋는 게 이들의 삶이다. 그러니 연필 깎기는 하루의 출발선에서 분연한 각오를 다지는 거룩한 의식과도 같다. 소설엔 연필을 깎는 직원들 모습이 묘사돼 있는데, 아래 나오는 대목만 읽어도 소설의 전체 분위기를 느낄 수 있다.

> 9시가 되자 전원이 자기 자리에 앉아서 나이프를 손에 들고 연필을 깎기 시작한다. (…) 길이가 2센티미터 이하가 되면 매실주를 담는 큰 유리병에

넣어서 여생을 보내게 하는데, 병이 가득 차면 여름 별장으로 옮긴다. 쓸 일이 있는 것은 아니지만 난로 곁 선반에는 연필로 꽉 찬 유리병이 일곱 개나 늘어서 있다. (…) 커피를 끓이는 향내처럼, 연필 깎는 냄새에 아직 어딘가 멍한 머리 심지가 천천히 눈을 뜬다.[1]

초록의 안개 속에서

김연수의 에세이 《소설가의 일》엔 이런 내용이 나온다. 서가 한쪽을 일종의 '명예의 전당'으로 꾸며놨는데 여기엔 직접 매긴 순위에 따라 상위권에 랭크된 작품들이 꽂혀 있다고, 언젠가 노인이 되면 이 책들을 다시 읽으며 남은 생을 보낼 거라고. 만약 나도 그런 공간을 만든다면 어떤 책들을 꽂아놓게 될까. 아마도 명당 자리에 놓일 작품 중 하나가 《여름은 오래 그곳에 남아》(이하《여름은》)일 것이다. 오랫동안 문학 편집자로 일하던 마쓰이에 마사시는 54세이던 2012년 발표한 이 소설로 작가가 되었다. 데뷔작이라는 게 믿기지 않을 정도로 원숙한 이 작품으로 요미우리문학상까지 받으면서.

사실 《여름은》이 어떤 소설인지 소개하기란 쉽지 않다. 줄거리도 심플하다. 한 인물이 보낸 푸르디푸르렀던 시절의 이야기가 구름처럼 느리게 흘러갈 뿐이다. 드라마틱한 전개도, 자극적인 장면도 없다. 작가의 야심이나 조바심도 느껴지지 않는다. 기분 좋은 따분함이랄까. 그런 기운만이 운무처럼 행간을 가득 채울 뿐이다.

이 작품을 소개하려면, 소설의 배경부터 설명해야 한다. 무대가 되는 곳은 한갓진 숲속 아오쿠리 마을에 있는 무라이 설계사무소의 별장이다. 화산 기슭에 위치한 이곳은 여름 기온이 도쿄보다 10도 가까이 낮다. 해발 1,000미터 넘는 곳에 있는 만큼 별장으로 향할 때면 기압 탓에 누구나 귀가 먹먹해진다. 그리고 그곳에 도착하면 끊이지 않는 새들의 울음소리를, 하얀색이 아닌 녹색의 안개를 만날 수 있다. 무라이 설계사무소 직원들은 매년 여름이면 눅진한 더위를 피해 이곳에서 한 계절을 보낸다.

주인공은 대학 졸업을 앞두고 무라이 설계사무소에 취업한 청년 사카니시 도오루. 그는 세상과 동떨어진 무라이 설계사무소의 여름 별장에서 동료들과 함께 먹고 자면서 추억을 쌓는다. 그즈음 무라이 설계사무소는 국립현대도서관 설계 공모에 도전한 상태였다. 소설은 노건축가 무라이 슌스케가 이 프로젝트를 통해 구현하려는 건축의 세계를 놀라울 정도로 세세하게 그려낸다. 그러면서 주인공이 곁눈으로나마 이 모습을 지켜보면서 느끼는 바를, 그리고 프로젝트에서 어떤 역할을 맡으면서 겪게 되는 이야기를 들려준다.

소설에서 무라이 슌스케라는 인물은 뉴욕현대미술관

이 20세기 건축전을 열 때 일본인으로는 유일하게 초청할 정도로 세계적 명성을 자랑하는 건축가다. 예스럽고 소박한, 단아하면서도 사려 깊은 작품들이 그를 명장의 반열에 올려놓았다. 그렇다면 그가 꿈꾸는 도서관은 어떤 모습일까. 그것은 교회와도 같다. 과거 그가 설계한 교회는 "기도와도 같은 것이 형태가 되어"(77쪽) 나타난 곳이었고 "디테일은 하나부터 열까지 중얼거림 같은"(81쪽) 장소였다. 무라이 슌스케는 독서란 무엇이며 도서관이란 어떤 곳인지를 이렇게 정의한다.

> "책을 읽는 것은 고독하면서 고독하지 않은 것이야. (…) 독서라는 것은, 아니 도서관이라는 것은 교회와 비슷한 곳이 아닐까? 혼자 가서 그대로 받아들여지는 장소라고 생각한다면 말이야."[2]

소설은 도서관 프로젝트를 중심에 놓고 정밀한 필치로 건축의 세계를 그려낸다. 무라이 슌스케의 건축관을 설명할 때는 스웨덴의 실존 건축가 군나르 아스플룬드의 이야기를 버무리기도 한다. 군나르 아스플룬드는 "오래된 것을 새로운 풍경 속에 끌어들이는 방법"(189쪽)을 아는 건축가였다. 무라이 슌스케가 그런 것처럼.

문학이라는 외피를 둘렀지만 건축의 의미와 집의 가치에 대해 생각하게 만드는 지점이 많다. 태곳적 인간에겐 집이 없었다. 집의 탄생은 새로운 세계의 출현을 의미하는 인류사의 일대 사건이었다. 소설 속 표현을 그대로 빌리자면 "집에 들어간다는 것은 들어오지 않는 것, 들어오지 못하는 것을 등 뒤에 남기고 자기만 안에 들어간다는"(336쪽) 뜻을 지닌다. 무라이 슌스케는 이런 이야기를 들려준 뒤 이런 말을 덧붙인다.

> "인간한테 안과 밖이라는 개념이 태어난 것은, 자의식 같은 것이 태어나 내면이 자라게 된 것은 자기들 손으로 집을 만들게 된 영향이 컸다고 생각해."[3]

이렇듯 건축과 관련된 이런저런 이야기가 흥미를 돋우는데 이 소설이 누군가의 마음을 세게 흔든다면 그것은 이 작품이 건드리는 묘한 향수 때문일 수도 있겠다. 이미 지나왔거나, 혹은 경험한 적 없는데도 저마다 품고 사는 노스텔지어⋯⋯. 이 소설엔 싱그러운 청춘의 기운과 풀과 흙의 따뜻한 냄새가 스며 있다. 여름철 읽는다면 그중 누군가의 여름은 오랫동안 이 작품에 남을 것이다.

다시 집을 짓는다면

인생에서 가장 중요한 시기는 언제일까. 아마도 20대 초반에서 중반, 그즈음 어느 때라고 여기는 이가 많을 것이다. 대다수가 이때 세상에 첫발을 내디딘다. 밥벌이를 시작하고 누군가는 가정을 꾸리기도 한다. 비로소 진정한 자립이 시작되는 셈이다. '자아의 집'이라는 게 있다면 이 시기에 완공된다고도 할 수 있다. 나머지 세월은 그것을 증축하거나 개축하면서 보내는 시간일 뿐이고.

《여름은》을 읽는 중년 이후의 세대라면 자신의 청춘을 되돌아보면서 객쩍은 감상에 젖을 수도 있겠다. 만약 다시 시간을 되돌릴 수 있다면, 그래서 나의 집을 다시 지을 수 있다면 나는 좀 더 나은 인간이 될 수 있을까.

무라이 슌스케와 같은 스승을 만난다면 가능할 수도 있을 것이다. 소설에 나오는 금과옥조 같은 그의 말들은 건축에만 국한된 얘기로만 들리지 않는다.

> "말도 안 되는 것에 밀릴 때도 있겠지. 상대방이 있는 일이니까. 다만 마지막에는 밀린다 해도 자기 생각은 말로 최선을 다해 전달해야 하는 거야. 그렇지 않으면 자기가 생각하는 건축이 아무 데에도 없게 돼. 자기 생각을 자기 자신조차 더듬어갈 수 없게 된다고."[4]

> "나눗셈의 나머지 같은 것이 없으면 건축은 재미가 없지. 사람을 매료시키거나 기억에 남는 것은 본래적이지 않은 부분일 경우가 많거든. 그 나눗

셈의 나머지는 계산해서 생기는 것이 아니야. 완
성되고 나서 한참 지나야 알 수 있지."⁵

누구에게나 그런 시공간이 있는 법이다. 나의 어떤 한 시절이 남겨져 있을 듯한 장소가. 소설을 다 읽고 머릿속을 맴돈 것은 아폴리네르의 〈미라보 다리〉에 반복해서 등장하는 시구였다. "밤이 와도 종이 울려도 세월은 가고 나는 남는다"고 했던 그 유명한 구절 말이다.

주인공에겐 무라이 설계사무소의 여름 별장이 그런 곳이었을 것이다. 밤이 와도 종이 울려도 세월은 가고 나는 남는 곳. 소설 말미엔 그가 한참 세월이 흘러 중년이 돼 별장을 다시 찾는 장면이 나온다. 현관에 들어서자 어두운 실내엔 "인기척이 끊긴 탁한 공기"(410쪽)가 가득하다. 난로엔 언제 누가 태웠는지 모를 까맣게 탄 장작들이 있고, 주인공은 난로 옆 선반에서 오래전 자신의 흔적이 담긴 유리병을 보게 된다. 그리고 이어지는 문장.

유리병에는 작아져서 못 쓰게 된 연필이 가득 담
겨 있었다. 무라이 설계사무소에서 쓰던 연필이
었다. 오른쪽 끝 유리병 제일 위쪽에 내가 쓰던
연필도 섞여 있을 것이다.⁶

꼬리 잇는 책
김연수, 《소설가의 일》, 문학동네, 2014

보이지 않더라도 들릴 수 있게, 느낄 수 있게

김승섭의
《타인의 고통에 응답하는 공부》*

---

* 동아시아, 2023

《보이지 않는 고통》은 근년에 읽은 인상 깊은 책 중 하나였다. 저자는 캐나다의 과학자 캐런 메싱. 책에 따르면, 평범한 생물학자였던 그녀는 1978년 방사성 분진에 노출된 제련공장 노동자의 건강을 연구하다가 세상의 스산한 이면을 알게 되면서 노동자를 위한 삶을 살게 되었다. 물론 쉽지 않은 길이었다. 프로젝트는 자주 난관에 봉착했다. 잇속만 챙기려는 기업들은 훼방을 놓았다. 어딘가로부터 연구비를 받기도 쉽지 않았다. 특히 절감한 것은 학계의 한계였다. 학자들은 노동자의 삶을 몰랐다. 알려고도 하지 않았다. 그는 "노동자에게 공감하는 과학자들은 물살을 거슬러 헤엄치는 셈"(보, 231쪽)이라고 말한다.

한국어판 책머리엔 이 작품의 의미를 소개한 추천사가 실려 있다. 글쓴이는 보건학자 김승섭. 그는 캐런 메싱을 "학문과 현실 사이의 틈을 누구보다도 먼저 인지하고, 두 발로 뛰어다니며 온몸으로 그 간극을 메꾼 과학자"(보, 8쪽)라고 소개한다. 한데 김승섭을 아는 사람들은 이런 평가가 온전히 그에게도 적용될 수 있다고 여길 것이다. 그 역시 학문과 현실 사이의 틈을 온몸으로 메꾸려 했고 공론장에선 약자들의 믿음직한 동지가 돼주었다. 그때마다 그가 가진 것은 단 하나, 투명한 이성의 힘이었다.

공부란 무엇인가

알려졌다시피 김승섭은 연세대 의대를 졸업한 뒤 임상의사가 아닌 보건학자의 길을 택한 희귀한 학자다. 그의 이름이 유명해진 것은 2017년 첫 대중서《아픔이 길이 되려면》이 주목받으면서였다. 많은 이가 이 책 덕분에 사회역학의 중요성을 되새길 수 있었다. 권력이 백안시하거나 경원시하는 사람들의 고통, 부조리한 환경이 약자의 몸에 새겨 놓는 흔적, 그 상처를 살피는 학문의 중요성을.

후속작들도 명불허전이었다. 난망한 미래에 헌신하는 그의 가지런한 글들은 살뜰하면서도 날카로웠고 때론 감동을 주었다. 어폐가 있겠으나 식자우환이 낳은 역설적인 모범 사례라고나 할까. 무엇보다 그의 글엔 항상 진정성이 묻어났다. 그가 천안함 생존 장병과 세월호 생존 학생의 삶을 연구해 내놓은《미래의 피해자들은 이겼다》엔 이런 내용이 나온다.

때는 의대 졸업반 시절. 대학 시절에도 방학이면 노동자들을 돕는 활동을 하던 20대 청년 김승섭은 산업재해 피해자와 술잔을 기울이다가 이런 말을 꺼낸다. 내년부터는 병원에서 일할 것 같다고, 더는 이런 활동을 하지 못할 것 같아 미안하다고. 하지만 돌아온 답변은 미안해하지 말라는, 너는 너의 일을 하라는 당부였다. 김승섭은 이 일화를 전한 뒤 다음과 같은 말을 덧붙였다.

> 그 시간들은 연구자로 살아가며 제가 무엇을 어떻게 공부해야 하는지 머뭇거릴 때마다, 나침반이 되어주었습니다. 그 떨리는 바늘이 인도해준 길을 따라가다 세월호 생존 학생과 쌍용자동차 해고 노동자와 성소수자를, 그리고 천안함 생존 장병을 만날 수 있었습니다. 계속해보겠습니다.[1]

그렇다면 그에게 공부란 무엇일까. 학생에겐 시험 성적이, 학자에겐 논문 성과가 공부의 알파이자 오메가처럼 여겨진다. 하지만 그의 생각은 다르다. 이 질문의 답은 《타인의 고통에 응답하는 공부》(이하《응답하는 공부》)라는 책 제목에 그대로 담겨 있다. '공부=타인의 고통에 응답하는 것'이라는 거다. 김승섭은 말한다. 공부의 결과물이 당장 세상을 변화시킬 순 없겠지만 작은 통찰들이 쌓이면 더 나은 세상으로 가는 징검돌이 놓일 수 있다고.

《응답하는 공부》에는 김승섭이 각종 매체에 실은 기고문, 인터뷰어로 나섰던 글, 몇몇 행사에 내놨던 발제문 등이 담겨 있다. 이 책 출간을 즈음해 대중서 집필은 하지 않겠다고 밝힌 만큼 《응답하는 공부》는 새로운 출발선에 선 그가 바둑 기사처럼 과거의 착수를 복기하는 성격을 띤다고도 볼 수 있겠다.

하지만 이 책을 그가 그간 벌인 활동의 우수리 정도로 여기기엔 각 챕터에 실린 글들의 무게가 결코 가볍지 않다. 김승섭은 차별과 낙인, 편견과 멸시가 판치는 한국 사회를 보여주면서 해법을 제시한다. 가령 우리가 얼마나 편견에 휘둘리는지 자문해보자. 스스로 난민이나 이주민, 성소수자에 특별한 편견이 없다고 말하는 사람도 동네에 그들이 늘어나는 상황은 마뜩잖게 여기곤 한다. '암묵적 편견'을 가지고 있어서다. 김승섭은 독자들에게 "나 역시 내 의도와 무관하게 가해자일 수 있다는 사실을 의도적으로 인식하고 경계"(58쪽)할 것을 주문한다.

무엇보다 인상 깊은 지점은 학자로서의 고민이 묻어나는 대목들이라고 할 수 있다. 강자들의 주장엔 항상 합리적인 근거, 논리적인 분석이 있다. 하지만 약자들은 아니다. 김승섭은 2023년 봄, 장애인 이동권 운동 관련 간담회에 발제자로 참석해 이렇게 말했다고 한다.

"근거의 무게로 주장의 합리성을 판단하는 법정에서 자본과 권력을 가진 사람들은 우아한 얼굴로 합리적인 주장을 하고 종종 승소합니다. 그러나 어떤 이들은 자신이 살아온 고된 역사와 몸 깊숙이 새겨진 상처 말고는 자신의 주장을 뒷받침할 근거를 갖지 못합니다. 근거는 언어의 형태를 한 지식으로 표현되는데, 그 지식의 생산에는 자본과 시간이 들어가기 때문입니다."2

존재하지 않는 사람들을 찾아

전작 중 하나인 《우리 몸이 세계라면》에서 김승섭이 내세운 두 개의 키워드는 '생산되지 않는 지식'과 '측정되지 않는 고통'이었다. 지식 시장에서 지식은 선별적으로 유통·생산된다. 의학 연구에서 고통을 측정할 때 표준으로 삼는 몸은 거의 항상 '비장애인 성인 남성'이다. 그러니 생산되지 않는 지식, 측정되지 않는 고통 탓에 존재 자체를 부정당하는 이도 생길 수밖에 없다. 《응답하는 공부》에서 비중 있게 다뤄지는 것은 성소수자 문제다.

예컨대 국내 성소수자 규모를 정확히 아는 사람은 아무도 없다. 정부 조사에서 응답자의 성적 지향이나 성적 정체성을 묻는 일이 없으니 공공 데이터를 활용해 성소수자 규모를 추정하기가 불가능하다. 즉, 한국에서 성소수자는 "측정되지 않아 존재하지 않는 사람들"(101쪽)이다.

하지만 이들이 당하는 차별과 고통의 수준은 어마어마하다. 김승섭이 국내 성소수자와 양성애자 2,355명을 대상으로 진행한 조사를 보면, 최근 1년간 자살을 진지하게 생각한 적 있다고 답한 성소수자 비율이 한국 전체 인구 집단의 그것보다 여섯 배나 높았다.
《응답하는 공부》에는 이 대목과 관련하여, 김승섭의 강한 분노가 느껴지는 내용이 등장한다. 반동성애 운동 진영의 한 교수가 해당 연구 결과를 뒤틀어서 동성애의 위험성을 강조하고, 이성애자로 거듭날 수 있게 전환 치료를 받아야 한다고 주장했다는 것이다.

> 그에게 말하고 싶었다. 전 세계 어느 전문가나 학회에서도 인정하지 않는 그런 비과학적인 주장을 당신 같은 사람들이 '전문가'라는 이름으로 주장하고 다니기 때문에 성소수자들이 죽음을 생각하는 세상이 된 것이라고.[3]

책에는 이렇게 적혀 있다. 진심으로 성소수자를 혐오하는 이라면 노예제 찬성론자나 인종주의자처럼 언젠가 사라질 거라고. 성소수자 혐오를 지지층 결집을 위해 악용하는 이라면 "소수자 혐오를 통해서만 권력을 잡을 수 있는 무능력한 존재임을 증명하는 것"(218쪽)이라고.
모두가 알다시피 한국 반동성애 운동의 동력은 상당 부분 교회에서 나온다. 정치인들이 선거 때마다 동성애 반대를 구호로 내걸거나, 이 문제에 침묵하는 이유도 여기에 있다. 교회는 진심으로 성소수자를 혐오하는 집단인가, 아니면 세력 유지를 위해 성소수자 혐오를 이용하는 곳인가. 고백하자면 오랫동안 기독교 재단이 주인으로 있는 언론사에서 밥벌이를 한 나는 이 문제에 얼마쯤의 책임감과 일말의 죄책감을 느끼고 있다.

책에는 미국 경제학자 리 배지트를 인터뷰한 글이 등장하는데, 이런 내용이 나온다. 2002년 매사추세츠주 주지사 선거에 출마한 로버트 라이시는 동성결혼 합법화를 공약으로 내걸었다. 그 어떤 유력 정치인도 하지 못한 일이었기에 리 배지트는 걱정했다. 하지만 그의 용기는 변화의 시작이 되었다. 훗날 대통령이 되는 조 바이든이나 버락 오바마 등이 차례로 힘을 보탰다. 리 배지트는 "누군가 시작하면 그다음 사람은 조금 더 쉬워진다. 문제는 그게 언제 시작될지 모른다는 점"(236쪽)이라고 말한다.

한국에서도 이런 일이 가능할까. 이름난 대형 교회 목회자가, 유력 정당의 유명 정치인이 동성결혼 합법화 같은 의제를 던질 수 있을까. 만약 그때가 된다면 적어도 몇몇 사람들은 생각할 것이다. 물살을 거슬러 헤엄친 김승섭의 공부가 변화의 마중물이 됐다는 것을.

꼬리 잇는 책
캐런 메싱, 김인아·김규연·김세은·이현석·최민 옮김, 《보이지 않는 고통》, 동녘, 2017
김승섭, 《아픔이 길이 되려면》, 동아시아, 2017
김승섭, 《미래의 피해자들은 이겼다》, 난다, 2022

그러니 우린 손을 잡아야 해
바다에 빠지지 않도록

문미순의
《우리가 겨울을 지나온 방식》*

---
* 나무옆의자, 2023

문미순의 장편소설《우리가 겨울을 지나온 방식》의 주인공 중 한 명인 준성이 처한 상황부터 살펴보자. 스물여섯 살인 준성은 서울의 한 임대아파트에서 치매로 고생하는 아빠와 함께 살고 있다. 엄마는 중학교 때 세상을 떠났고, 해외로 나간 형은 연락이 끊긴 지 오래다. 아빠가 처음 쓰러진 것은 고등학생 때였다. 아빠를 간호하느라 결석이 잦았고 결국 자퇴를 한 뒤 검정고시를 봤다. 전문대 물리치료학과에 진학해 국가고시 자격증에 도전했지만 공부할 시간이 없으니 결과가 좋을 리 없었다.

준성은 낮엔 아빠를 돌보고 밤엔 대리운전을 하면서 생활비를 번다. 대리운전으로 하루에 버는 돈은 5만 원 남짓. 하지만 아빠의 상태를 살피느라 공치는 날이 많아 수입은 월 100만 원 정도밖에 안 된다. 준성은 여기에 아빠 앞으로 나오는 국민연금 62만 원을 보태 근근이 살림을 꾸려간다. 매일 오전, 그는 아빠와 함께 공원으로 향한다. 아빠는 휠체어에서 내려 아들의 응원을 받으며 걸음마를 배우는 아이처럼 힘겹게 걸음을 옮긴다.

"그렇지. 뒤꿈치에 힘을 주고! 아니 아니, 팔은 나를 잡고! …그렇지! 어깨는 펴고!"

사람들은 매일같이 아빠를 운동시키는 준성을 보며 흐뭇해한다. 하지만 그는 소설 속 어느 지점에서 이렇게 말한다. "착하다는 말, 대견하다는 말, 효자라는 말도 다 싫어요."(20~21쪽)

깊디깊은 간병의 그늘

얼마간 다른 맥락이지만, 이 말은 《아빠의 아빠가 됐다》라는 책에도 등장한다. 책을 쓴 이는 치매에 걸린 50대 아버지를 모시고 사는 청년 보호자 조기현으로, 그의 부모는 그가 어렸을 때 갈라섰다. 아빠는 건설 현장 노동자로 밥벌이를 했으나 아들이 스무 살이 되던 해 갑자기 쓰러졌고 결국 아들이 아버지의 삶까지 짊어진 '2인분의 삶'을 살게 되었다.

월세가 밀리고 공과금이 쌓였다. 아빠는 때때로 크게 화를 냈고 아들은 보답으로 물건을 때려 부쉈다. 그리고 한 시간쯤 지나면 두 사람은 다시 함께 앉아 밥을 먹었다. 조기현은 종종 지인들에게 말하곤 했다. 아빠를 죽이고 싶다고. 하지만 이게 진심일 린 없었다. "정말 죽이고 싶다기보다는 죽음이 우리 앞에 있다는 사실을 인식하는 말에 가까웠다. 끝이 있으니 아직 더 해볼 용기를 가지라

는 말이었다. 위악은 때때로 위안이 된다."(아, 123쪽)

그 역시도 소설 속 준성처럼 자신을 효자라고 추켜세우는 말을 탐탁잖게 여긴다. '효심'이라는 단어가 병구완이 떠안기는 엄청난 무게와 독박 간병을 만드는 엉터리 시스템의 문제를 납작하게 만들어버린다고 여기기 때문이다. 실제로 이런 분위기에선 사회 안전망의 성긴 그물에 관심을 두는 이가 적을 수밖에 없다. 효심이 있어야 한다, 가족을 버려선 안 된다는 강력한 불문율이 돌봄의 문제를 가족의 울타리 안에 가둬버리니까.

《우리가 겨울을 지나온 방식》을 통해 생각하게 되는 것도 이 지점이다. 소설은 또 다른 주인공인 명주의 이야기에서 시작한다. 준성의 옆집에 사는 명주는 쉰 살을 목전에 둔 중년 여성이다. 이혼한 뒤 백화점 구두 매장, 보험회사 콜센터를 거쳐 단체급식 공장에 다니며 돈을 벌었지만, 어느 날 발에 심한 화상을 입어 일할 수 없는 처지가 돼버린다.

결국 그는 엄마 혼자 사는 집으로 들어가는데, 치매가 있던 엄마가 세상을 떠나고 만다. 가망 없는 삶을 사느니 자신도 죽는 게 낫겠다 싶었던 명주는 알약 수십 알을 삼키고 죽은 엄마 옆에 쓰러지지만 다음 날 깨어나고, 엄마 핸드폰에서 기초연금 30만 7,500원, 유족연금 69만 8,000원이 입금됐다는 알림 문자를 보게 된다. 명주는 엄마의 사망신고를 미루기로, 엄마를 미라로 만들기로 결심한다. 엄마 통장에 입금되는 연금이 "세상이 내게 준 모욕과 멸시에 대한 보상"이라고, "이 세상이 내게 갚아야 할 빚"(138쪽)이라고 생각하면서.

> "이 돈이라도 맘껏 써보고 죽자 했지. 그래서 조금 더 살아보기로 했어. 엄마와 같이 살아가기로. 엄마의 죽음을 조금 유예시킨다고 해서 그게 그렇게 잘못은 아니잖아."1

이웃사촌인 준성에게도 비극은 찾아온다. 대리운전 도중 생긴 사고로 거액의 수리비를 물어야 하는 상황에 내몰리고, 얼마 뒤 아빠도 화재로 큰 화상을 입고 불의의 사고로 숨을 거둔다. 사연을 들은 명주는 준성에게 자신과 똑같은 방법을 택할 것을 권한다.

그렇게 두 사람 사이엔 기막힌 파트너십이 생긴다. 법의 잣대로 보자면 이들에게 온갖 죄목을 갖다 붙일 수 있겠지만, 두 사람이 견뎌야 했던 채찍 같은 세월을 안다면 누구도 침을 뱉긴 힘들 것이다. 실제로 세상엔 질병이나 장애가 있는 가족 누군가를 돌보다가 간병의 무게를 견디지 못해 극단적 선택을 하는 사람이 수두룩하다. 스스로 목숨을 끊는 것은 물론이고 환자인 가족을 살해하기도 한다.

가장 슬픈 살풍경이라고 말할 수 있는 이런 일들은 〈서울신문〉에 연재된 기획물을 엮은 책 《간병살인, 154인의 고백》에서도 확인할 수 있다. 책에는 2006년부터 2018년 8월까지 국내에서 발생한 간병살인 사건 173건을 분석한 내용이 담겼는데, 아릿한 이야기와 섬뜩한 통계가 끝도 없이 이어진다.2 피해자 평균 나이 64.2세, 간병 기간 6년 5개월, 간병인 열 명 중 여섯 명은 독박 간병, 열 명 중 여덟 명이 간병 탓에 경제적 어려움 호소……

현재 한국 사회에서 가정 돌봄을 받는 환자는 100만 명으로 추산되는데, 이 말은 20가구 가운데 한 가구에서 가족 중 누군가가 간병인으로 살아간다는 뜻이다. 실제로 우린 그 누구도 간병의 공포에서 자유로울 수 없다. 수전 손택의 말마따나 사람은 건강의 왕국과 질병의 왕국, 이 두 왕국의 시민권을 갖고 태어나는 법이니까. 우리 모두는 결국 늙을 것이고 아플 것이고 죽을 것이다. 환자가 돼서 보살핌을 받거나, 혹은 누군가를 간병하면서 난망한 세월을 견뎌야 한다. 돌봄의 고통과 부담은 모두에게 숙명일 수밖에 없다.

시민적 돌봄을 향해

언젠가 난치병으로 고생하는 세 살배기 아들을 키우며 사는 한 여성을 인터뷰한 적이 있다. 아이의 목엔 구멍이 뚫려 있었는데, 대화를 나누다가 아들의 호흡이 불규칙한 느낌이 들면 여성은 아들의 목구멍에 석션을 연결해

가래를 빼내야 했다. 아이는 버둥거리면서 힘들어했고, 그때마다 여성은 아들의 등을 토닥여주었다.

"우리 아기, 많이 힘들지. 미안해. 엄마가 미안해……."

그렇게 아이가 얼마간 진정된 기미를 보이면 여성은 다시 답변을 이어갔다.

"호흡이 불규칙할 때는 식사도 힘들어요. 밥은 목에 뚫린 구멍을 통해 유동식을 먹어요. 세상에 맛있는 게 정말 많잖아요? 그런데 우리 아들은 아직 어떤 맛도 느껴본 적이 없어요."

"외출도 힘들어요. 차가 보이면 차도로 달려들고, 갑자기 넘어지고, 바닥에 머리를 박고……. 저랑 아들은 은둔에 가까운 생활을 하고 있어요. 아들은 바깥세상이 어떤지 잘 몰라요."

"경제적으로 너무 힘들어요. 은행부터 지인, 제2금융권에 이르기까지 돈을 빌릴 수 있는 곳엔 전부 빚을 졌어요. 사채만 안 썼다고 보시면 돼요."

인터뷰는 15분 남짓 진행되었다. 아이를 통제하는 게 거의 불가능했기 때문이다. 아이는 갑자기 머리를 바닥에 찧거나 소리를 지르곤 했다. 생지옥 같은 상황이 이어지자 내 마음을 채운 연민과 동정도 금세 사라져버렸고, 빨리 이곳을 떠나고 싶다는 생각만 들었다. 시간이 제법 흘렀지만 나는 아직도 이날을 떠올려보곤 한다. 아이의 건강 상태는 지금도 그대로일까. 습자지 위를 걷는 기분으로 살고 있을 그 여성은 현재 어떤 모습일까.

　한국 사회의 돌봄 문제를 다룬 책들 가운데 인상 깊게 읽은 작품으로는 《새벽 세 시의 몸들에게》를 꼽을 수 있다. '생애문화연구소 옥희살롱'이라는 단체에서 기획한 이 책은 '새벽 세 시'가 풍기는 분위기처럼 천지간에 자신만 내팽개쳐진 듯한 기분을 느낄 환자와 간병인, 그들이 마주한 아픔을 전하면서 색다른 차원의 해법을 모색한 내용이 실려 있다.

　사람들은 돌봄 문제의 해결 방안으로 제도 정비나 재원 확보를 해법을 강조하지만, 이 책은 다르다. "아프고 늙고 의존하는 몸으로 사는 것이 가능할 뿐 아니라 의미 있는 사회를 만드는 것"(새, 23쪽)이 중요하다는 주장을 내놓는다. 그러면서 한국 사회의 얕은 상상력을 지적한다. 돌봄 이슈의 해법이 언제나 가족의 이미지, 그 둘레만 맴돈다는 것이다.

　가령 요양보호사는 '효 도우미'로 불리고, 각종 정책엔 '가족 같은 돌봄'이라는 슬로건이 따라붙는다. 《새벽 세 시의 몸들에게》에는 "'가족 같은 관계'라는 비유를 넘어선 신뢰와 돌봄이 오가는 인간관계의 새로운 양식이 필요하다"는 지적과 함께 "시민적 돌봄"이라는 키워드가 나온다.

> 관계들이 '가족 같은' 관계로 불리는 사회는 정이 넘치는 사회가 아니라 상상력이 빈곤한 사회다.

'가족'이라는 이름 안에 우리가 취약할 때 바라는 모든 것을 욱여넣기보다, 가족 바깥에서도 그럭저럭 시름시름 잘 살아갈 수 있는 구조로의 전환이 필요하다.[3]

"시민적 돌봄"의 의미와 딱 들어맞는 것은 아니겠으나,《우리가 겨울을 지나온 방식》의 결말도 비슷한 방향을 가리킨다. 스포일러가 될 수 있겠지만, 이 소설의 마지막은 이렇다.

소설엔 준성과 명주 외에도 많은 인물이 등장하는데, 그중 하나가 '은빛요양원 할머니'다. 아들이 주식으로 진 빚을 갚으려고 엄마가 살던 집을 판 뒤 엄마를 요양원에 데려다 놨다는, 그리고 아들은 감감무소식이라는 소문에 휩싸여 있는 인물이다. 그래서인지 치매가 있는 할머니는 수시로 요양원을 탈출해 사람들에게 "나 좀 데려가"라고 보채곤 한다.

눈이 내리던 어느 날, 명주와 준성은 트럭 짐칸에 각자의 어머니, 아버지 시신이 담긴 관을 싣고 시골로 향하는데, 누군가 벽을 치는 소리를 듣게 된다. 바로 은빛요양원 할머니였다. 차를 세우고 짐칸의 천막을 들어 올리자 그곳엔 할머니가 보따리를 끌어안은 채 앉아 있었다. 준성은 할머니를 앞자리로 데려와 앉히고, 세 사람은 이런 말들을 주고받는다.

할머니: "이제 어디로 가?"
명주: "집에 가요. 우리 집에."
준성: "어떡해요. 이 할머니?"
명주: "우리 엄마 삼지 뭐."⁴

도로 위 눈발은 굵어지고 라디오에선 백예린의 〈그건 아마 우리의 잘못은 아닐 거야〉가 흘러나온다. 지독한 간병의 굴레에 놓인 이들에게 바치는 응원가 같은, 혹은 돌봄의 문제를 고민하는 이들에겐 뻔하지만 확실한 힌트를 주는 듯한 곡이다.

> 그러니 우린 손을 잡아야 해
> 바다에 빠지지 않도록
> 끊임없이 눈을 맞춰야 해
> 가끔은 너무 익숙해져버린
> 서로를 잃어버리지 않도록….

꼬리 잇는 책
조기현, 《아빠의 아빠가 됐다》, 이매진, 2019
유영규·임주형·이성원·신융아·이혜리, 《간병살인, 154인의 고백》, 루아크, 2019
김영옥·메이·이지은·전희경, 《새벽 세 시의 몸들에게》, 봄날의책, 2020

영원한 이별이 사라진다면

미치오 카쿠의 《인류의 미래》*

* 박병철 옮김, 김영사, 2019

아버지가 말문을 열자 아들은 녹음기 버튼을 눌렀다. "우리 어머니는 케흐리에스라는 그리스 에비아섬에 있는 마을에서 태어났어." 이야기는 셰에라자드의 천일야화처럼 길게 이어졌다. 녹음을 시작한 시기는 2016년 5월. 아버지는 폐암으로 투병 중이었다. 아들은 이후에도 틈날 때마다 아버지를 보챘다. 옛이야기를 들려달라고, 당신의 이야기를 듣고 싶다고. 그렇게 모은 아버지의 육성이 담긴 단어는 9만 1,970개. 아들은 203쪽짜리 바인더를 책장에 꽂으며 생각했다.

'아버지가 계속 살아 있게 하는 방법을 찾은 것 같다.'

그는 살뜰하게 그러모은 아버지의 기억과 목소리를 데이터로 변환해 대화형 인공지능AI 프로그램에 입력했다. 아버지처럼 말하고 생각하는 복제 AI '대드봇Dadbot'을 만든 것이다. 아들은 아버지가 의식 불명 상태이던 이듬해 2월 8일 스마트폰으로 대드봇에 접속했다.

"안녕, 나다. 너의 아버지. 어떻게 지내니?"

"슬퍼요."

"그렇구나. 내가 무슨 얘기를 해줬으면 하니?"

"모르겠어요."

대드봇을 통해 주고받은 대화는 그렇게 끝났고 이튿날 새벽 아버지는 세상을 떠났다.[1]

언젠가 세상이 망하더라도

여기에 등장하는 아들은 과학 저널리스트이자 미국의 한 AI 스타트업 설립자인 제임스 블라호스다. 그는 저서 《당신이 알고 싶은 음성인식 AI의 미래》를 통해 대드봇을 만든 뒤 겪은 일들을 들려준다. 대드봇이 세계적인 스포트라이트를 받으면서 지구촌 곳곳에서는 불의의 사고나 불치병으로 생때같은 자식을 잃은 부모들의 연락이 이어졌다고 한다. "죽은 우리 아이를 복제한 AI를 만들어주세요." 기자들의 질문도 이어졌다. "가상 불멸이 사업이 될 수 있을까요." 그는 이들 물음에 뭐라고 답했을까.

비슷한 이야기를 다룬 소설도 있다. 스스로 목숨을 끊은 어머니를 AI로 부활시키려는 이를 주인공으로 내세운 정진영의 작품 《나보다 어렸던 엄마에게》다. 책에는 이렇게 적혀 있다. "엄마. 내겐 쓰고 읽을 수는 있으나 부를 수는 없는 단어다."(나, 94쪽)

그 사람을 만질 수도, 볼 수도 없고 심지어 호명할 권리마저 사라지는 것. 그것이 바로 죽음이기에 우린 죽음

앞에서 항상 아득한 무력감을 느낀다.《나보다 어렸던 엄마에게》같은 소설이 나오는 것도 이렇듯 가없는 슬픔을 극복할 방법을 어떻게든 찾고 싶어서일 것이고.

하지만 죽음이라는 단어가 갖는 무거운 의미가 미래엔 달라질지도 모른다. 불멸이나 영생은 더는 전설이나 신화, 소설에나 어울리는 단어가 아니다. 과학에 얼마쯤 관심이 있다면 대드봇의 존재도 시시하게 느껴질 수 있다. 세상의 발전 속도는 현기증을 일으킬 정도이고, 심지어 이런 말을 하는 이도 있다. 1,000번째 생일을 맞을 최초의 인류는 이미 세상에 살고 있다고. 과학이라는 마술 지팡이가 인류의 앞날을 크게 바꿔 놓고 있으니 먼 훗날엔 생로병사 네 글자로 요약되는 인간의 생애도 완전히 그 모습이 달라질 수도 있을 것이다.

인간의 앞날을 다룬 낙관적 전망, 그 상상력의 끝이 어디일까 가늠할 수 있는 책이 바로 일본계 미국인 물리학자 미치오 카쿠가 쓴《인류의 미래》다. 인류는 지구에서 영원히 살 수 없다. 지구는 핵전쟁으로 불모지가 될 수도, 소행성과 충돌해 하루아침에 산산조각이 나버릴 수도, 그도 아니면 50억 년쯤 후 태양의 수명이 다하면 불바다로 변할 수도 있다. 새로운 보금자리를 찾는 일은 인류의 숙명이다. 스티븐 호킹은 유작《호킹의 빅 퀘스천에 대한 간결한 대답》에 "앞으로 1,000년 안에 필연적으로 지구는 심각한 손상을 입을 것"이라고 내다보면서 이렇게 적기도 했다. "지구에 계속 머물러 있는 것은 무인도의 조난자들이 탈출을 시도하지 않는 것과 같다."(호, 221쪽) 그렇다면 그때 인류의 지구 탈출은 어때야 할까.

현재 광막한 우주 공간에서 인간의 발자국이 찍힌 곳은 달밖에 없다. 인류는 지금 화성에 사람을 보내는 일에 몰두하고 있다. 달이나 우주 정거장을 기착지로 삼아 붉은 행성에 도착한 뒤 그곳에 안전한 기지를 만드는 일……. 하지만 이 같은 얼개를 띠는 화성 정복 프로젝트는 우주 탐사의 첫 번째 단추일 뿐이다. '제2의 지구'가 화성일 리는 없을 테니까.

《인류의 미래》전반부는 이렇듯 우주 탐사의 현주소를 일별하는 내용으로 채워져 있다. 흥미를 돋우는 것은 이 다음부터 이어지는 이야기다. 우주 어딘가에서 운 좋게 새로운 지구를 찾았다고 가정해보자. 문제는 우주도 언젠가 사라진다. 우주 멸망 시나리오는 셋 중 하나다. 팽창을 거듭하다가 꽁꽁 얼어버리거나, 어느 시점에 팽창을 멈추고 수축해 우주 전체가 으깨지거나, 대책 없이 팽창하다 세상 만물이 처참히 찢기거나. 지구도 태양도 우주도 영원할 수 없으니 그때쯤 인류는 어떻게 해야 하나.

《인류의 미래》가 가진 매력은 여기서 이야기가 끝나겠거니 싶을 때 다른 차원의 스토리가 만화경처럼 펼쳐진다는 데 있다. 이쯤에서 등장하는 내용은 다중우주가설이다. 할리우드 영화들에 자주 나오는 것처럼 '다른 우주'가 대안이라는 것이다.

> 〔인간은〕 우리 우주를 포함한 다중우주를 내려다
> 보면서 새로운 거점으로 삼을 만한 우주를 고를
> 수 있다. (…) 최후의 순간에 우주와 함께 죽지 않
> 고, 다중우주에서 적절한 우주를 골라 거주지를
> 옮길 것이다. 그렇다. 우리의 이야기는 우주가 죽
> 어도 끝나지 않는다.[2]

영혼의 도서관이 만들어지더라도

영화 〈인터스텔라〉를 족히 다섯 번은 본 것 같다. 이 작품의 백미는 후반부에 주인공 쿠퍼가 블랙홀로 진입한 뒤 펼쳐지는 장면들이다. 인류의 운명을 걸머진 쿠퍼는 블랙홀에서 무한대의 책장 사이를 유영하고, 어느 순간 시공간을 초월해 지구에 있는 딸 머피와 교감하게 된다. 영화가 극장에 내걸렸을 때 어떤 이들은 큰 감동을 받았다고 했다. 세상을 떠난 누군가가 쿠퍼처럼 아득히 먼 어딘가에서 자신을 지켜보는 것처럼 느껴지니까. 지금도 나는 이 영화를 볼 때마다 과학이 때론 차원이 다른 위로를 선사할 수 있음을 느낀다.

비슷한 맥락에서 《인류의 미래》에 등장하는 흥미로운 아이디어 중 하나는 '영혼 도서관'이다. 보르헤스가 말한

'바벨의 도서관'의 궁극적 형태 같은 곳으로, 〈인터스텔라〉 속 무한대의 책장과는 얼마쯤 다른 느낌이겠으나 세상을 떠난 누군가가 '디지털 영생'을 통해 부활할 수 있다는 점에서 포개지는 부분이 없지 않다.

> 미래의 후손들은 '영혼 도서관'을 운영하게 될 것이다. 윈스턴 처칠에 대해 알고 싶다면 도서관을 방문해 그의 전기를 읽는 대신 그의 모습을 3차원 영상으로 띄워놓고 실시간으로 대화를 주고받으면 된다. (…) 미래의 어느 날, 당신의 증손자의 증손자의 증손자가 가족도서관에서 당신을 소환하여 역사 숙제를 도와달라며 대화를 청할지도 모른다.[3]

《인류의 미래》가 지닌 가장 큰 강점은 과학적 상상력이 갖는 파워풀한 힘을 느끼게끔 한다는 점이다. 불멸이라는 단어가 시시하게 느껴질 정도로 말이다. 책에 실린 표현을 그대로 옮기자면 언젠가 인간은 "의식을 가진 순수한 에너지"(436쪽)가 된다. 인간의 나약한 신체는 성간여행을 견딜 수 없으니 의식만 우주로 향한다. 의식을 데이터로 변환해 우주 공간으로 보내는 '레이저 포팅'을 통해 누구나 우주 관광을 할 수도 있다. 가고 싶은 별이 있다면 레이저에 의식을 실어 보내고, 별에 도착하면 의식은 당신의 몸을 대신할 아바타에 탑승하게 된다.

미치오 카쿠가 전하는 이 같은 전망은 어디까지 믿어야 할지 판단하기가 쉽지 않다. 누군가는 박람강기한 실력을 뽐내는 이 재담가의 글에서 숱한 박이부정의 혐의를 발견할 수도 있을 것이다. 괴서라고 깎아내릴 사람도 있을 듯하다. 그의 말이 모두 실현된다고 하더라도, 우린 그가 말하는 식의 미래를 '현실'로 받아들일 수 있을지도 생각해볼 만한 문제다.

가령 인간이 의식의 형태로만 존재한다면 우린 그것을 인간이라고 부를 수 있을까. 영생의 시대에도 우린 지금처럼 홍건한 사랑을 느낄 수 있을까. 영원한 이별이 존재하지 않는 세상에서 사랑이 지금처럼 깊고 넓을 수 있을까.

뻔한 결론이지만 이런 이야기가 향하는 대답은 결국 하나로 수렴된다. 무슨 일이 일어날까 걱정하지 말고, 원하는 미래가 무엇인지부터 자문해야 한다는 것. 미국 물리학자 맥스 테그마크가 했던 말처럼 "무엇을 원하는지 모른다면 우린 아무것도 손에 쥐지 못할 것"[4]이니까 말이다.

꼬리 잇는 책
제임스 블라호스, 박진서 옮김, 《당신이 알고 싶은 음성인식 AI의 미래》, 김영사, 2020
정진영, 《나보다 어렸던 엄마에게》, 무블출판사, 2021
스티븐 호킹, 배지은 옮김, 《호킹의 빅 퀘스천에 대한 간결한 대답》, 까치, 2019

누구나 시작은 잿더미에서

이문열의
《젊은 날의 초상》*

---
* 민음사, 1981

한때 다독을 넘어 닥치는 대로 책을 읽는 남독의 수준까지 간 적이 있다. 감히 읽을 엄두를 내기 힘든 분수에 넘치는 작품들까지 찾아 읽으면서 꽤 긴 시간을 보냈는데 남진우의 시 〈타오르는 책〉은 그때의 내 모습이 담긴 듯한 작품이다. 이 시는 책에 홀렸을 때 어떤 일이 벌어지는지 보여준다. 특히 1~2연에 나오는 다음과 같은 시구들.

> 그 옛날 난 타오르는 책을 읽었네
> 펼치는 순간 불이 붙어 읽어나가는 동안
> 재가 되어버리는 책을
>
> 행간을 따라 번져가는 불이 먹어치우는 글자들
> 내 눈길이 닿을 때마다 말들은 불길 속에서 곤두서고
> 갈기를 휘날리며 사라지곤 했네 검게 그을려
> 지워지는 문장 뒤로 다시 문장이 이어지고
> 다 읽고 나면 두 손엔
> 한 움큼의 재만 남을 뿐

펼치는 순간 불이 붙어 읽어나가는 동안 재가 되어버리는 책, 그런 작품을 만난다면 그다음 이어질 일은 뻔하다. 대형 산불이 나면 불로 불을 끄는 맞불의 방화선防火線을 구축해야 하는 것처럼 책에서 시작한 불은 책으로 꺼야 한다. 그렇다면 내가 처음 만난 타오르는 책은 무엇이었던가. 그것은 고등학생 시절 읽은 이문열의 연작 소설 《젊은 날의 초상》이었다.

바다로 가는 마지막 길목에서

오랜만에 책장에 꽂힌 《젊은 날의 초상》을 펼쳐봤다. 민음사가 1994년 2월 20일 출간한 32쇄본, 가격은 5,500원, 1쇄가 나온 연도는 내가 태어난 해인 1981년. 맨 뒷장에 '딸기원책대여점'이라는 스티커가 붙은 것을 보면 제값을 치르고 산 책은 아닐 것이다. 이 소설이 내게 온 과정을 추정하면 이러지 않았을까 싶다. 어느 날 엄마는 딸기원책대여점이라는 곳에서 이 책을 빌린다→책은 반납 기일을 놓치고 연체를 거듭하다가 슬그머니 서가의 한 귀퉁이를 차지한다→그런 우연의 끝에서 나는 '이문열'이라는 이름에 호기심이 동해 이 책을 뽑아 든다…….

내가 이 소설에 매혹된 이유를 설명하려면 우선 작품의 스토리부터 소개해야 할 것이다. 주인공은 청소년과 청년, 그 경계에 선 인물이다. 그는 2년간의 떠돌이 생활을 청산하고 부산 변두리에 있는 강진이라는 동네에 정착한다. 안개와 갈대의 고장인 이곳에서 주인공은 조그만 발동선으로 모래 장사를 하는 형에게 신세를 지며 검정고시와 대입을 준비한다. 이것만이 실패가 예정된 삶을 반전시킬 방법이라고 여기면서 말이다. 하지만 공부에만 전념하기가 쉽지 않다. 시간은 없고 실력은 부족한데 몸까지 아프다. 스스로 자신이 처한 상황을 시종일관 비관하는 주인공은 스산한 과거가 있는 강진의 사람들과 어울리며 한 시절을 통과한다.

이런 내용이 담긴 1부엔 '하구(河口)'라는 제목이 붙어 있다. 배경이 된 강진의 지리적 특성이어서, 심산유곡을 따라 굽이굽이 세월의 물길을 흘러 내려온 사람들 이야기가 담겼다는 점에서, 그리고 새로운 세상(바다)으로 나가기 전 주인공이 마지막으로 발을 디딘 최후의 기착지라는 의미에서 저런 제목이 붙었겠거니 짐작하게 된다. 한데 어쩌면 《젊은 날의 초상》이라는 소설의 큰 제목보다는 '하구'라는 타이틀이 이 작품의 키워드일 수도 있을 것이다. 누구에게나 젊음은 강물이 바다로 흘러드는 하구와도 같은 시공간이니까, 마지막으로 그곳에서 뭔가는 남겨두고 어떤 것은 챙겨서 떠나는 게 모든 사람이 겪는 청춘의 시작일 테니까.

아무튼 이다음 이어지는 2부는 주인공의 대학 시절 이야기다. 주인공이 겪는 정신적인 방황, 그즈음의 청년이라면 누구나 통과의례처럼 받아들여야 할 구질구질한 연애, 술에 휘둘리고 가난에 쫓기는 고단한 현실……. 이런 삶을 살면서 주인공은 좌절의 벼랑 끝으로 내몰리지만, 마지막엔 누구나 언젠가는 그리워할 수밖에 없는 청춘을 향한 예찬으로 끝을 맺는다. "한때는 아픔이요 시련이었으되 이제는 다만 그리움일 뿐인, 아, 그 기쁜 우리 젊은 날."(169쪽)

소설의 클라이맥스인 3부는 주인공이 보낸 '절망의 겨울'을 그린다. 언제든 삶을 결딴낼 수 있는 '화공 약품'을 가방에 넣고 남쪽으로 내려간 주인공은 경북 어느 술집에서 허드렛일꾼으로 일하면서 이런 생각을 되뇐다. '삶의 잔을 던져버릴 것이냐, 참고 마저 마실 것이냐.'(172쪽)

그러다 다시 길을 떠나고, 해발 700미터의 봉우리를 보고서 아름다움의 실체를 보았다고 여기며 언젠가 자신이 "아름다움의 창조와 관련 있는 삶을 갖게 되리라"(198쪽)는 막연한 예감에 사로잡히게 된다. 하지만 생을 끝내겠다는 생각엔 변함이 없다. 최후의 도착지인 바다에서 그는 거대한 파도가 갈매기를 집어삼키는 장면을 목격한다.

> 갈매기는 날아야 하고 삶은 유지돼야 한다. 갈매기가 날기를 포기했을 때 그것은 이미 갈매기가 아니고, 존재가 그 지속을 포기했을 때 그것은 이미 존재가 아니다. 받은 잔은 마땅히 참고 비워야 한다. 절망은 존재의 끝이 아니라 진정한 출발이다.[1]

잃어버린 불을 꿈꾸며

저토록 비장하게 끝나는 이 작품엔 아쉽게 느껴지는 부분이 적지 않다. 세상 모든 고뇌를 혼자 떠안은 듯한 주인공의 결연한 태도에 완벽하게 수긍하기 힘든 지점도 많다. 온갖 말들로 치장을 해놨지만 주인공의 말과 행동이 객기나 치기 정도로만 여겨지기도 한다. '구원은 셀프'라는 결말을 상투적이라고 깎아내리는 사람도 있을 것이다.

하지만 10대 시절 나는 이 소설에 완전히 빠져들었다. 《젊은 날의 초상》은 문학이 선사하는 재미를 알게 해줬고, 내게도 저렇게 치열한 젊음이 있길 바라게 해주었으며, 결국엔 나의 10대 시절을 바꿔놓았다. 〈타오르는 책〉 3~4연의 시구처럼.

> 놀라움으로 가득찬 불놀이가 끝나고 나면
> 나는 불로 이글거리는 머리를 이고
> 세상 속으로 뛰어들곤 했네
> 그 옛날 내가 읽은 모든 것은 불이었고
> 그 불 속에서 난 꿈꾸었네 불과 함께 타오르다 불과
>   함께
> 몰락하는 장엄한 인생을

그런데 나는 《젊은 날의 초상》의 어떤 매력에 끌렸던 걸까. 이전까지 소설 읽기의 재미를 몰랐다는 것과 이문

열의 작품이 주는 가독성이 이 작품에서도 상당하다는 점이 큰 이유일 것이다. 하지만 그보다 중요한 것은《젊은 날의 초상》을 10대 시절에 읽었다는 것이다. 누구나 그렇듯 청소년기엔 구상유취의 문장을 쓰는 일에도 부끄러움을 느끼지 않는다. 때론 누군가의 절망을 동경하기도 한다. 이 소설을 처음 읽었을 땐 강진에서의 주인공처럼 안갯속과 갈대숲을 헤매는 기분이었다. 무언가를 찾고자 애를 쓰면서 끊임없이 흔들렸던 시간. 특히 다음과 같은 문장들은 수십 년이 흐른 지금도 유행가 멜로디처럼 뇌리에 남아 있다.

> 시인들이 흔히 노래해 온 것처럼 삶이 하나의 긴 여행이라면 그 굽이굽이에서 우리가 만나는 사람들 또한 길동무로 부를 수 있으리라.[2]

> 나는 천 권의 책을 읽었다. 그렇지만 그 또한 탐구였다고 말할 수 있는가. 내 가슴에 불타고 있던 것이 진정한 이데아의 광휘였을까. 아니었다. 세 번 아니었다. 소년의 허영심으로, 목로주점의 탁자를 위하여, 어쭙잖은 숙녀와 마주 앉은 다방의 찻잔을 위하여 읽었을 뿐이다.[3]

> 절망이야말로 가장 순수하고 치열한 정열이었으

며 구원이었다.[4]

제법 긴 세월이 흘러《젊은 날의 초상》을 다시 읽는 것은 과거의 나를 대면하는 과정이었고, 달라진 현재의 나를 확인하는 일이었다. 그때의 나와 지금의 나는 얼마나 달라진 걸까. 〈타오르는 책〉의 나머지 시구들을 보니 여기엔 어느새 늙어버린 내 모습이 담겨 있었다.

>이제 그 불은 어디에도 없지
>단단한 표정의 책들이 반질반질한 표지를 자랑하며
>내게 차가운 말만 건넨다네
>
>아무리 눈에 불을 켜고 읽어도 내 곁엔
>태울 수 없어 타오르지 않는 책만 차곡차곡 쌓여
>　가네
>
>식어버린 죽어버린 말들로 가득찬 감옥에 갇혀
>난 잃어버린 불을 꿈꾸네

꼬리 잇는 책
남진우,〈타오르는 책〉,《타오르는 책》, 문학과지성사, 2000

주

독서에도 길이 있다면
1   이동진, 《닥치는 대로 끌리는 대로 오직 재미있게 이동진 독서법》, 위즈덤하우스, 2017, 22쪽
2   위의 책, 27쪽
3   위의 책, 168쪽
4   이동진·김중혁, 《질문하는 책들》, 위즈덤하우스, 2016, 6쪽

그때 그 불빛은 어디로 갔을까
1   트린 주안 투안, 이재형 옮김, 《마우나케아의 어떤 밤》, 파우제, 2018, 141쪽
2   위의 책, 123쪽
3   위의 책, 179쪽
4   Neil deGrasse Tyson, "Space", *Radiolab*, Oct. 21, 2007

고래가 삼킨 시간 속에서 우리는
1   수전 올리언, 박우정 옮김, 《도서관의 삶, 책들의 운명》, 글항아리, 2019, 24쪽
2   손수호, "도서관, 노인복지의 최전선", 〈국민일보〉, 2018년 9월 12일 자
3   《도서관의 삶, 책들의 운명》, 377쪽
4   위의 책, 119쪽
5   개브리얼 제빈, 엄일녀 옮김, 《섬에 있는 서점》, 문학동네, 2017, 301쪽
6   움베르토 에코, 김운찬 옮김, 《책으로 천년을 사는 방법》, 열린책들, 2009, 19쪽

청춘은 들고양이처럼 재빨리 지나가고
1   김연수, 《7번국도 Revisited》, 문학동네, 2010, 37쪽
2   위의 책, 40~41쪽
3   위의 책, 38~39쪽

작별 인사를 할 리는 없겠지만
1 무라카미 하루키, 권남희 옮김, 《후와후와》, 비채, 2016, 45쪽
2 칼 사피나, 김병화 옮김, 《소리와 몸짓》, 돌베개, 2017, 27~29쪽
3 프란스 드 발, 이충호 옮김, 《동물의 생각에 관한 생각》, 세종서적, 2017, 167쪽
4 김영하, 《여행의 이유》, 문학동네, 2019, 212쪽
5 〈악스트Axt〉 23호, 은행나무, 2019

빛을 향하는 책
1 호프 자런, 김희정 옮김, 《랩 걸》, 알마, 2017, 106~107쪽
2 리베카 솔닛, 김현우 옮김, 《멀고도 가까운》, 반비, 2016, 100쪽
3 《랩 걸》, 276쪽
4 미치코 가쿠타니, 김영선 옮김, 《서평가의 독서법》, 돌베개, 2023, 23쪽

완벽하진 않더라도 마침표를 찍을 수 있다면
1 은유, 《은유의 글쓰기 상담소》, 김영사, 2023, 128쪽
2 위의 책, 294~295쪽
3 은유, 《글쓰기의 최전선》, 메멘토, 2022, 18~19쪽

사랑할 순 없지만 사랑해야 하는
1 에밀 아자르, 용경식 옮김, 《자기 앞의 생》, 문학동네, 2003, 307쪽
2 이승우, 《사랑의 생애》, 위즈덤하우스, 2017, 180쪽
3 위의 책, 205쪽
4 황인찬, 〈개종5〉, 《구관조 씻기기》, 민음사, 2012
5 《사랑의 생애》, 12쪽
6 위의 책, 284~285쪽

고양이가 되지 못해 미안해
1 박완서, 《엄마의 말뚝》, 세계사, 2012, 97쪽
2 김새별·전애원, 《떠난 후에 남겨진 것들》, 청림출판, 2020, 24쪽
3 진고로호, 《엄마가 물고기를 낳았어》, 이후진프레스, 2022, 2~5쪽
4 위의 책, 26쪽
5 최은영, 《밝은 밤》, 문학동네, 2021, 302~303쪽
6 질 들뢰즈, 박정태 옮김, 《들뢰즈가 만든 철학사》, 이학사, 2007, 514쪽

굿나잇, 에브리바디
1 정희재, 《아무튼, 잠》, 제철소, 2022, 88~89쪽
2 매슈 워커, 이한음 옮김, 《우리는 왜 잠을 자야 할까》, 열린책들, 2019, 118쪽

그래봤자 일, 그래도 일
1 이기호, 〈원주통신〉, 《갈팡질팡하다가 내 이럴 줄 알았지》, 문학동네, 2006, 107~108쪽
2 최승자, 〈삼십세〉, 《이 時代의 사랑》, 문학과지성사, 1981
3 카를 마르크스·프리드리히 엥겔스, 김대웅 옮김, 《독일 이데올로기》, 두레, 2015

음악이 흐른 자리는 마르지 않는다
1 올리버 색스, 장호연 옮김, 《뮤지코필리아》, 알마, 2012
2 위의 책, 7쪽

남의 돈 벌기가 어디 쉬운가
1 한승태, 《퀴닝》, 시대의창, 2024, 424~425쪽
2 위의 책, 46~47쪽
3 위의 책, 430쪽
4 "봉준호 감독에게 '기생충'을 듣다", 〈씨네21〉 1209호

그는 갈매나무가 되었을까
1 안도현, 《백석 평전》, 다산책방, 2014, 259~261쪽
2 위의 책, 175쪽
3 김연수, 《일곱 해의 마지막》, 문학동네, 2020, 162~165쪽

나를 키운 엄마의 밥상, 세상의 음식
1 윤대녕, 《칼과 입술》, 마음산책, 2016, 40쪽
2 "윤대녕 '세월호 후 글 못 써… 삶을 지속하고자 소설 썼다'", 〈연합뉴스〉, 2019년 1월 19일 자
3 《칼과 입술》, 101~102쪽
4 헨미 요, 박성민 옮김, 《먹는 인간》, 메멘토, 2017, 77~78쪽

5 《칼과 입술》, 290~299쪽

이름이라는 사랑의 뿌리
1 줌파 라히리, 박상미 옮김, 《이름 뒤에 숨은 사랑》, 마음산책, 2004, 369~370쪽
2 위의 책, 71쪽

동그라미 공동체를 향해서
1 아누 파르타넨, 노태복 옮김, 《우리는 미래에 조금 먼저 도착했습니다》, 원더박스, 2017, 67쪽

우리 없이 우리에 관하여 말하지 말라
1 피터 카타파노·로즈마리 갈런드-톰슨, 공마리아·김준수·이미란 옮김, 《우리에 관하여》, 해리북스, 2021, 70쪽
2 위의 책, 347쪽
3 킴 닐슨, 김승섭 옮김, 《장애의 역사》, 동아시아, 2020, 14쪽
4 《우리에 관하여》, 132쪽

2,500만 년이 흘러 다시 만난다면
1 이낙원, 《우리는 영원하지 않아서》, 들녘, 2017, 34~35쪽
2 위의 책, 194~195쪽
3 위의 책, 192쪽
4 이순원, 〈은비령〉, 《은비령》, 더스타일, 2012, 157쪽

호모 사피엔스의 거울엔 항상 전쟁의 얼굴이
1 김동춘, 《전쟁과 사회》, 돌베개, 2006, 121쪽
2 박완서, 《그 많던 싱아는 누가 다 먹었을까》, 세계사, 2008, 299쪽

존엄하게, 합리적 불일치를 향해
1 뤼트허르 브레흐만, 안기순 옮김, 《리얼리스트를 위한 유토피아 플랜》, 김영사, 2017, 233쪽
2 아비지트 배너지·에스테르 뒤플로, 김승진 옮김, 《힘든 시대를 위한 좋은

경제학》, 생각의힘, 2020, 26쪽

오은영이 될 수 없는 부모들에게
1   주디스 리치 해리스, 최수근 옮김, 《양육가설》, 이김, 2017, 22~25쪽
2   오은영, 《못 참는 아이 욱하는 부모》, 코리아닷컴, 2016, 12쪽
3   《양육가설》, 245쪽
4   정세랑, 《덧니가 보고 싶어》, 난다, 2019, 52쪽
5   《양육가설》, 490쪽

언어를 불순하게, 개인을 위대하게
1   복거일, 《국제어 시대의 민족어》, 문학과지성사, 1998, 152쪽
2   복거일, 《복거일의 자유롭게 한 걸음》, 곰, 2013, 38쪽
3   위의 책, 48쪽
4   고종석, 《감염된 언어》, 개마고원, 2007, 30쪽
5   고종석, 《고종석의 낭만 미래》, 곰, 2013, 245쪽
6   《감염된 언어》, 207~208쪽
7   "훌륭하되, 얼마간 아쉬운 소설", 〈시사IN〉 156호, 2010년 9월 13일 자

내 안에 새로운 사회가 있는가
1   강준만, 《김규항: '글쓰기'와 '지식인'에 대하여》, 개마고원, 2017, 25쪽
2   〈염치〉, gyuhang.net, 2019.9.16
3   〈이상주의자〉, gyuhang.net, 2019.2.17
4   〈평화〉, gyuhang.net, 2018.5.19
5   "당신의 정치인은 어디에 있나요?", 〈한겨레21〉 800호(2010년 3월 5일)
6   "혁명은 안단테로", 〈씨네21〉 232호(1999년 12월 21일)
7   "운동", 〈씨네21〉 333호(2001년 12월 19일)
8   김규항, 《자본주의 세미나》, 김영사, 2023, 197쪽

대한민국 부동산 판타지의 시작
1   "'校名도 브랜드 시대' 구정고 → 압구정고", 〈연합뉴스〉, 2009년 8월 3일 자
2   한종수·강희용, 《강남의 탄생》, 미지북스, 2016, 307쪽
3   강준만, 《부동산 약탈 국가》, 인물과사상사, 2020, 273쪽
4   김윤영, 〈철가방 추적 작전〉, 《루이뷔똥》, 창비, 2002, 121~122쪽

민주주의의 꽃을 꺾는 상상
1 "제비뽑기 민주주의라는 희망", 〈한겨레〉, 2015년 4월 16일 자
2 토드 로즈, 노정태 옮김, 《집단 착각》, 21세기북스, 2023, 380쪽
3 "추천 영상만 따라간 1주일… 진보·보수 '극단의 광장'서 허우적", 〈국민일보〉, 2020년 12월 14일 자

차가운 온정이 세상을 바꿀 수 있을까
1 한국기독교목회자협의회, 《한국기독교분석리포트》, 도서출판URD, 2013
2 윌리엄 맥어스킬, 전미영 옮김, 《냉정한 이타주의자》, 부키, 2017, 51쪽
3 "세계에서 가장 젊은 철학 교수의 냉철한 기부", 〈조선일보〉, 2017년 7월 21일 자

사랑의 완성이 결혼인 것만은 아니겠지만
1 옥혜숙·이상헌, 《우린 열한 살에 만났다》, 생각의힘, 2022, 11쪽
2 위의 책, 13쪽
3 앤드루 포터, 민은영 옮김, 〈담배〉, 《사라진 것들》, 문학동네, 2024, 27~28쪽
4 《우린 열한 살에 만났다》, 256쪽

밤이 와도 종이 울려도 세월은 가고 나는 남는다
1 마쓰이에 마사시, 김춘미 옮김, 《여름은 오래 그곳에 남아》, 비채, 2016, 63쪽
2 위의 책, 181쪽
3 위의 책, 336쪽
4 위의 책, 353쪽
5 위의 책, 180쪽
6 위의 책, 411쪽

보이지 않더라도 들릴 수 있게, 느낄 수 있게
1 김승섭, 《미래의 피해자들은 이겼다》, 난다, 2022, 254~255쪽
2 김승섭, 《타인의 고통에 응답하는 공부》, 동아시아, 2023, 97쪽
3 위의 책, 170쪽

그러니 우린 손을 잡아야 해 바다에 빠지지 않도록
1   문미순, 《우리가 겨울을 지나온 방식》, 나무옆의자, 2023, 208쪽
2   분석 대상이 된 173건은 판결문, 언론보도, 중앙심리부검센터 자료 등을 토대로 산출한 것으로 집계 가능한 최소치일 뿐이다. 간병 과정에서 환자나 간병인이 자살하는, 넓은 의미에서 '간병살인'의 범주에 묶을 수 있는 이런 사건들 상당수는 기록조차 남아 있지 않다.
3   김영옥·메이·이지은·전희경, 《새벽 세 시의 몸들에게》, 봄날의책, 2020, 43쪽
4   《우리가 겨울을 지나온 방식》, 245쪽

영원한 이별이 사라진다면
1   제임스 블라호스, 박진서 옮김, 《당신이 알고 싶은 음성인식 AI의 미래》, 김영사, 2020, 342~363쪽
2   미치오 카쿠, 박병철 옮김, 《인류의 미래》, 김영사, 2019, 437~438쪽
3   위의 책, 293쪽
4   맥스 테그마크, 백우진 옮김, 《맥스 테그마크의 라이프 3.0》, 동아시아, 2017, 221쪽

누구나 시작은 잿더미에서
1   이문열, 《젊은 날의 초상》, 민음사, 1981, 212쪽
2   위의 책, 68쪽
3   위의 책, 187쪽
4   위의 책, 213쪽